超越の道シリーズ❸

ブッダの真実

The Disecipline  of Transcendence

❖講話録❖

OSHO

市民出版社

Originally English title: The Discipline of Transcendence vol.3

Japanese language translation rights arranged with OSHO International Foundation,
Zurich,Switzerland through Tuttle-Mori Agency, Inc.,Tokyo

はじめに

ダイヤモンドの面々を覗き込み、岩の多い流れから煌めく光を眺め、
ブリキ屋根を叩く雨音を聞き、草原にかすかに流れる雨を感じ、
レバノン杉の模様に身を委ねる。
空の青に白が混じり、灰色を巻き上げ、雷を鳴らす。
いたるところでつかのまのダンスがあり、いたるところで洞窟のような静寂がある。
赤ん坊のような柔らかな冷たさと、ちくちくとした熱。
緊張の張りきったバネと使い尽くされた弾力。
いたるところにブッダ、いたるところにOSHO。
ブッダとは何か?――三ポンドの亜麻布。
OSHOとは何か?――チョコレートのアイス・クリーム。
映画、スクリーン、映写機、映写技師、
その違いはどこにあるのだろう?　光は漂流する埃の中を縫うように進む。
この本はブッダについてのものではない。
一ページあたり、そしてその間の空間に、真理についての三百の構造。
ここには、古い海によって押し流された浜辺の足跡の写真がある。

現存によって、彼はその神秘的なものを、そして普通のものの鼓動を伝達する。
ここでは、宗教的な論理とジョークが愛を交わす。
平凡な事実は超越のビジョンに変容されるが、両方ともここにあって共に等しい。
両方とも一緒に見られ、感じられ、そして愛される。
OSHOに抱擁されるブッダ、この抱擁の中でOSHOと共に在りなさい。
OSHOで在りなさい。

Love

スワミ・プレム・リシ

ブッダの真実

◉目次

Contents

第一章

あなたは常に火葬用の薪の上にいる

You are allways on the Funeral Pyre

ブッダは言った。

利己的な欲望に突き動かされて、人々は名声と栄光を追い求める。

だがそれを得た時、彼らは既に何年にもわたって苦しんでいる。

世俗的な名声を渇望し、道を実践しないなら、あなたの苦労は間違った方に向けられ、
あなたのエネルギーは無駄に使われる。それは線香を燃やすようなものだ。

その心地良い匂いがどれほど賞賛されても、焼き尽くす火は着実に線香を燃やしている。


ブッダは言った。

人々は、自らの生を犠牲にするほど盲目的に、世俗的な所有物と利己的な熱情に執着する。

彼らは、ナイフの刃に塗られたわずかな蜜を食べようとする子供のようだ。

その量は彼の食欲を満たすには決して充分ではない。

だが彼は舌を傷つける危険を冒している。


ブッダは言った。

人は牢獄にいるよりも、どうしようもなく家族や所有物に縛られている。

囚人には解放される機会があるが、世帯主は家族の束縛から解放されたいとは思わない。人の熱情が刺激される時、彼が身を滅ぼすのを防ぐものは何もない。彼は虎の口の中にさえ跳び込む。このように熱情の汚物に溺れている人は無知と呼ばれる。それを乗り越えられた者が、聖なる阿羅漢《アルハット》になる。

ブッダの道は通常の意味での宗教ではない。信仰体系も教義も経典もないからだ。それは神を信じていないし、魂を信じていないし、どんな解脱《モクシャ》の状態も信じていない。それはすさまじく不信仰だが、それでもそれは宗教だ。

それは唯一無二だ。人間の意識の歴史の中で、そのようなことはこれまで起こらなかったし、その後も起こっていない。ブッダは全く唯一無二で、比類なきままでいる。

彼が言うには、神とは安全の探求、安心の探求、避難所の探求に他ならない。あなたが神を信じるのは、神がそこにいるからではない。あなたが神を信じるのは、その信仰がなければ無力に感じるからだ。神がいなくても、あなたはでっち上げ続ける。その誘惑はあなたの弱さから来ている。それは投影だ。

人は非常に制限されていて、非常に無力で、状況の犠牲者のように感じている。彼は自分がどこから来てどこへ行くのかもわからず、なぜここにいるのかもわからない。もし神がいなかったら、普通の人が生きる意味を持つことは非常に難しくなる。普通のマインドは、神なしでは暴れだすだろう。

神は支持者だ。それはあなたを助け、慰め、楽にする。それはこう言う。「心配しなくていい。全能の神は、あなたがなぜここにいるのかをすべてご存知だ。彼は創造主であり、自分が世界を創造した理由を知っている。あなたは知らないかもしれないが神は知っておられる。そしてあなたは彼を信頼できる」。それは大きな慰めだ。

神についての考えそのものがあなたに安心感を与える――つまり、あなたは一人ではない、誰かが面倒を見てくれている、この宇宙は単なる混沌ではなく、本当に一つの宇宙である、その背後に体系があり、その背後に論理がある、それは非論理的な寄せ集めではない、それは無秩序ではない、と。誰かがそれを統治している。主権者である王がそれぞれの細部に気を配ってそこにいる。一枚の葉でも神がそれを動かさずに動くことはない。すべては計画されている。あなたは偉大な運命の一部だ。おそらくその意味はあなたにはわからないだろうが、意味はある――なぜなら神がそこにいるからだ。

神は途方もない安らぎをもたらす。人は、生は偶然ではないと感じ始める。特定の重要性、意味、運命の底流がある。神は運命の感覚をもたらす。

ブッダは神はいないと言う。神が必要になるのは、人がなぜ自分はここにいるのかを知らないからだ。それは単に人が無力であることを示している。それは単に、人には生きる意味がないことを示している。神の観念を作ることによって、彼は意味を信じることができ、そして誰かが面倒を見てくれているという考えによって、この不毛な生を生きることができる。

ちょっと考えてごらん。あなたが飛行機に乗っていると誰かが来て「操縦士がいない」と言う。突然パニックになる。操縦士がいない？「操縦士がいない」とは、単にあなたの命運が尽きたことを意味する。そして誰かが言う、「信じなさい、目には見えなくても操縦士はいます。私たちには操縦士が見えないかもしれないが、彼はそこにいます。でなければ、どうやってこの素晴らしい装置が機能しているのでしょう？ちょっと考えてみなさい。すべてはとても順調に進んでいます――操縦士がいるはずです！おそらく私たちは彼を見ることができないのでしょう。おそらく彼を見るには、まだ充分信心深くないのでしょう。私たちの目は閉じているのでしょう。でも操縦士はいます。でなければ、どうすれば可能でしょうか？この飛行機は離陸し、完全に問題なく飛んでいます。エンジンはブンブン音を立てています。すべてが操縦士がいる証明になります」

誰かがそれを証明したら、あなたは再び椅子に座ってくつろぐ。目を閉じて、再び夢を見始める――眠りにつくことができる。操縦士はいる、心配する必要はない。

ブッダは、操縦士は存在しない――それは人間の創造物だ、と言う。人間は自分に似せて神を創造した。それは人間の発明だ。神は発見ではない。それは発明だ。そして神は真実ではない――それは存在する最大の嘘だ。

だから私は、仏教は通常の意味での宗教ではない、と言うのだ。神の無い宗教――あなたは想像できるだろうか？　初めて西洋の学者が仏教を知った時、彼らはショックを受けた。宗教が神無しで存在できるとは理解できなかった！　彼らはユダヤ教、キリスト教、イスラム教しか知らなかった。これら三つの宗教はすべて、ある意味で仏教と比べれば非常に未熟だ。

仏教は成人した宗教だ。仏教は成熟したマインドの宗教だ。仏教は全く子供っぽくない。そしてそれはあなたの子供っぽい欲望の助けにはならない。それは非常に無慈悲だ。繰り返そう。これまでブッダほど慈悲深い人はいなかったが、彼の宗教は無慈悲だ。

実のところ、その無慈悲の中に彼は慈悲を示している。彼は、あなたがどんな嘘にもしがみつくのを許さない。どんなに慰めがあっても、嘘は嘘だ。そしてあなたに嘘をついてきた人々は、あなたの友人ではない。彼らは敵だ。なぜなら嘘の影響下であなたは嘘に満ちた生を生きるからだ。

どれほど厳しくても、どれほど打ち砕くものであっても、どれほど衝撃的でも、真実があなたにもたらされなければならない。あなたが真実の衝撃に潰されても、それは良いことだ。

ブッダが言う真実とは、人間の宗教は人間の発明だ、ということだ。あなたは異質な力に囲まれた暗い夜の中にいる。あなたは寄りすがるための誰かを、しがみつくための誰かを必要としている。

そしてあなたに見えるすべてのものは変化している――ある日父親は死んであなたは一人残される、ある日母親は死んであなたは一人残される。そしてあなたは孤児になる。そしてまさに子供時代から自分を守ってくれる父親がいることに、自分を愛してくれる母親がいることにあなたは慣れてきた。今、その子供っぽい欲望が再び現れる。あなたには父親像が必要だ。もし天空にそれが見つからないなら、政治家に見つけるだろう。

スターリンはソビエトロシアの父になり、彼らは神の考えを捨てた。毛沢東は中国の父になり、彼らは神の考えを捨てた。だが人は父親像なしでは生きていけないものだ。人は子供っぽい。成長して成熟する人々は非常にわずかだ。

私の観察では、人々は七、八、九歳くらいのままでいる。彼らの肉体は成長し続けるが、彼らのマインドは十歳未満のどこかで止まったままでいる。

キリスト教、ユダヤ教、イスラム教、ヒンドゥー教は十歳未満の宗教だ。それはあなたに必要なものを何でも満たす。それは真実についてあまり心配していない。それはあなたのことをより心配している。それがより心配しているのは、どうやってあなたを慰めたらいいか、だ。

その状況はこういうものだ。母親が亡くなり、子供が泣いて涙を流しているので、あなたは子供を慰めなければならない。だからあなたは嘘をつく。母親は死んでいないと偽る。「彼女は近所の人を訪ねに行った。すぐ戻るだろう。心配しなくていい。彼女はちょうど戻って来るところだ」

または「彼女は長い旅に出ている。それは数日かかるが、戻ってくるよ」

または「彼女は神に会いに行った。何も心配しなくていい。彼女はまだ生きている。たぶん身体からは離れたかもしれないが、魂は永遠に生きている」

ブッダは人類の歴史全体で最も破壊的な人だ。彼の努力全体は、すべての支えるものを捨てることだ。彼は何かを信じろとは言っていない。彼は信じない人であり、彼の宗教は不信仰の宗教だ。彼は「信じなさい！」とは言わず、「疑いなさい！」と言う。

さて、「信じなさい！」と言う宗教について聞いたことはあるが、「疑いなさい！」と言う宗教をこれまで聞いたことはない。疑いがまさに方法論になる――核心そのものまで疑い、まさに終わりまで疑い、まさに最後まで疑う。そしてあなたがすべてを疑い、疑いによってすべてのものを捨てた時、現実《リアリティ》があなたの視野《ビジョン》に生じる。それはあなたの神への信仰とは何の関係もない。それはあなたが神と呼ぶようなものではない。その時に現実《リアリティ》が、全く馴染みがない未知のものが生じる。

しかしその可能性が存在するのは、すべての信仰が落とされて、マインドが成熟し、理解して、「そうあるものは何であれそうある。私たちはそうでないものを望まない。神がいないのなら、神はいないのだし、神を投影したいという願望はない。神がいないのなら、私たちはそれを受け入れる」ということを受け入れる状態になった時だけだ。

事実を受け入れてその周りに虚構を作らないこと。現実をあるがままに、それに色を付けようとせず、飾り立てようとせず、それをあなたのハートがより受け入れられるものにしようとせずに、受け入れること。これが成熟というものだ。それが打ち砕いているなら、それは打ち砕いている。

それが衝撃的なら、それは衝撃的だ。真実が殺すなら、人は殺される準備ができている。

ブッダは無慈悲だ。そしてこれまで、彼ほど深く深遠に現実《リアリティ》の扉を開けた人は誰もいなかった。彼はあなたにどんな子供っぽい欲望も許さない。もっと気づくようになり、もっと意識的になり、もっと勇気を持ちなさい、と彼は言う。

信仰や仮面、神学の後ろに隠れ続けてはいけない。あなた自身の手であなたの生をつかみなさい。あなたの内なる光を明るく燃やして、何であれそうあるものを見なさい。そしてあなたがそれを受け入れるのに充分な勇気を持ったら、それは祝福だ。信仰は必要ない。

それがブッダの現実《リアリティ》への第一歩だ。すべての信仰体系は有毒だ。すべての信仰体系は障壁だ。彼は有神論者ではない。そして覚えておきなさい。彼は無神論者でもない――なぜなら彼は、何人かは神がいると信じていて、何人かは神はいないと信じているが、両者とも信じる者だ、と言うからだ。彼の非信仰はとても深いので、神はいないと言う人たちさえ、そして神を信じる人たちも彼には受け入れられない。彼は、ただ神はいないと言うだけでは何の違いもない、と言う。あなたが子供っぽいままなら、あなたは別の神となるものを作るだろう。

たとえば、カール・マルクスは「神はいない」と宣言したが、彼は歴史から神を作った。歴史は神になる。以前は神の概念によって行なわれていた同じ働きが歴史によって今行なわれている。神は何をしていたのだろう？　神は決定要因だった。神は管理する要因だった。あるべきものとあるべきでないものを決めていたのは神だった。マルクスは神の観念を捨てたが、その後、歴史が決定要因になった。それから歴史は運命になり、歴史は宿命になった――それからは歴史が決定している。では歴史とは何だろう？　そしてマルクスは、共産主義はやむをえない状態だと言う。歴史はそれが来ることを決定し、すべては歴史によって決定される。今や歴史は神を超えている。

しかし決定する誰かが必要になる。人は不確定な現実《リアリティ》を生きることができない。人は混沌として偶発的なありのままの現実を生きることができない。人は、現実を意味あるものにして、関連性があり、連続的なものにして、理性が理解できるように形作り、原因と結果に分解して分析できる考えを見つけなければ、現実を生きることができない。

フロイトは神の観念を捨てたが、その後、無意識が神になった――すべては人間の無意識によって決定される。人間は無意識の手の中では無力になる。今ではこれが神の新しい名前だ。それは新しい神話だ。

フロイトの心理学は神に関する新しい神話だ。名前は変わったが内容は同じままだ。ラベルは変わった。古いラベルは捨てられた。新鮮な、新たに描かれたラベルがその上に貼られている――それはあまり注意深くない人々を欺くことはできる。だがフロイトの分析の中により深く入って行くなら、あなたはすぐに、神がしていた同じ仕事を無意識が今しているのがわかるだろう。

では、哀れな神のどこが問題なのだろう？　あなたが何かを創案しなければならず、そして人間が常に何かによって、歴史、経済、無意識、あれやこれやによって決定されなければならないなら、人間が自由になれないのなら、神話や神学を変えることに何の意味があるだろう？　それは大した違いにはならない。

あなたはヒンドゥー教徒かもしれない、イスラム教徒かもしれない、キリスト教徒かもしれない、ユダヤ教徒かもしれない――それは大した違いにはならない。あなたのマインドは子供っぽいまま、未熟なままだ。あなたは探し続けている。父親像を探し続ける。すべてを説明できる誰かを、究極の説明になり得る誰かをどこかに探し続ける。

成熟したマインドとは、物事について究極の説明がなくても、どんな探求もないままでいられるものだ。だからブッダは、私は形而上学者ではない、と言うのだ。彼には形而上学はない。形而上学とは物事についての究極の説明を意味する――彼には究極の説明はない。彼は「私は神秘を解明した」とは言わない。彼は「ここで私は真実とは何かをあなたに手渡す」とは言わない。

彼はこう言う。「私があなたに与えられる唯一のものは、気づくための、意識的になるための、油断しなくなるための刺激、渇き、途方もない情熱だ。それはあなたの生を意識的に、光と気づきに満ちて生きることで、あなたの生は解き明かされる」

あなたは存在の究極的な説明にたどり着くわけではない。誰もこれまでたどり着いたことはない。ブッダは形而上学を完全に否定する。彼は形而上学は無駄な探求だと言う。

だからまず第一に、彼は神を否定する。

第二に、彼は解脱《モクシャ》、楽園、天国を否定する。彼が言うには、あなたの天国や楽園とは、別の生、来世、死後の生に投影されたあなたの満たされない性的な欲望、満たされない本能に他ならない。そして彼は全く真実を話しているように思える。

イスラム教やキリスト教、ユダヤ教の天国と楽園についての描写や記述を見るなら、彼が言うことを完全に理解するだろう。何であれ、ここで満たされないものをあなたは来世に投影し続ける。しかし願望は同じままだ！

ヒンドゥー教徒は、カルパヴリクシャと呼ばれる木があると言う。その木の下に座ると、あなたが望むことは何でも、ただちに満たされる。美しい女性を望むと、彼女はそこにいる――すぐに、即座に。西洋では、インスタントコーヒーやまさに今言ったようなものが発明されている。インドは願いを満たす木を発見した――何世紀にも渡ってヒンドゥー教徒はそれを信じてきた。それは本当に即座に満たされる――本当に即座に、時間の経過なしにだ。ここで考えが生じて、そこでそれは満たされる。二つの間にほんの一秒さえもかからない。その考えがその成就になる！　美しい女性を望むと彼女はそこにいる。美味しい料理を望むとそれはそこにある。休むための美しいベッドを望むとそれはそこにある。

さて、これは単純な心理分析だ――つまり、人間は生で満たされていないということだ。そして彼は続ける。彼は一生それを満たそうと試み続けるが、それでもそれが満たせないことに気づくので、未来に投影しなければならない。将来にそれが満たされることはない。欲望それ自体は満たされない。

ブッダはこう言った。欲望の本質は、それは満たされないままだ、ということだ。あなたが何をしようと、欲望について何をしようと、それは満たされないままだ――それはまさに欲望の内在的な性質だ。欲望そのものは満たされないままだ。だからあなたは願いを満たす木の下に座ることができるが、それはどんな違いにもならない。それは満たされているとあなたは何度も感じることができる。そして再び欲望は現れる。それは何度も何度も無限に現れ続けるだろう。

キリスト教徒、イスラム教徒、ユダヤ教徒、ヒンドゥー教徒――そのすべての天国と楽園は、満たされずに投影された欲望、抑圧された欲望、挫折した欲望に他ならない。もちろん、それらは人を大いに慰める。「ここで満たされなくても、そこがある。遅かれ早かれ、あなたは神に到達するだろう。あなたがすべき唯一の事は神に祈り続けること、何かの像、何かの観念、何かの理想の前で平伏し続けて、神を満足させ続け、神を幸せにすることであり、それであなたは楽しみと満足という大きな収穫を得られる。それは神からあなたへの贈り物になる――あなたの祈り、あなたの感謝、絶え間ない明け渡し、何度も神の御足に触れることへの、あなたの従順さへの贈り物になる。それは報酬になるだろう」

報酬は、もちろん、死後になる。なぜなら狡猾な聖職者たちでさえ、この生ではあなたを欺くことができないからだ――彼らでも欺くことはできない。彼らは欲望が満たされないまま残ることを知っているので、あの世を発明しなければならない。誰もあの世を知らない。人々は非常に簡単に騙される。

誰かがあなたのところに来て「神は今ここであなたの欲望を満たすことができる」と言うなら、それを証明することは難しい。なぜなら、誰の欲望も、これまで今ここで満たされたことがないからだ。そうなると彼らの神は危うくなる。彼らは非常に狡猾な策略を試した。彼らは「この生の後」と言う。あなたの神は、この生で満たすに充分な能力がないのだろうか？　あなたの神は、地上に願いを満たす木を作るための充分な能力がないのだろうか？　あなたの神は、人々が生きている間に何かをするのに充分強い力を持ち合わせていないのだろうか？　ここで満たすことができないなら、彼があの世で満たすことをどう証明できるだろう？

ブッダは、欲望の本質を調べなさい、と言う。欲望の動きを見守りなさい――それは非常に微妙だ。するとあなたは二つのものを見ることができる。一つ、その欲望は本質的に満たされ得ない。そして二つ目、あなたが欲望は満たされ得ないことを理解する瞬間、欲望は消えて、あなたは欲望のないままになる。それは平和、沈黙、静穏の状態だ。それが充足の状態だ！　人は決して欲望を通して満たされることはない。人はただ欲望を超えることによってのみ満たされる。

欲望は理解するための機会だ。欲望はあなた自身のマインドの働きを理解するための、それの働き方を、その仕組みが何であるかを理解するための絶好の機会だ。そしてあなたがそれを理解した時、まさにその理解の中に変容がある。欲望は消え、背後に痕跡を残さない。そしてあなたに欲望が無い時、何も望んでいない時、あなたは満たされる。欲望が満たされるということではなく、欲望が超えられる時に充足がある。

今、その違いを見てごらん。他の宗教は「欲望はあの世で満たすことができる」と言う。世俗的な人々は「欲望はここで満たすことができる」と言う。

共産主義者はこう言う、「欲望はここで満たすことができる。ただ異なる社会構造が必要なだけだ。資本家が倒されなければならない、無産階級《プロレタリアート》が引き継がれなければならない、有産階級《ブルジョアジー》は破壊されなければならない。それがすべてだ──そして欲望はここで満たすことができ、天国はこの地上のここに創造することができる」

世俗的な人々は「あなたは欲望を満たすことができる──奮闘しなさい」と言う。それが西洋全体がやり続けていることだ。「どんな手段や方法を使ってでも奮闘し、競争し、誤魔化しなさい！より多くの富を、より多くの力を獲得しなさい！」

それが世界中の政治家がやり続けていることだ。「より強力になればあなたの欲望を満たすことができる」。それが科学者が言うことだ。もう少しだけ技術が発明されなければならない。すると楽園は間近にある。

あなたの宗教は何と言っているだろう？　それは何も違うことを言っていない。それは「欲望を満たすことはできるが、この生ではなく死後においてだ」と言う。それがいわゆる物質主義者といわゆる精神主義者《スピリチュアリスト》との唯一の違いだ。

ブッダにとっては、両方とも物質主義者だ。そして私にとっても、両方とも物質主義者だ。あなた方のいわゆる宗教的な人々といわゆる反宗教的な人々は、両方とも同じ船に乗っている。わずかな違いもない！　彼らの態度は同じであり、彼らのアプローチは同じだ。

ブッダはこの点で本当に宗教的だ。彼は欲望を満たすことはできないと言う。あなたは欲望を調べなければならない。ここでも他のどこかでも、欲望がこれまで満たされたことはない。決してない。それはこれまで起こったことがないし、決して起こらない――なぜならそれは欲望の本質に反しているからだ。

欲望とは何だろう？　あなたは今まで自分の欲するマインドを調べたことがあるだろうか？　それに遭遇したことがあるだろうか？　それについて何か瞑想をしてみただろうか？　欲望とは何だろう？

あなたは特定の家を欲しいと思い、そのために働く。一生懸命に働く。あなたはそれのために自分の人生全体を破壊する――そして家はそこにある。だが充足感はあるだろうか？　家がそこにあると、突然あなたは非常に空っぽに感じる――以前よりも空っぽに感じる。なぜなら以前はこの家を手に入れるための仕事があったからだ。今、家はそこにある。すぐにあなたのマインドは他に何か専念できるものを探し始める。今はそこにより大きな家がある。あなたのマインドはより大きな家のことを考え始める。より大きな宮殿がある……。あなたは一人の女性を求め、そして欲望を達成した。あなたの手は再び空っぽになる。再びあなたは他の女性を求め始める。

これが欲望の本質だ。欲望は常にあなたの先を行く。欲望は常に未来にある。欲望は希望だ。欲望を満たすことはできない。なぜなら、その本質が満たされないまま未来に投影されるものだからだ。それは常に地平線上にある。

向こう見ずに飛びつくことはできるし、地平線に向かって走ることはできるが、決して到達しないだろう。どこへ到達しても地平線が後退したことにあなたは気づく。そしてあなたと地平線との距離は全く同じままだ。あなたには一万ルピーがある。欲望は二万ルピーだ。あなたには二万ルピーがある。欲望は四万ルピーだ。その距離は同じだ。数学的な割合は同じだ。

あなたが何を持っていようと、欲望は常にその先を行く。

ブッダは、希望を捨てなさい、欲望を捨てなさい、と言う。希望を捨てることで、欲望を捨てることで、あなたは今ここにいる。欲望がなければあなたは満たされる。あなたを欺いているもの、それが欲望だ。

だからブッダが、これらのいわゆる宗教的な人々はみんな物質主義者であると言った時、当然、ヒンドゥー教徒たちは非常に怒った――激怒した。彼らは誰に対しても、これまでそれほど怒ったことはなかった。彼らはインドからブッダの宗教を根絶しようとし、成功した。仏教はインドで生まれたが、仏教はインドには存在しない。それはヒンドゥー教徒の宗教が、世界で最も物質的な宗教の一つだからだ。

ちょっとヴェーダを見てごらん。すべての祈りやすべての礼拝は、天から、または神からより多くを、もっと多くを求めている。すべての犠牲はより多くのためにある。すべての礼拝は欲望指向だ。「もっと与えてください！　たくさん与えてください！　より良い収穫物、より良い雨、より多くのお金、より以上の健康、より以上の生、より長い寿命を――もっと与えてください！」

ヴェーダ全体は大規模に書かれた欲望に他ならない。そして時には非常に醜い。ヴェーダでは、いわゆる賢者《リシ》たちは「もっと私たちに与えてください！」と祈り続けるだけではない。彼らは「私たちの敵に与えてはいけない！　私の牛にもっと多くのミルクを与えてください。しかし敵の牛は死なせてください、またはそのミルクを消してください！」とも祈る。

これはどういうタイプの宗教だろう？　それを宗教と呼ぶことさえ馬鹿げて見える。もしこれが宗教なら、物質主義とは何だろう？　そしていわゆる世界を放棄した禁欲的な人々でさえ……。ブッダの時代にはそんな人たちが多くいた。彼自身、探求していた間に多くのマスターたちのところへ行ったが、どこからでも彼は手ぶらで戻って来た。本当に欲望の本質を理解している人を見つけられなかったからだ。彼ら自身が求めていた。もちろん、彼らの欲望は遠い未来に、来世に投影されていたが、それでも欲望の対象は同じで、希望するマインドは同じだった。それはただ時間の問題に過ぎない。

少数の人々は死ぬ前に望み、少数の人々は死んだ後に望むが、その違いは何だろう？　それは何の違いにもならない。彼らは同じものを望んでいる——彼らは望んでいる！　欲望は同じだ。

ブッダは多くの教師のところに行ったが、失望した。彼は宗教が花開いているのを、その開花をどこにも見ることができなかった。彼らはみんな物質的な人々だった。彼らは偉大な禁欲主義者だった。ある人は何ヶ月も断食していた。ある人は何ヶ月も立っていた。ある人は何年も眠っていなかった。彼らはただの骸骨だった。彼らの身体を見れば、彼らを世俗的で物質的だと言うことはできないが、しかし彼らのマインドを見てごらん。「なぜ断食しているのだ？　なぜそんなに頑張っているのだ？　何のために？」と彼らに尋ねてみるがいい。するとそこには楽園や天国に到達したいという欲望が、来世で永遠の満足を持ちたいという欲望が現れる。

彼らの論理に耳を傾けると、彼らはみんなこう言うだろう。「ここでは物事は束の間のものだ。この生は儚い。たとえあなたが達成しても、すべてはあなたが死ぬ時に取り去られる。では何の意味がある？　この生は永遠に存在することはない。私たちは永遠に残るものを探している。私たちは不死を求めている。私たちは完全な満足を求めている。ここで、この生で欲望を追い求めている人々は愚かだ。なぜなら死がすべてを取り去るからだ。あなたは富を蓄えるが、死がやって来てすべては置き去りにされる。私たちはある宝物を探している。それは私たちが自分自身で持っていくことができ、決して失われず、盗まれず、政府が課税できないものだ——誰もそれを奪うことはできず、死でさえもできない」

あなたはこれらの人々を宗教的な人々と呼ぶだろうか？　彼らはいわゆる世俗的な人よりもさらに世俗的に見える。彼らは物質主義者たちよりも物質的だ。もちろん、彼らの物質主義は偽装している。彼らの物質主義には精神主義《スピリチュアリズム》の趣がある。だがそれは欺瞞だ。それはまるで堆肥の上に美しい香水を振り撒いたようなものだ。堆肥は堆肥のままだ。香水は愚か者しか欺くことはできない。

ブッダは騙されなかった。彼は徹底的に見ることができた。そして彼は欲望がそこにあるのを常に見ることができた。欲望があるならあなたは物質主義者であり世俗的だ。

だから彼はあなたにどんな楽園も説いていない。彼はどんな楽園も信じていない。彼は至福を信じていないわけではない。違う。彼は至福を信じているが、それは信仰ではない。すべての楽園が失われ、すべての欲望が捨てられる時、突然、至福に満ちていることはあなたの最も深い本性になる。そのためには、何も必要ない。美徳も、禁欲主義も、犠牲も必要ない。ただ理解だけで充分だ。

ブッダの道は理解の道だ。

そして私たちが経文に入る前に三番目の事がある。彼は魂を信じていない——神も、楽園も、魂もない。さて、これは非常に難しく思える。

私たちは神が存在しないことは受け入れられる――多分それは単なる投影なのだろう。誰がそれを見たのだ？　私たちは楽園がないことは受け入れられる――多分それは、楽園を夢見る私たちの満たされない願望に過ぎないのだろう。だが、魂はない？　するとあなたは、自分の足場を失ってしまう。魂がないだと？　では、一体何の意味があるのだ？　人に魂がなく、人に不滅のものがないなら、なぜそんなに努力をするのだ？　なぜ瞑想をするのだ？　何のために？

ブッダは、この自己という考えは誤解だと言う。あなたは在るが、あなたは自己ではない。あなたは在るが、あなたは宇宙から分離していない。分離は自己という概念の根底にある考えだ。私があなたから分離しているなら、私には自己がある。あなたが私から分離しているなら、あなたには自己がある。

だがブッダはこう言う。存在は一つだ。境界はない。誰も他の人から分離していない。私たちは一つの意識の海の中で生きている。私たちは一つの意識だが、身体という境界に惑わされ、マインドという境界に惑わされている。そして身体とマインドのせいで、身体とマインドとの同一化のせいで、私たちは分離していると考え、私たちは自己だと考える。このようにして私たちはエゴを作り出す。

それはちょうど、地図上ではあなたはインドを見るが、地球自体にはインドがないようなものだ――ただ政治家たちの地図の上にだけある。地図上では、アメリカ大陸とアフリカ大陸は別々に見えるが、実際は海の下では地球は一つだ。すべての大陸は一緒だ。それらはすべて一つの地球だ。

私たちは表面上で分離しているだけだ。深く行けば行くほど分離は消える。私たちが自分の実存のまさに核に到達する時、突然それは普遍的であり、その中に自我はなく、魂もない。

ブッダは、神、魂、解脱《モクシャ》を信じていない。それなら彼の教えとは何だろう？　彼の教えは生の道であり、信仰の道ではない。彼の教えは非常に科学的で、非常に経験的で、非常に実践的だ。彼は哲学者ではないし形而上学者でもない。彼は非常に地に足が着いた人間だ。

ブッダは、あなたは自分の生を変えることができる――これらの信仰は必要ない、と言う。それどころか、これらの信仰は本当の変化にとって妨げになる。信仰なしで始めなさい。形而上学なしで始めなさい。教義なしで始めなさい。神学なしで、思想なしで、全くありのままで、無防備に始めなさい。空っぽで始めなさい！　それが真実に至るための唯一の方法だ。

私はある逸話を読んでいた。

この巡回セールスマンは、モーテルの部屋でギデオンの聖書を開いた。彼は第一ページの献辞を読んだ。「あなたが病にかかっているなら、詩篇十八を読みなさい。あなたが家族について悩んでいるなら、詩篇四十五を読みなさい。あなたが寂しいなら、詩篇九十二を読みなさい」

彼は寂しかったので、詩篇九十二を開いて読んだ。彼は目を通した時に、ページの下部にあった手書きの言葉に気づいた。

「あなたがまだ寂しいなら、八八八‐三四六八に電話してこの幸運の花を購入してください」

もしあなたの経典を深く調べるなら、常により真実な脚注を見つけるだろう。すべての経典のページに脚注を探してごらん！　時には目に見えるインクで書かれていないかもしれないが、一生懸命探すなら、常により現実的な脚注を見つけるだろう。

ブッダは、あなたの経典はすべて、あなたの欲望、本能、貪欲、渇望、怒りに他ならない、と言う。あなたの経典は、すべてあなたのマインドの創造物に他ならない。だから経典は、マインドにあるすべての種を抱えているものになってしまう。経典は人間が作ったものだ。だから宗教は、自分たちの経典は少なくとも人間が作ったものではないと、一生懸命証明しようとする。

キリスト教徒は、聖書は人間が作ったものではないと言う。十戒は神から直接、御主自身から直接モーセに届けられた。新約聖書は御主自身の息子、一人息子イエス・キリストからの直接のメッセージだ。それは人間とは何の関係もない――それは天から来る。ヒンドゥー教徒は、ヴェーダは人間が作ったものではない、それらは神が作ったものだと言う。そして同じ話が繰り返されていく。イスラム教徒は、コーランは天からモハメッドに授けられたものだ、と言う。

なぜこれらの宗教は自分たちの経典を、他の誰のものでもなく特に「自分たちの経典だけ」を強調するのだろう？　イスラム教徒はヴェーダが神の作ったものであると受け入れる用意はないし、ヒンドゥー教徒もコーランが神の作ったものであると受け入れる用意はない。ただ「彼らの」ヴェーダだけが神の作ったものであり、他のすべては人間によって捏造されたものに過ぎない。なぜこれが強調されるのだろう？　それは彼らが、人間が作るものは何でも人間のマインドと欲望の痕跡があることに気づいているからだ。

ブッダはすべての経典は人間が作ったものだと言う。そして彼の言うことは真実だ。彼は少しも狂信的ではない。彼はどの国にも属さず、どの人種にも属していない。彼はどの宗教にも、どの宗派にも属していない。彼は全く自分自身への光でいる。そして何であろうと彼が言ったことはこれまで言われてきた中で最も純粋な真実の声明だ。

パリトーショが私にこの美しい逸話を送ってきた……。私はそれを読んでいた。

アイルランドの宗教的指導者の一人が、彼の遺体にふさわしい埋葬地と記念碑を選択するよう、彼の信者から頼まれた。宗教戦争が進行中で、彼の命は脅かされていた。

三つの個々の案が彼に提出されたが、彼が最も経費の安いものを選んだことに委員会は落胆した。彼は、他の二つの設計が豪華な墓だったのに、なぜこの選択をしたのか、なぜこんな粗末な休憩所を選んだのかと尋ねられた。

「そうだな、親愛なる友人たちよ」と彼は彼らに言った。「私はあなた方の気前のよさに感謝している。しかし、私が自分の墓に三日以上長く居ることが期待できないなら、これだけの出費に価値があるだろうか？」

さて、この種の愚かさはブッダには決して見られない。この種の独断的な確信はブッダには決して見られない。彼は非常にためらう。そのようにためらう人が他にも一人だけいる。そして彼の名は老子だ。この二人は非常にためらう。

時には、彼らのためらいのせいで、あなたは彼らに感銘を受けないかもしれない――あなたは混乱しているので、頼れるほど自信に満ちている誰かがあなたには必要だ。そのため、狂信者はあなたに非常に感銘を与えるのだ。彼らには言うべきことが何もないかもしれないが、彼らはとても激しくテーブルを叩き、それについて非常に騒ぎ立てるので、まさに彼らの大騒ぎが、あなたに彼らは知っているに違いないという感覚を与える。でなければどうやってそれほど確信できるだろう？

エホバの証人やそのような人々――愚かな人々だが、彼らは自分の主張において非常に独断的であり、そのため彼らは確信している感覚を作り出す。そして混乱した人々は確信を必要としている。

あなたがブッダのところに来ても、すぐには感銘を受けないかもしれない。それは彼がとてもためらうから、彼が何も断言しないからだ。彼にはそれだけの分別がある。彼は生がどんな声明にも制限され得ないことを、そしてすべての声明は部分的であることを知っている。どんな声明も真実全体を含むことはできない。ではどうしたら、それについて確信できるだろう？　彼は常に相対的なままだ。

インドの二人の偉大なマスター、ブッダとマハーヴィーラは両方とも相対論について深い洞察があった。アインシュタインは非常に遅れてそれを発見した。アインシュタインは科学の世界に相対論をもたらした。アインシュタイン以前は、科学者たちは非常に確信し、独断的に確信し、絶対的に確信していた。アインシュタインは相対論をもたらし、科学に謙虚さをもたらし、科学に真実をもたらした。

同じことが、インドでブッダとマハーヴィーラによって為された。彼らは相対論を、真実は完全に断言することはできない、私たちはそれについては決して確信できない、せいぜい私たちはそれをほのめかすことができるくらいだ、という概念をもたらした。ヒントは間接的でなければならない。私たちは直接それを特定することはできない——それはとても大きく、とても広大だ。そして私たちのような脆い人間がためらってしまうのは自然なことだ。このためらいは彼の用心深さを示している。

あなたは常に、愚かで無知な人々が非常に独断的であることに気づくだろう。人々は無知であればあるほど独断的だ。愚かな人が絶対的に確信していて、賢明な人がためらうということ、これは世界で最も大きな不幸の一つだ。ブッダは非常にためらう。だから本当に彼を理解したいのなら、あなたは聞く際に非常に油断せずに、非常に開いていなければならない。彼はあなたに真実を大々的に伝えているわけではない。単にほのめかしているだけ……せいぜい指し示すくらいで、それもまた非常に微妙なものだ。

そして、私が言ったように、ブッダは非常に地に足が着いている。彼は形而上学へ高く飛ぶことは決してない。彼は決して前置きを言わない。実のところ、彼には自分の声明の序文がない。彼はそれを直接、すぐに、可能な限り単純に言うだけだ。時には、彼の声明は何ら奥深いものには思えないかもしれないが、それは奥深い。だが彼は遠回しに言わない。彼はそれについてどんな大騒ぎもしない。

私は聞いたことがある。

彼女は若くてかわいい子だった。その彼は、ビットネール、ベルマン、ディースティン、オスマンなどで有名なマディソン・アベニューの広告代理店の出世頭の幹部役員だった。誰もがそれは理想的な結婚だと思った。だが残念ながら、問題があった……セックスに関してだ。新婚旅行はまだ始まっていなかった。

「こ、こ、広告業者だから……」と彼女は友人にすすり泣いた。「毎晩彼がするすべては、ベッドの端に座って、それがどれほど素晴らしいことになるか教えるだけなのよ！」

だがそれは決して起こらない！　あなたは広告業者を理解できる。彼は単に、それがどれほど素晴らしいものになるのかを言い続けるだけだ。

ブッダには序文がない。彼は自分が言おうとしていることを決して宣伝しない。彼はただ単にそれを言い、そして先に進む。

ブッダは言った。

利己的な欲望に突き動かされて、人々は名声と栄光を追い求める。
だがそれを得た時、彼らは既に何年にもわたって苦しんでいる。
世俗的な名声を渇望し、道を実践しないなら、あなたの苦労は間違った方に向けられ、
あなたのエネルギーは無駄に使われる。それは線香を燃やすようなものだ。
その心地良い匂いがどれほど賞賛されても、焼き尽くす火は着実に線香を燃やしている。

非常に単純で淡々とした声明だ。

利己的な欲望に突き動かされて、人々は名声と栄光を追い求める。

利己的な欲望とは何だろう？　仏教の表現方法では、利己的な欲望とは自己に基づいたものだ。通常、普通の言葉で言うなら、欲望が他の誰かに反していて、あなたが他人を気にかけないなら、私たちはそれを利己的と呼ぶ。たとえそれが他人を傷つけようとも、あなたは先に進んで自分の欲求を満たす。人々があなたを利己的だと言うのは、あなたが他人を気にかけないから、他人への配慮がないからだ。

だがブッダが欲望は利己的だと言う時、彼の意味は全く違っている。彼は、欲望が自己の考えに基づいているなら、それは利己的だ、と言う。

たとえば、あなたは寄付をする。何らかの善意から百万ルピーを寄付する――病院が建てられ、学校が開かれ、食品が貧しい人々に配布され、国の貧しい地域に薬が届けられるように――誰もそれを利己的な欲望とは呼ばない。ブッダは、そこに何らかの自己の動機があるならそれは利己的だ、と言う。あなたが百万ルピーを寄付することで、自分は何らかの美徳を獲得することになり、そして天国で報われることになると考えているなら、それは利己的な欲望だ。それは他人に害を及ぼさないかもしれない――それはない――実際、誰もがそれを高く評価するだろう。人々はあなたを偉大な人、宗教的で、徳が高く、慈善的で、愛があり、思いやりがある同情的な偉人と呼ぶだろう。しかしブッダは、欲望が利己的であるかどうかを判断するのは動機だけだと言う。

何の動機もなく寄付をしたなら、それは利己的ではない。もし意識か無意識のどこかに隠されている動機があるなら、そこから何かを得ようとしている動機があるなら、そこがここであれ来世であれ、それは利己的な欲望になる。自己から出てくるものは利己的な欲望だ。エゴの一部として生じるものは利己的な欲望だ。あなたが自分の利己心を達成するために瞑想するなら、それは利己的な欲望だ。

ブッダは弟子たちにこう言った。瞑想する時はいつでも、それぞれの瞑想の後、あなたが瞑想から得たものをすべて明け渡しなさい、それを宇宙に明け渡しなさい。喜びに満ちているなら、それを宇宙に注ぎなさい。それを宝物として持ち運んではいけない。とても幸せに感じているなら、すぐにそれを分かち合いなさい——それに愛着してはいけない。そうしなければ、あなたの瞑想そのものが自己を作る新しいプロセスになる。そして究極の瞑想は自己を作るプロセスではない。究極の瞑想とは、ますます非自己に、無自己に入るプロセスだ——それは自己の消滅だ。

利己的な欲望に突き動かされて、人々は名声と栄光を追い求める。だがそれを得た時、彼らは既に何年にもわたって苦しんでいる。

そしてブッダは言う。ほら、あなたは世界で名声、栄光、権力を、威信、社会的地位を得ることができる。だがあなたは何をしているのだ？　気づいているだろうか？　あなたは素晴らしい機会を逃している——全く無意味なことのために。あなたはゴミを集めていて、あなた自身の生の時間を、生のエネルギーを壊している。

世俗的な名声を渇望し、道を実践しないなら、

ブッダは常に自分の宗教を「道《ダンマ》」と、ただ道《ウエイ》と呼ぶ。なぜなら彼は、目標《ゴール》を気にしてはいけない、目標は成り行きにまかせればいい、と言うからだ。単に道に従えばいい。何かの目標に到達しようという動機さえ持たず、ただ瞑想、祈り、愛、思いやり、分かち合いの純粋な喜びから道に従いなさい。純粋な喜びから道を実践すればいい。それから何らかの利益を得るということではない。それを商売《ビジネス》にしてはいけない。通常、マインドは商売人だ。


年老いた父親が死にかけていて、彼の家族はベッドの周りに集まり、彼が息を引き取るのを待っていた。老人が息苦しく死につつある時、長男はそこに居合わせたみんなに言った。

「お父さんが死ぬ時が今夜なら、早朝に街中の大葬儀場で埋葬できる。葬式が早朝になるので、僕たちはあまり多くの人々と連絡を取ることができないだろう。だから何台もの車や大きな部屋は必要ないし、そんなに多くの費用はかからないだろう」

彼の娘がそこに立って、兄に言った。「わかっているでしょう、私にとって死は非常に個人的なことよ。なぜ私たちはこうした悲しい場面に立ち会うために、多くの見知らぬ人たちを呼び集めなければならないの？　あなた方兄弟二人がいて、そして私がいるなら、他に誰が必要なの？」

末の息子は彼ら両方を見て言った。「僕はそれ以上は同意できない。実際のところ、なぜお父さんを葬儀屋まで運ぶ費用が必要なのだ？　彼は家の中で死んでいるんだ。家で埋葬しよう」

不意に老人の目がぱっと大きく開いた。彼は三人の子供を見て叫んだ。「ズボンをくれ！」

彼らは一斉に答えた。
「お父さん、あなたはとても具合が悪いのですよ。どこに行きたいのですか?」
彼は「ズボンをくれ。墓地まで歩いて行く。わしは商売人だ」と答えた。

生涯、人々はただただ蓄え、ため込み続ける。何のために? 生はあっと言う間に過ぎ去る。刻々と貴重な瞬間が去ってしまい、それは取り戻すことはできない。ブッダはこう言う、馬鹿げたことで生を無駄にしてはいけない、と。

名声は馬鹿げている。それは無益で無意味だ。たとえ全世界があなたを知ったところで、どうやってあなたをより豊かにするというのだろう? どうやって、あなたの生をより喜びに満ちたものにするのだろう? あなたがより理解し、より気づき、より油断せず、もっと生きるためにどのように役に立つのだろう?

道を実践しないなら、あなたの苦労は間違った方に向けられ、
あなたのエネルギーは無駄に使われる。それは線香を燃やすようなものだ。
その心地良い匂いがどれほど賞賛されても、焼き尽くす火は着実に線香を燃やしている。

各瞬間に燃やされる。それが生というものだ。あなたは常に火葬用の薪の上にいる。なぜなら毎瞬死が近づいているから、毎瞬あなたは生きなくなり、より死んでいくからだ。だからこのすべての機会が失われる前に、ブッダはこう言う、無自己の状態に達しなさい——そうすれば死は存在しない、と。それからは惨めさはない。それからは名声、権力、威信を絶え間なく切望することはない。

実際、あなたの内側が空っぽであればあるほど、名声を求めようとする。それは一種の代用品だ。内側が貧しければ貧しいほど、富を得ようとする。それは何とかして、あなた自身に何かを詰め込むための代用品だ。

私は毎日観察している。人々は私のところに来るが、彼らが愛の問題を抱えている時はいつでも、すぐにあまりにも多く食べ始める。彼らの愛が危機に陥っていて、愛されていない、または愛することができない、何かが彼らの愛のエネルギーを塞いでしまった、と感じる時はいつでも、彼らはすぐに物を自分自身に詰め込み始める。彼らは食べ続ける。なぜだろう？　彼らは食べ物で何をしているのだろう？　彼らは空虚に感じている——空虚さは彼らを恐れさせる。何とかして食べ物でそれを一杯にしなければならない。

あなたが内側で幸せを感じているなら、名声など気にしない。不幸な人々だけが名声を気にする。あなたが自分自身を知っているなら、誰かがあなたを知っているかどうかなど、誰が気にするだろう？　あなたが自分は誰かを知っているなら、その必要はない。だが自分は誰かを知らない時、あなたはすべての人に知ってもらいたいと思う——すべての人にあなたは誰かを知ってもらいたい。

あなたは意見を集めて、人々の考えを集めて、そしてその集めた物から何かの自己認識《アイデンティティ》を組み立てようとする。「そうだ、私はこんな人間だ。人々は『あなたは非常に知的だ』と言う。私は知的なのだ」と。あなたは確信していない。あなたが確信していたなら、人々が何を言うかどうかを誰が気にするだろう？

あなたは自分の顔を見るために、人々の目を覗き込み続ける——あなたは自分の顔を知らない。あなたは懇願する。「私について何か言ってください。言ってください——あなたは美しいと。言ってください——あなたはかわいらしいと。言ってください——あなたはカリスマ的だと。私について何か言ってくれますか？！」

あなたは請い求める自分自身を見てきた。「私の身体について何か言ってください。私の心について、私の理解について、何か言ってください！」

誰かが何かを言うなら、あなたはすぐにつかみかかる。そして誰かが衝撃的で打ち砕くようなことを言うなら、あなたは非常に怒る。彼があなたに反する何かを言うなら、彼はあなたのイメージを壊している。彼があなたに賛同する何かを言うなら、彼はあなたのイメージをもう少し飾り立てるのを助けている。それはもう少し装飾的になる——あなたは幸せを痛切に感じる。人々があなたを称賛するならあなたは幸せを感じる。なぜだろう？

あなたは自分が誰なのか知らない。だからあなたは探し求め続けるのだ。あなたは人々に尋ね続ける。「私は誰ですか？　教えてください！」。するとあなたは彼らに依存しなければならない。そしてその美しさは、またはその皮肉は、その同じ人々が自分は誰なのかを知らないことだ。乞食たちが他の乞食たちから物乞いをしている。彼らはあなたから物乞いするようになる。だからそこには相互欺瞞がある。

あなたは女性に出くわす。あなたは「何と美しいのだろう！　何と神々しいのだろう！」と言う。そして彼女は「そうね、あなたのような美しい男性にはこれまで出会ったことがないわ」と言う。これは相互欺瞞だ。あなたはそれを愛と呼ぶかもしれない――これは相互欺瞞だ。どちらも自分自身についての確かな自己認識《アイデンティティ》を切望している。どちらもお互いの欲望を満たしている。物事は、ある日、二人のうちの一人が、もう充分だと判断して欺瞞を捨て始めるまでうまくいくだろう。その時ハネムーンは終わる……そして結婚が始まる。それから物事は醜くなる。そしてあなたは「この女性は私を騙した」と、または「この男性は私を騙した」と考える。あなたに騙される準備ができていない限り、誰もあなたを騙すことはできない。それを覚えておきなさい。あなたに騙される準備ができていない限り、あなたが騙されるのを待っていない限り、誰も今まで誰かを騙したりしなかった。

あなたは自分自身を知っている人を欺くことはできない。なぜならその方法がないからだ。あなたが何かを言うなら彼は笑うだろう。彼は「それについては心配しなくていい。私は既に自分が誰なのかを自分で知っている。あなたはその話題を止めて、何であれあなたが言わなければならないことを言えばいい。私について気にすることはない。私は自分が誰なのかを自分で知っている」と言うだろう。

いったんあなたが生の内側の豊かさを手に入れたら、富や権力を求めなくなる。

心理学者は、人々が無力になり始める時、何らかの性的な、男根の象徴を見つけ始める、ということに気づいた。人が無力になると、彼はそれに取って代わるものとして男根の象徴を求める。彼は世界最速の自動車を手に入れようとするかもしれない――それは男根の象徴だ。彼は世界で最も馬力のある自動車を手に入れたいと思う。今、彼自身の力は失われている。彼自身の性的エネルギーはなくなった。今、彼は代わりになるものが欲しい。彼の車が最高速度で走る間、彼はいい気分になる――まるで彼が自分の女性に恋をしているかのように。そのスピードそのものが、彼に力を与える。彼は車と同一化する。

心理学者は何年も前から、ある種の劣等感を持っている人々は常に野心的になる、という現象を見てきた。実際に、彼が劣等感に深く根差していない限り、誰も政治に参入したりしない。政治家は基本的に劣等感を持っている人々だ。彼らは何らかの方法で自分の優位性を証明しなければならない。そうしなければ、自分の劣等感に耐えることはできない。

私が指摘しているのは、あなたの内側に欠けているものが何であれ、あなたはそれの代わりになるような何かを外側で蓄積しようとする、ということだ。あなたが内側で自分の生を取り逃していないなら、あなたは自分自身で充分だ。そしてその時だけあなたは美しい。そうして初めてあなたはいる。

ブッダは言った。

人々は、自らの生を犠牲にするほど盲目的に、世俗的な所有物と利己的な熱情に執着する。
彼らは、ナイフの刃に塗られたわずかな蜜を食べようとする子供のようだ。
その量は彼の食欲を満たすには決して充分ではない。
だが彼は舌を傷つける危険を冒している。

あなたの食欲を満たすには、あなたの欲望を満たすには、この生では何も充分ではない。この世界は夢の世界だ——何も満たすことができないのは、ただ現実《リアリティ》だけが満たすことができるからだ。

あなたは見たことがあるだろうか？　ある日夢の中で、あなたは夜に空腹を感じて、夢の中で冷蔵庫まで行き、それを開けて思う存分食べる。もちろん、それは幾分助けになる。それはあなたの睡眠を妨げない。さもなければ、空腹はあなたを眠らせないだろう。あなたは起きなければならない。夢は代用品を作り出す。あなたは眠り続けて、「私は充分食べた」と感じる。あなたは身体を騙したのだ。

夢は詐欺師だ。朝、驚くだろう——あなたはまだ空腹でいる——なぜなら夢の中でのご馳走は断食と同じだからだ。ご馳走または断食——両方とも夢の中では同じだ。なぜなら夢は非現実的だからだ。それは満たすことができない。本当の渇きを癒すためには本物の水が必要だ。満たされるためには、本物の生の現実《リアリティ》が必要だ。

ブッダはこう言う。あなたは自分自身を傷つける危険を冒し続けるが、この生からは何の充足も生じない。多分あちこちであなたは蜜を味わうかもしれない。それは甘いが、非常に危険で、満足できない。そして蜜はナイフの刃に塗られている。あなたが舌を傷つけるというあらゆる危険がある。

年老いた人々を見てごらん。傷の他には何も見つからない。彼らの存在全体は傷や潰瘍だらけで、潰瘍そのものだ。人が死ぬ時、彼の存在の中に開花した花を見ることはない。悪臭を放つ傷が見えるだけだ。

人が本当に生きて、夢や幻想的な欲望に騙されなかったなら、彼は老いれば老いるほどより美しくなる。死において彼は壮麗でいる。

時にはあなたは、その老年期が青年期よりも美しい老人に出くわすかもしれない。その時はその老人の前で頭を下げなさい——彼は本当の生を、内省的な生を、「内的状態」の生を生きてきた。なぜならもし生が本当に生きられるなら、あなたはますます美しくなり続けて、雄大さが、恵みがあなたにやって来始めるからだ。未知の何かがあなたの周りに留まり始める。あなたは無限の、永遠の住処になる。それがそうでなければならないのは、生とは進化だからだ。

あなたがもう若くない時に醜くなるなら、それは単にあなたが、若い頃にあまりにも多くのナイフで蜜を味わったことを意味している。あなたは傷ついた。今、あなたはこれらの癌のような傷に苦しむだろう。老年期は大きな苦しみになる。そして死が美しいのはごく稀だ。それは人々が本当に生きるのはごく稀だからだ。

ある人が本当に、両端から燃えている炎のように生きたなら、彼の死は途方もない現象に、完全な美になる。あなたは、彼が死に瀕している時、彼の生が最大限に、最適条件で明るく輝くのがわかるだろう。その最後の瞬間に彼はそのような炎になる。彼の全人生はその瞬間に濃縮した香りになり、素晴らしい光輝が彼の実存の中に生じる。彼は去って行く前に自分の後に思い出を残す。

それがブッダが世界から去った時に起こったことであり、マハーヴィーラが世界から去った時に起こったことだ。私たちは彼らを忘れなかった。彼らが偉大な政治家や偉大な権力の人々だったからではない。彼らは何者でもなかったが、私たちは彼らを忘れることはできない。彼らを忘れることは不可能だ。彼らは歴史に関する限り何もしなかった。私たちは歴史から彼らをほとんど省くことができる。歴史から無視することもできる。何も失われない。実際、彼らは歴史の本流には決して存在しなかった。彼らはそれの傍にいた。それでも彼らを忘れることは不可能だ。彼らのまさに最後の瞬間が、人類にそれほどの栄光を残している。彼らの最後の輝きは私たち自身の可能性を、私たちの無限の潜在的可能性を示している。

ブッダは言った。


人は牢獄にいるよりも、どうしようもなく家族や所有物に縛られている。

囚人には解放される機会があるが、世帯主は家族の束縛から解放されたいとは思わない。

人の熱情が刺激される時、彼が身を滅ぼすのを防ぐものは何もない。

彼は虎の口の中にさえ跳び込む。このように熱情の汚物に溺れている人は無知と呼ばれる。

それを乗り越えられた者が、聖なる阿羅漢《アルハット》になる。


ブッダはこう言っている。熱情の汚物に迷い込み、決してそれを超越しなかった人たち、蓮が生まれた泥を超越するように、それを決して超越しなかった人たち、彼らは無知な人々であり世俗的な人々だ。渇望や欲望を超えた人たち、欲望の無益さを理解した人たち、そしてマインドが作るすべての戯言と、それが捏造する夢について理解するようになる人たち、彼らは偉大なアルハットだ。「アルハット」、まさにその言葉は敵に打ち勝った人を意味する。ブッダは、欲望や願望があなたの敵だ、と言う。あなたが自分の欲望に打ち勝ったなら、あなたは自分の敵に打ち勝ったのだ。あなたはアルハットになった。アルハットが、無欲になることがゴールだ。なぜならあなたが無欲である時にだけ祝福があるからだ。

私たちのいわゆる宗教は、恐れに基づいている。ブッダの宗教は、内なる祝福に基づいている。神を礼拝するのは私たちが恐れているからであり、自分の生をどうしたらいいのかわからないからだ。私たちは絶えず震えていて、怯えている。死がやって来ていて、私たちは何をすべきか、自分自身をどう守ったらいいのかわからない。私たちには保護者が必要になる。それは恐れからだ。ブッダの宗教は内なる祝福に、内なる恩恵に基づいている――それは恐れとは何の関係もない。

いわゆる宗教とは、ただ恐れから生じたものに過ぎない。そして恐れに基づくものは決して美しくならない。あなた方の神々、教会、寺院、それらがあなたの恐れから生じたものなら、それらは悪臭を放っている――それらはあなたの恐れという悪臭を放っているに違いない。

ブッダの宗教は全く恐怖に基づいていない。だから彼は、最初の一歩はすべての信仰を捨てることだ、と言う。これらの信仰は恐怖が理由だ。信仰を捨てるとあなたは自分の恐れに気づくだろう。そしてあなたの恐れに気づくのは良い。あなたは自分の死に気づくだろう。あなたはこの無限の宇宙全体に気づくようになる――行くべきところはどこにもなく、案内する者は誰もいなくて、どこにも安全が見つからないことに気づくようになる。その恐怖の中で、その恐怖への気づきの中で、進み始めるために残された場所は内側しかない。なぜならどこかへ行くことには意味がないからだ。それはとても広大だ。

内側の旅は、あなたがすべての信仰を捨てて、恐れ、死、欲望に気づくようになった時に始まる。そしていったん内側に入るなら、突然、恐れが消えているのがわかる。なぜならあなたの実存の最も深い核に、これまで死が存在したことはなかったからだ。それは存在できない。あなたの最も内側の核は絶対に非自己だ。

自己は死ぬことができる。無自己は死ぬことができない。そこに何かがあるなら、それは壊すことができる。ブッダがあなたの内側には何もないと言うのはそのためだ――あなたは純粋な無だ。その無は壊すことができない。そしてあなたがそれを、死は壊すことができないことを、無はそれ自体でとても美しいことを理解したなら、お金や権力、威信、名声を何もないところに詰め込み続ける必要はない。この無はとても純粋で、とても無垢で、とても美しいので、あなたはその中で祝福されている。あなたはその無の中で踊り始める。その無は踊り始める。ブッダは暗にあなたをその踊りに向かわせている。

ブッダが死の床にあった時、アーナンダは泣き出して「私は今どうしたらいいでしょうか？　あなたは去って行きますが、私はまだ光明を得ていません」と言った。

ブッダは言った。「泣いてはいけない。私はあなたに光明を得させることはできないからだ。あなただけが、その奇跡をあなた自身に起こすことができる。あなた自身への光でありなさい――アッパ・ディーポ・バヴァ（私たちはみんな自分自身への光になる可能性を持って生まれる）」

ブッダは人類を最も内側の核に投げ込む。ブッダは、内側へ行きなさい、と言う。他に行くべきところはない。あなたは神の社だ。内側へ行きなさい！　そして崇拝すべき他の神はどこにもない。

あなたが内側に向かえば向かうほど、どんな崇拝の対象もない崇拝の意識が現れるだろう。誰にも向けられていない祈りが起こる。至福からの、実存からの、内なる祝福からの純粋な祈りが……。

第二章

祈りで在りなさい

Let There be Prayer

質問一

あなたの昨日の講話は無慈悲で、鋭く、打ち砕かれるものでした。私はその講話を通して、深い外科手術が自分の精神の内側で起こっているのを感じました。OSHO、これは何なのですか？言葉で話すことに加えて、他に何を聞く者に伝えているのですか？

語句や言葉はあなたに何かを伝えることとは何の関係もない。言葉は単なる玩具であり、あなたはそれで遊ぶことができる。あなたが言葉に夢中になる時、私はあなたの存在に何かをする機会を持つことができる。さもなければ、あなたは私が何かをするのを許さないだろう。だから私が語ることは何であれ、ただあなたをそれに関わらせたままにするためのものだ。いったんあなたのマインドが言葉に関われば、あなたは私の手中にあり、あなたのハートは私の手中にある。マインドが何にも関わっていない時、マインドは障壁のように機能して、ハートは利用できなくなる。

だから本当のワークとは言葉を通したものではない——本当のワークは現存を通したものだ。あなたが思考を止めて自分のマインドを脇に置けるなら、私は全く話す必要がない。その時は沈黙がワークをする——起ころうとするものは、沈黙を通して起ころうとするからだ。これは言葉でのコミュニケーションを通さずに起こる。それは言葉が達するところより深く、マインドが何も言うことのないあなたの実存のより深いレベルで起こる。
マインドはあなたの実存の単なる表面、周辺に過ぎない。それはあなたの中心ではない。しかし周辺があまりにも強くなってしまった。それは硬い外層のようにあなたを取り囲んでいて、あなたの牢獄になっている。あなたは自分のマインドが完全に夢中になるほど、面白くて興味深いものを必要としている。

そして時々、私は打ち砕く――私はそうしなければならない。時には無慈悲でなければならない。それがあなたを助ける唯一の方法だからだ。それはあなたを壊し、あなたを完全に滅ぼし、生まれ変わる機会を与える唯一の方法だ。今のままのあなたは消えねばならない。今のままのあなたは死なねばならない。そうして初めて新しいものがあなたから生じる。あなたの本当の実存が在るために、エゴは消えなければならない。神が存在するために、マインドは止まらなければならない。未知のものを歓迎するために、既知のものを捨てねばならない。

時々、私は説得をする。時には打ち砕く。時には優しさと愛を通して、マインドを捨てるようにあなたを誘い込む。時には私は厳しく打つ。私は一年中気候のように変わる。そしてあなたは、すべての気候の中で私と共にいることだ――そうして初めて、あなたは私を知る。あなたは私のすべての姿で私と一緒にいなければならない――そうして初めて、あなたは姿無きものを見ることができる。

私に簡単にそうさせれば、その手術は非常に簡単になる。簡単に私にそうさせず、もがき、抵抗して、協力しないなら、あなたは葛藤を生み出す。その時も手術は行なわれる――私があなたを私の弟子として受け入れたら、今やあなたの変容は私の責任になる。するとその手術は厳しくなる。しかし厳しさが生じる理由はあなたの抵抗だ。それを覚えておきなさい。

私が時には打ち砕かねばならないのは、あなたがあまりにも抵抗するからに他ならない。

一つの逸話を話そう。

ジョー・レヴィは一週間の休暇を取って一流の山岳リゾートに行った。その夜、彼が夕食を注文した時、ウェイターはチキンスープが最高のお勧めだと言った。ジョーは「スープは嫌いだ。私はスープを食べたことがない。けっこうだ」と答えた。彼は夕食を食べ、トランプで遊び、早く部屋に戻って眠りに就いた。

真夜中に、階下の部屋に住む男が突然病気にかかり、住み込みの医師は看護師に頼んで浣腸をするように勧めた。到着した看護師は間違ってジョー・レヴィの部屋に入り、彼が自分に何が起こっているかに気づく前に、彼に浣腸をして去って行った。

彼がニューヨークに戻った時、友人は彼にホテルは気に入ったかと尋ねた。彼はこう言った。

「それは非常に良かったが、もし君がそこに行くようなことがあって、ウェイターがスープを食べることを提案するならそれを食べろ。そうしなければ、彼らはどんな方法を使ってでもそれを君の中に押し入むぞ」

だからどうか私に協力してもらいたい……！

質問二
ＯＳＨＯ、あなたは私たちにとても多くのジョークを言います――ジョークの基本的な秘密は何ですか？　なぜあなたはジョークを言うのですか？

私はあなたにジョークを言わなければならない。そうしないとあなたは眠ってしまうだろう。ジョークは衝撃を与え、あなたは気づきに戻る。それは小さな電気ショックだ。それがジョークの美しさであり、ジョークの秘密だ。最も鈍いマインドでも、ジョークの時に油断したままでいるわけにはいかない。最も鈍くて最も愚かな者でも、興味をそそられる――いびきをかいている人でさえいびきから抜け出て、起こっていることに耳を傾け始める。

それがジョークの美しさだ。ジョークはあなたに微妙な気づきをもたらす。気づきが生じるのは、ジョークは非常に注意深く聞かねばならず、そうしなければオチを聞き逃すからだ。ジョークでたった一つの言葉でも聞き逃すと、意味を失う。ジョークは非常に小さなもので、わずかな文だ。気づかずにはいられない。一行でも聞き逃すと、文全体の意味をつかまえられない。

そしてジョークは急に変転する――それがその秘密だ――実に予想外の変転だ。ジョークは論理的ではない。だから私はジョークを愛する――それは非論理的だ。それでも独自の論理がある。ジョークは非論理的でありながら論理的で、非常に逆説的だ。ジョークはあなたが予想もしなかったような非論理的な変転をする。予想できるなら、それほどの喜びは失われるだろう。

ジョークが単純な三段論法で、アリストテレスの三段論法であるなら、それは単に話を続けることができ、どんな結末なのか感じられ、前提が既に与えられているから結論を出すこともできる。ちょうど二足す二が四であるように論理的に結論を出せるなら、ジョークではない。二足す二は四だからだ。誰かが「二足す二は」と言う時、あなたは既に結論を、それは四だと知っている。ジョークが全く論理的で、結論が不合理でないなら、それはジョークではない。それはあなたに気づきをもたらすようなショックを与えない。

ジョークは非常に予想外の変転をする。それでも、オチを聞いた時、あなたは突然その中に論理が、アリストテレス的ではなく、非アリストテレス的な論理があることに気づく。オチを聞いた時、あなたは突然わかる。そう、すべては明らかになる。ジョークが全く不合理なら、その時もそれは無意味になる。それは結論に話全体との繋がりがないからだ。不連続性があり、それらを結びつける方法を知ることはできない。

ジョークは全く論理的である必要はなく、全く非論理的である必要もない――それは霧に囲まれた、非常に曖昧で漠然とした狭間にあるべきだ。それがどこへ向かうのかわからない。それがおもしろ味をそそる理由だ。それはたった一行でその全体が存在するほど突然の変転をする。

一つのジョークを話してみよう。


ユダヤ教の教団は、新しい教会を建てるためのお金を集めていた——古い建物は腐ってボロボロになっていた。彼らはより多くのお金を集めるために、できることすべてをやっていた。

彼らは宝くじを販売し、その後、当選賞品が開示され、自治会の会長が三等を発表した。賞品は素晴らしいテレビで、それを得た人は非常に喜んだ。それから彼は二等を発表した。もちろん、名前が発表された人はキャデラックや、インパラ、メルセデスのような、そのようなものを期待していた。だが二等の人が来た時、会長は彼に小さな箱を与えた。彼はすぐにそれを開けた——ん？——彼は箱の中にあったものに当惑した。　そこにあったのはチョコレートやクッキーなどで、大したものはなかった。彼は「これは何だ？　あなたは忘れているに違いない。あなたは何かを置き違えたに違いない。三等に対してあなたはテレビを与えたのだぞ。それが二等では、ただのクッキーだと？　これは馬鹿げている！」と言った。

会長は言った。「あなたはわかってません。ラビの妻自身が、あなたのためにそれを準備したのですよ」

男はイライラして言った。「ラビの妻をめちゃめちゃにしろ！」

会長は「それは一等賞です」と言った。

さて、これはジョークだ！　あなたは予期できない。それは不可能だ。だがいったん結末がわかると、すべては明らかになる。結末は話全体を明らかにする。だがもし結末が示されなかったら、論理的に結末に至ることはできないだろう。

論理は始まりから終わりへと段階的に進行する。ジョークは終わりから始まりへと後方に広がる――それがその美しさだ。それは笑いをもたらす。物語が進行している時、あなたは緊張するからだ――ん？――あなたはすぐに結末が知りたい。あなたはそれに、起ころうとしているものに非常に好奇心を持つようになる。あなたはエネルギーで躍動し始めて、油断しなくなり、より油断しなくなり、もっと生き生きするようになる――そしてエネルギーがそこにある。あなたはそれを解放できない。それは最高潮に達する。それから打ち砕くオチが来て、すべてのエネルギーはあなたの存在のいたるところに広がる。それが笑いというものだ。

そして私がジョークを言わねばならないのは、私が話す事はとても微妙で、とても深く深遠であるため、単に話し続けるとあなたは眠ってしまい、聞くことも理解することもできなくなるからだ。あなたはほとんど、耳が聞こえないままになるだろう。

あなたに言わねばならない真実が深遠であればあるほど、私は最悪のジョークを選ぶ。私が話そうとする真実が最も高次のものであるなら、最も低俗なジョークを探しに行かなければならない。だから下品なジョークでさえ……私は気にしない。下品なジョークでも役に立つ。より役に立つのは、それが根元まで、腹の底まであなたにショックを与えることができるからだ。それがすべての要点だ！　それは何度も何度もあなたが油断なき状態に来るための助けになる。あなたが油断していないのがわかるなら、私は再びあなたに話したいことを話す。あなたが再び眠りに陥っているのを見るなら、再びジョークを言わなければならない。

あなたが本当に油断せずに耳を傾けるなら、ジョークの必要はない。私は直接真実を言うことができる。だがそれは難しい。あなたはあくびをし始める……そしてあくびをするよりも笑った方が良い。

質問三

私はまもなく西洋に帰ります。ＯＳＨＯ、もし私が西洋であなたを呼んだら、あなたの助けはここで手に入ったように私の手に入るのでしょうか？

それが絶対に必要な時にだけ、あなたが今何もできないことがわかる時にだけ呼びなさい。まずあなたにできることをすべてやろうとしなさい。そして百件中九十九件は、私を呼ぶ必要がない。九十九件のために私を呼ばなければ、あなたは百件目の事柄を自分で行なうに値する――あなたはどんな方法でも私に期待できる。しかしそれを日常的な事にしてはいけない。

あなたに一つの逸話を紹介しよう――それは本当の逸話だ。それは既に起こっている。それが本当なのは、非常に信頼できる情報源から私のところに来たものだからだ。カマールが私にこの話を届けてくれた。

ある日、チンアニことスワミ・アループ・クリシュナとサダル・グルダヤール・シンがアシュラムに向かって来ていた。二、三日間雨が降っていて、道路は泥まみれで、汚水がいたるところに集まって、下水路は溢れていた。そしてバナナの皮の上で、グルダヤールは滑った。それだけでなく、小さな硬貨がポケットから落ちて下水路の中に失われた。

彼はすぐに「サティヤ・サイ・ババ、サティヤ・サイ・ババ――助けてくれ!」と叫んだ。

もちろん、アループ・クリシュナは非常に驚いた。彼は「グルダヤール、気が狂ったのか? 君はOSHOの弟子だぞ!」と言った。

グルダヤールはこう言った。「どういう意味だ? この下水路にある汚水の中で、私はOSHOを呼ばなければならないのか?」

だから次のことを覚えておきなさい。あなたが本当に必要としている時はいつでも、そしてそれが汚水や下水路の問題ではなく、ただ小さな硬貨が失われただけではないなら――その時はグルダヤールに従いなさい。

質問四

マインドは自殺できますか？

マインドは自殺できない。マインドにできることは、何であれマインドを強くするからだ。マインドの側からすることは、何でもマインドをより強くする。だから自殺は不可能だ。

マインドが何かをすることは、マインドがそれ自体を継続しているという意味になる——だから当然自殺はない。だが自殺は起こる。マインドは自殺できない——ん？——それを完全にはっきりさせよう。マインドは自殺できないが、自殺は起こる。それは何かをすることによってではなく、マインドを観照することで起こる。

観照者はマインドから離れている。それはマインドより深く、マインドより高い。観照者は常にマインドの後ろに隠れている。思考は過ぎ去り、感覚は生じる——誰がこの思考を見ているのだろう？　マインド自身ではない。マインドとは思考と感情のプロセスに他ならないからだ。マインドは単なる思考の往来だ。誰がそれを見ているのだろう？　あなたが「怒りの思考が私に生じた」と言う時、その『あなた』は誰だろう？　誰に思考が現れているのだろう？　その容器は誰だろう？

思考は内容だ——その容器は誰なのだ？

マインドとは、本を印刷する時に、白くてきれいな紙の上に言葉が現われるようなものだ。その空白の紙が容器であり、印刷された言葉が内容だ。意識は空白の紙のようなものであり、マインドは言葉を印刷した紙のようなものだ。

何であれあなたの内側に対象物として存在するもの、あなたが見たり観察できるもの、それがマインドだ。観察者はマインドではない。観察されるものがマインドだ。

だからあなたが観察し続けられるなら、非難せず、どんな方法でもマインドと争わず、それに耽溺せず、それに従わず、それに反対せず、それに対してただ無関心でいられるなら、その無関心の中で自殺が起こる。マインドが自殺をするわけではない。観照者が現われる時、目撃者がそこにいる時、マインドは単に消えてしまう。

マインドは、あなたの協力やあなたの対立があって存在する。両方とも協力の方法だ――対立もだ！　マインドと戦う時、あなたはそれにエネルギーを与えている。まさに戦いによって、あなたはマインドを受け入れてしまった。まさに戦いによって、あなたは自分の存在よりもマインドの力を受け入れてしまった。だから協力しようと対立しようと、いずれにせよマインドはますます強くなる。

ただ観照してごらん。ただ目撃者でありなさい。すると、次第に隙間《ギャップ》が現われているのがわかるだろう。思考は通り過ぎて、別の思考はすぐにはやって来ない――そこに間隔がある。その間隔の中に平和がある。その間隔の中に愛がある。その間隔の中にあなたが常に探し求めていて、決して見つからなかったものがすべてである。その隙間《ギャップ》の中では、あなたはもうエゴではない。その隙間の中では、あなたは定義されず、制限されず、閉じ込められていない。その隙間の中では、あなたは広大で、無限で、巨大だ！　その隙間の中ではあなたは存在と一つだ。障壁は存在しない。あなたの境界線はもうそこにはない。あなたは存在の中に溶けて、存在はあなたの中に溶ける。あなたは重なり始める。

あなたが観照し続けて、これらの隙間にも執着しないなら……なぜなら今では、これらの隙間に執着するのは自然なことだからだ。これらの隙間を渇望し始めるなら……それらは途方もなく美しく、非常に喜びに満ちているからだ。それらに執着するのは自然なことで、これらの隙間をますます持っていたいという欲望が生じる——その時あなたは取り逃がす。あなたの観照者は消えてしまった。そのため、それらの隙間は再び消えて、再びマインドの往来がある。

だから、まず最初は無関心な観照者になることだ。

そして二番目に覚えておくことは、美しい隙間《ギャップ》が現われた時は、それに執着したり求め始めたりせず、それはもっと頻繁に起こるはずだと待ち始めてはいけない、ということだ。この二つを覚えていられるなら——美しい隙間が生じた時、それも観照して、あなたの無関心を保ったままでいられるなら、ある日、その往来は道と共に消える。両方とも消える。そして途方もない虚空がある。

それがブッダが「ニルヴァーナ」と呼ぶものだ。マインドは停止する。これを私は自殺と呼ぶ。だがマインドはそれを犯していない。マインドは犯すことができない。あなたはそれが起こるのを助けることはできる。それを妨げることもできるし、それが起こるのを助けることもできる。それはあなた次第であり、あなたのマインドによるものではない。マインドにできることはすべて、常にマインドを強化する。

だから、瞑想とはマインドが努力するものではない。本当の瞑想は全く努力ではない。本当の瞑想とは、ただマインドの好きなようにやらせて、どんな方法でも干渉せず、ただ見守り、観照したままでいることだ。それは沈黙し、やがて静かになる。ある日、それはなくなる。あなたは独り残される。

その独りの状態こそがあなたの現実《リアリティ》だ。その独りの状態の中では何も除外されない。それを覚えておきなさい。その独りの状態にはすべてが含まれている——その独りの状態が神だ。どんな思考によっても損なわれないその純粋さ、無垢さ、それが神だ。

質問五

私はダイナミック瞑想で腹の底からフーと言います。私は講話の中であなたと一緒に笑います。私はナタラジ瞑想であなたのために踊ります。私はナーダブラーマ瞑想の後、泣いて叫びます。私はクンダリーニ瞑想で自分の緊張を見守ります。そして特に、音楽を伴う瞑想のために集まって来る鳥たちの声に耳を傾けます。彼らは途方もなく楽しんでいます。

私はグリシャンカール瞑想で、蚊のために夕食を提供します。瞑想の中とその間で、私は一度にすべてのグループ瞑想をしているようです。私はあまりにも気違いじみていると感じていて、あなたがそれを愛しているのを知っています。どうすれば私もそれを愛せるでしょうか?


それなら、あなたはそんなに気違いじみてはいない……でなければ質問は生じなかっただろう。あなたがあまりにも気違いじみている時、あなたは既にそれに恋している。

気違いじみている人は、まだ抵抗している人だ。あまりにも気違いじみている人は、それに明け渡した人だ。それが唯一の違いだ！　気違いじみている人とは、何かがおかしくなっていると感じているが、彼はまだそれと戦っていて、それに抵抗していて、それを抑圧している。まだそれに反対していて、それを許していない。あなたがそれをするなら、いつか本当に気が狂うだろう。私が「本当に気が狂う」と言う時、それはスピリチュアルな成長ではないという意味だ。それは単なる堕落だ。

あなたが狂気を抑圧し続けるなら……誰もが狂気を持っている、なぜなら神自身が狂っているからだ。神は、特定の狂気の傾向がない者など決して創造しない。

そして人は偉大であればあるほど、より気違いじみていて、より風変わりになる。ブッダ、マハーヴィーラ、クリシュナ、キリスト——これらは風変わりな人々だ。そして心理学者たちはある意味で正しい。心理学者たちは彼らを異常と言う。異常なのは彼らが超 - 正常だからだ。異常なのは彼らが一般的多数派ではないからだ。

ブッダが地上を歩くなら、彼は全く独特《ユニーク》だ。前例はなく、以前に起こったことがない――それは二度と起こらない！　彼は一度だけ起こる。彼は繰り返すことができないもの、かけがえのないものだ。彼は人類の意識における独特な瞬間だ。もちろん、風変わりだ。少し気違いじみているに違いない。人々は彼が狂ってしまったと思うだろう。彼は王の息子だったし、宮殿や美しい妻、すべての快適さを放棄して乞食になった！　それが正常に見えるだろうか？

正常はまさにその逆だ。乞食は皇帝になりたい――それが正常だ。すべての乞食は皇帝になりたいと思っている。誰もが皇帝になることを望んでいる。野心はごく普通だ。金持ちになること、有名になること、世界に知られるようになること、非常に力強くなること、それは普通の現象で、そこに何も特別なものはない。だが玉座から降りて乞食のように動く皇帝は風変わりで、気違いじみている、あまりにも気違いじみている。

あなたが狂気を抑圧し続けるなら……。狂気はあなたの独自性だ。狂気とは単に、世界の他の誰とも合わない、社会の機構の一部になることも、車輪の歯車になることも決してできないあなたの中にある要素だ。それが狂気だ。あなたの個性があなたの狂気だ。

社会はあなたの個性を望んでいない。それは効率的な機構を、ロボットを望んでいる。それは気違いじみた人々を望んでいない。それはピカソたちを、ブッダたちを、ワーグナーたちを、ニーチェたちを望んでいない——否だ。時たまなら、彼らはほんの気分転換には良いが、世界は彼らをそんなに多く必要としていない。そして彼らは非常に厄介な人々だ。彼らは多くの理想を打ち砕き、ある未知の目標の方へ人類を容赦なく引き寄せ続ける。彼らは決してありきたりのものに賛成しない。何か並外れたことが起こらなければならない。そうして初めてくつろぎを感じられる。いつもの、普通の、そして一般的なものは役に立たず、失望させる。

社会は彼らを望んでいない。社会は少人数なら容認できる。それも社会が多くの困難から学んできたことだ。そうでなければ、なぜイエスは磔にされねばならなかったのか？　社会はその男を容認できなかった。彼は自分の生だけでなく、他の人々の生も危険にさらしていた。自分自身に対してだけでなく、他人に対しても狂気の扉を開けた。社会は恐れていた。

社会は人々にほとんど死んでいることを望んでいる。社会が生きている人々に必要とする唯一の要件は、効率的であることだ。彼らは一生懸命働き、より多く生産し、従順で善良な市民として快適に生活し、静かに死ぬべきだ。彼らは世界にどんな騒音も引き起こしてはいけない。歌さえ歌ってはいけない。路上で踊るべきではない。彼らはまるで存在しなかったように、単純に生きなければならない。彼らは個人としてではなく、数字として生きなければならない。彼らは多少であっても自分の個性を主張すべきではない。彼らは「私は、」と言うべきではない。彼らは奴隷でなければならない。自由な人々であってはいけない。

社会はあらゆる類の個性を抑圧する。その抑圧された個性は、抑圧されすぎると、ある日爆発する。それで人は狂ってしまう。これは私の観察だが、精神病院に閉じ込められている狂人たちは非常に繊細で、普通のほとんどの人よりも感じやすい。彼らは自分の内面の個性を許容できなかった。それは爆発した。彼らは懸命に努力した！　できるだけ深くそれを強制したが、彼らは壊れやすい人々であり、感じやすい人々だった。彼らは愚鈍ではなかった。

気違いじみているためには、何らかの知性が必要だ。単なる集団の一部であるために知性は必要ない。どんな愚かな人でも完璧な市民になることができる。実際、愚かであればあるほど、あなたは従順になり、反抗的でなくなる。常に命令を下すどんな愚か者にも、あなたは同意する準備がある。大声で叫ぶ人が誰であっても、あなたは彼の足元にひれ伏す。彼はあなたの指導者になる。

しかし、個人であるためには知性と鋭い意識が必要だ。個人の生を生きることは、非常に困難だからだ。非常に多くの愚かな人々や群衆、鈍くて死んだ人に囲まれて、生き生きと躍動し、流動したままでいるのは非常に困難だ。その時あなたは、全く独りでいる。

だから非常に敏感な人は……。そして現在西洋において、現代の精神科医は気づくようになった――あなたが狂人と呼ぶ人は誰であれ、最も上位の人だという事実に。R・D・レインに尋ねてごらん。今や彼らは、狂った人々は最も上位の人だと言う。彼らはより自由にさせておくべきで、個人であるよう助けられるべきだ。そうすれば、人類はより以上に高く上昇していくだろう――なぜなら彼らは先駆者だからだ。

気が狂った愚かな人について、今まで聞いたことがあるだろうか？　私は知的障害者について話しているのではない。私が「狂った」と言う時、私は知的障害を意味してはいない。知的障害者は身体障害者だ。問題はマインドに関するものではない。気違いじみた人は知的障害者ではない。実のところ、気違いじみた人々は、普通の人々よりも知能指数が高い。気違いじみた人々は、あなた方の政治家よりも知能指数が高い。狂ったニーチェは、リチャード・ニクソンよりも知能指数が優れている。狂ったファン・ゴッホは、レーニン、毛沢東、スターリンよりも知能指数が高い。ピカソには、どんなアドルフ・ヒトラーよりも優れた知性がある。だが彼らはみんな狂った人々だ。実際、彼らが狂って見えるのは、世界が非常に鈍いからだ。

誰もが個性を許されたら、狂った人々はいなくなるだろう。誰もが反逆的であり、自分自身であり、真正に自分自身であることが許されるなら、精神病棟は必要ない。狂った人々は社会の、抑圧的な社会の犠牲者だ。まず社会は敏感な人々を無理やり気が狂うように仕向ける。それから精神病棟か病院に入ることを強いて、電気ショックやインスリン・ショックを与え、彼らを何年間も一緒に精神科医の診察台に座らせる――潜在能力の、それも最も純粋な潜在能力の全くの浪費だ。

原始的な社会に狂った人々は存在しない。社会が原始的であればあるほど、誰かが狂う可能性は少なくなる。なぜなら原始社会では個性が受け入れられているからだ。原始社会では狂気は個性として受け入れられる。ある人はこのように生きたいと思い、他の人は別の方法で生きたいと思う。原始社会で誰かが裸で歩くなら、人々はそれを受け入れる。それは彼の選択であり、何も間違いはない！　だがロンドンやニューヨークで裸で歩くなら狂っている。

ちょっとマハーヴィーラについて考えてごらん。彼は非常に利口だった——彼はインドに生まれることを選び、正しい時代を選んだ。もし彼が二十世紀を選ばなければならず、ニューヨークで生まれていたら、どうなっていたと思うかね？　彼は精神科の治療を受けていただろう。彼は裸だ！——彼らはマハーヴィーラにショックを、電気ショックを与えただろう。彼のマインドを鈍らせ、彼の個性を受け入れられなかっただろう。

何が問題だ？　人は空の下で、風と共に、太陽と共に、裸で生きたいと思っている。人は自然に対して開いていたい——それの何が悪いのだ？　なぜ人は無理に服を着なければならないのか？　彼がそれを好むなら、完全に良い。彼を無理に裸のままにする必要はない。なぜならまた、彼の個性を受け入れないという、同じことをしているからだ。だが、もし誰かが裸でいるのが好きなら、何が間違っているのだろう？

ちょっと客間で裸で座っている自分自身を想像してごらん。そしてお客が来て、あなたは彼を歓迎する——彼は逃げ出すだろう！　彼は二度と来ないし、直接警察署に行く。そしてあなたは誰に対しても何もしていなかった。ただ客間で裸で座り楽しんで、音楽を聴いていただけだ。

あなたは小さな子供たちでさえ、裸になることを許さない。それほどまで抑圧的で暴力的な社会だ！　その副産物が、気違い沙汰に、狂気になる。

私はあるがままのあなたを受け入れる。私はこれまで、どんな気違いじみた人にも出会ったことがない。なぜならまさにその言葉が無意味だからだ。人々は異なっている！——それだけのことだ。その違いは美しい。それは生を豊かにし、生に多様性を与え、生にスパイスを与えるものだ。気違いじみた人々はまさに地の塩だ。だがそれを拒絶し、恐れるなら、あなた自身の個人の自由よりも社会構造を選ぶなら、あなたは自分の実存の地下に自分の狂気を蓄積し続ける。あなたが知的な人で感じやすい人なら、いつかそれは爆発するだろう——あなたは火山の上に座っている。いったんそれが爆発すると、あなたにできることはない——あなたは気が狂う。

狂わない唯一の方法は、あなたの個の形を、個のスタイルを受け入れること、決して何も抑圧しないほど全面的に受け入れることだ。そうすればあなたは常に正気のままでいる。

さて、質問者は言う。「私はあまりにも気違いじみていると感じています。私はあなたがそれを愛しているのを知っています。どうすれば私もそれを愛せるでしょうか？」

それを受け入れなさい。それを楽しみなさい！ あなたが楽しみ始めるなら、やがて愛が生じるだろう。何か大きなことがあなたに起こっている。非常に意義深い、スピリチュアルなことが。あなたの個性はそれ自身を主張している。あなたは自分が個人であることを、あなたを取り囲んでいる機構の車輪の単なる歯車ではないことを感じ始めている。あなたは再び生に躍動している。あなたは生まれ変わりつつある。これは新しい誕生に、第二の誕生になろうとしている。それを楽しみなさい！

このアシュラムでの私のすべての努力は、あなたに自分自身であるための絶対的な空間を与えることだ。それは非常に難しい。このアシュラムもまた、社会の中に存在しなければならないからだ。だが難しくしておけばいい――それは為されなければならない。たとえ地球上に、人が気違いじみていると非難されないような小地区が、そんなオアシスがほんの少ししか存在していなくても、私たちは新しい種類の世界と、新しい種類の社会を作り出すだろう。

そしてこれは未来の社会になる。これは来たるべき姿になる。この小さなアシュラムはまさに未来の小規模な世界であり、あなた方は先駆者だ。自由に生きながら途方もない責任を持つ、新しい種類の人間を創造している、という幸せを感じるがいい。

この質問について、もう一つ言いたいことがある。あなたが気違いじみていると感じる時は、気違いじみていることを完全に許しなさい。だがあなたの狂気は、他の誰にも押し付けるべきではない。それだけだ。そうしないとあなたは他の人を抑圧し始める。

あなたは真夜中に大声で歌を歌いたい――何も間違っていない――だがその時は、町から遠く離れて行きなさい。他の人の睡眠を邪魔することは許されないからだ。あなたの考えは全く素晴らしい。真夜中はとても美しい。誰が歌を歌いたがらないだろう？　それは完全に問題ない。何も間違いはないが、他の人たちが眠っている。誰かを邪魔する必要はない。これを私は責任と呼ぶ。

あなたのための自由、他の人たちへの責任。あなたがこの二つの間で自分自身を保てるなら、バランスが生じる。そしてあなたが責任を持つなら、あなたは迷惑をかけていないため、社会はあまりあなたを強制しないだろう。あなたが無責任なら、社会はすぐにあなたを捕まえて、気違いじみているのを許さない。だから責任を持つことは得策でもある。

あなたが本当に自由でいたいなら、責任を負わなければならない。でなければ自由は許されない。それにこの大きな社会に逆らうあなたとは、何様なのだろう？　彼らはあなたを潰すことができる。彼らがイエスを殺せるのなら、ソクラテスを毒殺できるなら、彼らは誰でも殺せるし、誰でも毒殺できる。それは非常に簡単だ。人はとても脆く、花のようなもので、非常に簡単に潰すことができる。

だからあなたが本当に自由でいたいなら、決して無責任であってはいけない。人が自由でいたければいいたいほど、責任の取り方を学ばなければならない。責任について注意深いままでいられるなら、ますます自由を手に入れるだろう。この社会においても、あなたは絶対的に自由のままでいられる――私は自由なままでいられた。だから私はあなたに言うのだ。私は決して、やりたくないことをこれまでしたことがない。私は常に、自分がしたかったことだけをしてきた。だがその時は極めて知的でなければならず、極めて注意深くいなければならない。私は気違いじみた人物だ――極めて気違いじみている。だがそこに何の問題もない。私はそれに悩まされない――私はそれを祝う。それを楽しみ始め、その中で喜び始めるなら、愛が生じる。愛は常に喜びの後に続き、喜びは常に愛の後に続く。それらは一緒だ。愛することから始めるか、またはそれが難しいなら、喜ぶことから始めなさい。自分の狂気を愛することができれば、それは良い——それから喜びが生じる。それを愛する私は低レベルなのだろうか？　という疑問が生じたなら、その時は愛することを忘れなさい。それを楽しみなさい。すると愛はその後に続く。それらは一緒に起こる。それらは一つの現象だ。

質問六
すべての欲望は同じですか？　私の愛への欲望は何なのでしょうか？

究極の意味では、すべての欲望は同じだ——欲望とは、ありのままの自分に満足していないことだからだ。欲望とは不満だ。

本質的に、欲望とはそうではないものへの憧れだ。基本的に、欲望とは存在への苦情だ。あなたはこう言っている。「これは私が望む方法ではない。これは私が住みたい家ではない。これは私が愛し愛されたい女性ではない。私が満足できるのはこの世界ではなく、この社会ではなく、この身体ではなく、このマインドではない」

欲望とは不満を意味し、未来への希望を意味する——それは、すべてが自分と合う場所がどこかにあるに違いない、ということだ。欲望とは「私はそのままの世界には合わない。だから私はしっくり合う別の世界を望んでいる」という意味を持つ。だが、どんなところもあなたにはしっくり合わないだろう。なぜなら、あなたはずっと一つのことしか学んでいないからだ。それは調和しないでいることだ。

昨日あなたは調和しなかった。一昨日あなたは調和しなかった。子供の頃、あなたと世界の間には調和がなかった。若い頃あなたは調和していなかった。年老いてもあなたは調和していない。そしてあなたは期待している。「明日、私は物事と調和し、物事は私と調和するだろう」。そして生全体は調和しないように訓練され、そのように練習される。明日は常に昨日と同じになる。

ヒンドゥー語では、昨日と明日の両方を同じに表す言葉がある。それは非常に意味深い——両方にとって同じ言葉だ！　昨日もカルと呼び、明日もカルと呼ぶ。それは単に、あなたの明日はあなたの昨日の繰り返しにすぎないものになる、あなたの未来はあなたの過去の繰り返しに過ぎない、という意味だ。だから未来を待ってはいけない。未来は過去の繰り返しに過ぎないからだ。

無欲でいることは、ここと今にいること、満足していることを意味する。そうあるものは何であれ良い。そうあるものは何であれ、物事が存在するための唯一の方法だ——他に方法はない。他にありようがない。それが生のあり方であり、生のあるべき姿だ。突然、あなたは平和に包まれる。ちょっと見てごらん。まさにこの瞬間、私は平和があなたを取り囲んでいるのが見える。私と一緒にいるこの瞬間、そこには昨日も明日もない。過去はなく未来もない――あなたはただ、ここと今にいるだけだ。この「今にあること nowness」、この「ここにあること hereness」、これこそが無欲だ。あなたは私と一緒にいるだけで幸せでいる。

これがあなたの人生全体を生きる方法だ。これをあなたのダンマ、つまり道《ウェイ》にしなさい。それぞれの瞬間に、そうあるものは何であれ、それを楽しみ、祝い、それに感謝しなさい。

だから、究極的には、すべての欲望は同じだ。それは欲望の本質が同じだからだ。だが欲望の究極の意味を考えないなら、そこには違いがある。それなら多くの違いがある。

あなたは「私の愛への欲望は何なのでしょうか?」と尋ねている。

愛への欲望には三つの意味があり得る。それはあなた次第だ。究極の意味は確かに一つであり、その意味は、あなたは自分自身に満足していないということだ。あなたは他の誰かと一緒なら、幸せになれると考える。さて、これは馬鹿げている。それにこれは不可能だ。あなたは自分自身にさえ満足していないのに? どうやって他の人と幸せになれるのだろう? 他の誰かが自分自身に満足していない場合にだけ、あなたはその人と一緒に生きることができる――さもなければ、なぜ、彼女または彼は、あなたのことを気にする必要があるだろう?

あなたは誰かを、彼または彼女もまた同じ欲望の罠の中にいるという理由だけで、自分と一緒に生きるようにさせ、そう説得できる。今、二人の不幸な人が出会う。今、自分に満足していない二人が出会う。あなたは奇跡を求めている――奇跡は起こらない。

二人の不幸な人々の出会いは、お互いを幸せにすることはできない。彼らは二倍に不幸になる。それだけのことだ。それは単純な算術だ。彼らはどうしようもなく不幸になるだろう。二倍になるだけでなく、実際には、彼らの不幸な状態が衝突するので不幸は何倍にもなる。彼らはお互いに怒り、お互いに復讐する。彼らは相手が騙したと考える。なぜなら「相手は私にバラの庭を約束したが、それを届ける可能性はないようだ」からだ。

すべての約束は虚偽であるのがわかる――不幸な状態から、どうやって約束できるというのだろう？　不幸からどうやって与えることができるのだろう？　あなたはそもそも、それを持っていないのだ。どうしたら分かち合えるだろう？　あなたは自分が持っているものだけを分かち合う。あなたが幸せなら、幸せを分かち合う。あなたが不幸なら、不幸を分かち合う。あなたが悲しいなら、悲しみを分かち合う。

そこであなたは私に尋ねている。「私の愛への欲望は何なのでしょうか？」

それはあなたに依存する。

まず第一に、それは単なるセックスへの欲望という可能性がある。それは単純で、全く複雑ではない。非常に粗雑だ。実際、それを愛と呼ぶことは正しくない。しかし、私たちはすべてのものを愛と呼ぶ。ある人は「私はアイスクリームを愛する」と言う。ある人は「私は自分の家を愛する、自分の犬を愛する、妻を愛する、ゴルフを愛する」と言う。さてどうしたらいい？

「愛」は最も誤用される言葉の一つだ。私たちは千と一つのもののためにそれを使う。だから人々は、セックスが必要な時にそれを愛と呼ぶ。セックスとは愛の非常に初歩的な形で、非常に原始的で、愛の入門編に過ぎない。あまり深く進むことはできないし、たいして充足することもできない。または「愛」という言葉によって本当に愛を意味することができる。それなら、あなたは幸せな人であり、自分の幸せを分かち合いたい、という意味になる。あなたは自分の幸せを抱えている。

あなたの愛がセックスを意味する時、あなたは単に性的エネルギーを抱えていて、それを解放したいと思っているだけだ。それは軽減になる。それを和らげるのを助けてくれる誰かを、あなたは求めている。性的な愛は非常に肉体的だ。

あなたが本当に「愛」という言葉によって愛を意味するなら、自分の生で幸せでいて、満足して、喜んでいなければならない。その時、祝祭があなたのハートに必要となる。そうすればあなたは分かち合える。これはハートの分かち合いだ。セックスは身体の分かち合いで、愛はハートの分かち合いだ。

そして私が祈りと呼ぶさらに別の可能性がある。あなたがハートさえ超えた時、あなたの存在全体は深いところで花を咲かせ、開花し、分かち合う必要がある。それが祈りだ。

セックスは二つの身体の間に存在する。それは死体とでも存在できる。それが売春婦のところに行く時に起こることだ。売春婦はそこにいない。身体だけがそこにある。売春婦はあなたに自分の身体を利用させて、彼女は単に身体から逃げ出す――なぜなら、彼女は決してあなたを愛さないからだ。どうしたら彼女はそこにいられるだろう？　彼女は不在になる。それが売春婦であるためのすべての技《アート》だ。彼女はあなたに対して不在になる。彼女は簡単にあなたのことをすべて忘れる。彼女は自分のボーイフレンドについて考え始めるかもしれない。自分のボーイフレンドの夢を見るかもしれない。そして彼女は完全にあなたを忘れ、身体をあなたが好きに使えるようにしておく。それは死体だ。あなたはそれを使えるが、それはあくまで手段だ。死体と性交することは醜い、とてつもなく醜い。

しかし私は、それが売春婦だけに起こるとは言っていない――それはあなたの妻とあなたに起こっているかもしれない。あなたの妻はそこにいないかもしれない。愛がないなら、どうやって彼女はそこにいられるだろう？　あなたの妻はあなたが彼女と性交している時、あなたに対して存在していないかもしれない。または、あなたの夫はそこに存在していないかもしれない。彼は単に義務を果たしているだけかもしれない。その時もまたそれは売春だ。おそらく結婚はより永続的な売春であり、より制度的でより便利で安全だが、その違いは質の違いではない。おそらく量的なものだろうが、質的なものではない。

あなたが誰かを愛してもその人が存在しない時や、あなたが誰かを愛してもあなたが存在しない時は、いつでもただ身体だけがある。それは機械的なものだ。あなたが人を愛する時、あなたはその人のために存在しなければならない。その人の存在のために存在しなければならない。二つの存在が出会い、重なり合い、融合する。そこには途方もない喜びがあり、平和が、静寂がある。

だから、非常に多くの宗教的な人々がセックスに反対しているのは、彼らが愛とは何かをまだ理解していないからだ。彼らは愛を最初の粗雑なもの、つまりセックスとしてしか理解していない。だから彼らはそれに反対して話し続ける。彼らは愛の美しさを理解していない。彼らはただ醜いセックスだけを知っている。もし、セックスに関する話にまだ反対する聖人を見つけたら、彼は愛を決して知らなかったと確信できる。そして愛を決して知らなかった人は、彼の見せかけがどうであれ、祈りを知ることはできない。なぜならセックスは愛の中で洗練され、愛は祈りの中で洗練されるからだ。それは階層であり、ピラミッドだ。基礎はセックスで頂点は祈りだ。その二つの間に愛の広がりがある。

あなたが別の存在のために存在して、その存在の中で満たされ、その存在の中で幸せな時、そこには分かち合いがある。愛は性的になるかもしれないし、性的な次元も持つかもしれないが、その時セックスは高められ、セックスそのものはもはや粗雑的ではなくなり、セックスそのものはより高いところに来る。それはセックスとは異なる質を持つ。

あなたが人を愛して、そしてセックスが自然に、ただ分かち合いとして起こる時――セックスへの貪欲さがあるわけではなく、あなたがそれを望んだわけでもなく、それを計画しているわけでもなく、それがあなたのマインドにあったわけでもなく、それが全くなかった時――あなたは単に存在を分かち合っているだけで、その分かち合いから、身体さえも出会ってお互いの中に溶け始める。その時、セックスも異なる。

愛においては、セックスは消えるか変容する。まずそれは変容し、やがて消える。それから別のより高い質の愛が現れる。それが祈りだ。祈りの中にセックスは残っていない。愛は祈りとセックスのちょうど中間にある。

愛の中では両方とも可能だ。愛はそのまさに根元へ、セックスへと広がるかもしれない。そして愛は、時には祈りのまさに頂点にまで上昇するかもしれない。人を愛する中で、時にはあなたは性的な方法で愛するかもしれないし、時には祈りの方法で愛するかもしれない。愛は両方の対岸に広がる。愛は川だ。それは両方の川岸に触れる。時には身体でさえ、時にはその人が、あなたがそこに神や女神を見るほど変容する。あなたの愛が相手の存在を神として感じ始めない限り、祈りはない。

あなたが祈りへ移るとセックスは完全に消える。祈りからセックスへの転落はない。それは不可能だ。祈りは他の岸だ。セックスからでは祈りとの接触はない――セックスは他の岸だ。それらは遠く離れていて、愛の中で出会う。だから、愛は人間の経験の中で最も複雑なものなのだ。なぜなら愛において二つの岸の出会いがあるからだ。愛の中では、物質と精神が出会い、身体と魂が出会い、創造者と創造物が出会う。愛へと成長する機会を決して見逃してはいけない。

しかしそれは場合による。あなたは「すべての欲望は同じですか？　私の愛への欲望は何なのでしょうか？」と尋ねている。

あなたは見守らなければならない。私は、今すぐにその答えを与えることはできない。あなたは観察しなければならない。あなた自身の感覚をはっきりさせなさい。それが性的なら、隠すことは何もない、心配することは何もない――それは自然なことだ。それは自然な源から立ち上がってこなければならない。あなたはそこから始めることだ。それを隠したり、正当化してはいけない。在るものは何であれ在らしめなさい。それがセックスなら、それはセックスなのだ。それを理解しようとしてごらん。それがより愛する方へ動くように、ますますその人の方へ動くように、身体の方へはより少なく動くように助けなさい。

あなたがそれは愛だと感じるなら、それが祈りの方向に動くように助けなさい。それからその人を愛しなさい。だが神を覚えていなさい。それからその人を抱きしめなさい。だが神を覚えていなさい。それからあなたの愛する人を抱きしめ、最愛の人の手を、恋人の手を握りなさい。だがその手は神に属していることを覚えていなさい。そして、この想起をますます深く進ませなさい。

私はあなたに答えを与えることはできない――あなたが見つけなければならない。たとえ私が答えを与えても、あなたは自分のやり方で解釈する。私は祈りについて話すかもしれないが、あなたのエネルギーがセックスで止まったままなら、あなたは性的な意味でそれを解釈するだろう。

私は何年もの間、宗教とはセックスから超意識への架け橋だ、と言ってきた。さまざまな人々がそれを聞いた。セックスに夢中になっている人々は「非常に良い。ではサマーディもセックスなのだ」と考える。彼らはサマーディをセックスに格下げる。本当にサマーディに流れ込んでいる人は非常に喜び、だから彼らはこう言う。「いいことだ。では今や何も非難する必要はない。セックスの中にさえサマーディの要素がある。私たちはそれを受け入れ、それを吸収することができ、そして平和に浸ることができる。争いがなければ、平和があるからだ」

私は多くの人々に話をしてきたが、彼らは常に彼ら自身のやり方で理解する。あなたが眠ってしまう前に一つの逸話を話そう。

ムラ・ナスルディンはかかりつけの医者の元に行った。彼は老いていた。とても年老いていて、ほとんど老いぼれていて、非常に弱々しく見えた。

そこで医師は「ナスルディン、君の性生活について話してくれ。というのも、君はあまりに多くのエネルギーを無駄にしているようだから」と言った。

彼は言った。「俺の性生活は非常に単純だ。週に四回、妻とセックスする。週に四回、秘書とセックスする。そして週に四回、俺はタイピストとセックスする」

医者はぞっとして、こう言った。「ナスルディン、君は自分を殺してしまうぞ！　君は自分の世話をするべき時に来ている。(take yourself in hand = 別意で自慰)」

ナスルディンは「それも俺は週に四回している」と言った。

あなたの理解はあなたの理解だ。たとえ私が祈りについて話しても、何であれあなたに理解できるものをあなたは理解する。あなたは観察する方がよりいい。あなた自身のマインドに、その機能の中に入る方がよりいい。

ちょっと一つのことをあなたに言いたい。非難してはいけない。決して非難してはいけない。非難するマインドは、決して生を理解できない。決して判断してはいけない。決して評価してはいけない。単なる観察者でありなさい。なぜならいったん判断を下すと、あなたはマインドが完全にあなたに開放されるのを許さないからだ。あなたの判断が障壁になる。あなたが既にセックスは罪だと確信しているなら、どうやって自分自身の性欲に直面できるだろう？　あなたはそれを装う。自分自身を欺く。それを正当化する。それを隠すための方法や手段、言葉や哲学を見つけるだろう。決してどんな先入観も持ってはいけない。そうすればあなたの存在はあなたにとって明白になる。それが何であろうと、少なくとも私にとって、すべては良い――それが何であろうと、それは良い。それがあなたのマインドであり、あなたの身体であり、あなたのエネルギーだ。最初の基本的な要件はそれをはっきりと見ることで、そのビジョンから物事は動き始める。

それがセックスなら、何も心配することはない。あなたが性的不能ではないのは良いことだ。そのことを考えなさい。それはセックスだ。それは良い。あなたにはエネルギーがある。今、あなたはそのエネルギーを使うことができる。性的不能で光明を得た人について、これまで聞いたことがあるだろうか？　私は聞いたことがない。そして、私を信じてほしい、それは起こらなかった。それは起こり得ない。性的不能の男は、光明が彼に起こり得ないために世界で最もかわいそうな男だ。たとえ彼が試みても、それは起こらない。そもそも彼には変容するためのエネルギーがないからだ。

そしてあなたにもう一つの真実を話そう。光明が起こった時はいつでも、それは非常に性的な人に起こった。常にだ！　なぜならより多くのエネルギーのせいで……そしてあなたはそれに乗ることができる。それはいわゆる生ぬるい人々には起こらなかった――彼らには何も起こらない。彼らは自分たちの生ぬるさによって動けなくなっている。それは非常に熱い人々に起こってきた。

ブッダは非常に熱かった。彼は非常に性的な生を生きてきて、それから彼はますます理解するようになった。そしてある日、自分はどれほど多くのエネルギーを、不必要に投げ捨てていたのかに気づくようになった時、彼はそのエネルギーを異なる方に、愛、祈り、慈悲、瞑想に向け始めた。

それは同じエネルギーだ！　世界には唯一のエネルギーがあり、そのエネルギーは性的なエネルギーだ。たとえ神が何かを創造しなければならないとしても、彼はそれを通して創造しなければならない。子どもが生まれる、生命が生まれる、それはセックスからだ。花が咲く――それは性的なエネルギーだ。カッコウが狂った歌を歌い続ける――それは性的なエネルギーからのものだ。ちょっとあたり一面を見なさい！　全世界は性的なエネルギーで躍動している。それが存在する唯一のエネルギーだ！　セックスは宇宙が創られている材料だ。だから非難してはいけない。波に乗りなさい。セックスの轟く波に乗りなさい。するとあなたは新しい次元を、新しい高みを感じ始めるだろう。

最初の入口は愛の中にあり、二番目の扉は祈りにある。だがあなたは、自分のいるところからしか始められない。だから絶対に確かな最初のものは、あなたのいるところだ――そしてあなただけがそれについて明確でいられる。

見守りなさい……ただ注目し続けなさい。あなたが非難せず、正当化せず、良いとか悪いとか言わず、厳格な道徳家でなく、単に純粋な観察者であるなら、見ることができるだろう。なぜならあなたのエネルギーはあなたの内側にあるからだ。いったんそれがあるところを知ったなら、働きかけ始めなさい。

それがセックス・センターの周りで停滞していても、何も心配することはない。ただ一つのことを覚えておきなさい。愛していない人とは決して性交してはいけない。それは倒錯だ。その時、あなたはセックスに取りつかれたままだからだ。本当に愛している人と性交しなさい。さもなければ待ちなさい。というのもある人を愛する時、その愛そのものが、エネルギーを上方に引き上げるからだ。そしていったんエネルギーが愛に向かって動き始め、愛がとても満足しているなら、誰がセックスについて気にするだろう？　セックスが誰かを満足させたことはない。それはますます不満を引き起こす。セックスが誰かを充足させたことはない。——それは充足を知らない。

愛情関係のある時にだけ、性的関係を持ちなさい。そうすれば愛とセックスは結びつくようになる。そして愛はより大きなセンターであり、より高いセンターだ。いったんセックスが愛に繋がったら、それは上方に動き始める。あなたが愛していると感じたら、決して寺院やモスクや教会へ祈りに行ってはならない——それは馬鹿げている。その時は、最初にあなたがしていた同じことをまたやりなさい。あなたの最初の祈りはあなたの愛する人と、または恋人と一緒に起こらなければならない。あなたが性交する前に、祈りがあるようにさせるか、または、あなたが性交した後に、祈りがあるようにさせるか、または——そして三番目がベストだ——あなたが性交している間に、そこに祈りがあるようにさせるかだ。

もし愛が祈りと結びつくなら、それは便乗できる。その時それは、祈りによって引き上げることができる。愛はセックス・エネルギーを引き上げなければならない。それから祈りは愛のエネルギーを引き上げなければならない。いったんあなたが祈りの地点にいるなら、サハスラーラ——あなたの頭の中の一千枚の花弁を持つ蓮が開く。それは祈りの瞬間にだけ開く。

セックス・センター、ハート・センター、そしてサハスラーラ——一千枚の花弁を持つ蓮、これらは三つの基本的なセンターだ。ハート・センターはサハスラーラとセックス・センターとの間に、ちょうど真ん中にある。ハート・センターから道は両方のセンターに行く。セックスからサハスラーラに直接ジャンプすることは、誰にもできない。人は愛を、ハート・センターを通過しなければならない。ハート・センターからあなたは両方向に広がることができる。何も間違いはない。いったんあなたがサハスラーラに、あなたの内なる蓮の究極の開花に達したなら、セックスは完全に消える。その時セックスは全く残らない。

セックスの中に祈りはない。祈りの中にセックスはない。愛の中で両方は出会って入り混じる。だから私は再び繰り返したい。愛はこの世界に入る扉であるか、または他の世界に入る扉だ。愛は両方の道を開く扉だ。

イエスが神は愛だと言う時、彼は正しい。だが私はこう言いたい――そして私は自分の声明の方が、イエスのものよりも優れていると感じている――私はあなた方に、愛は神だ、と言いたい。イエスは、神は愛だ、と言う。私は、愛は神だ、と言う。

誰かが私に尋ねた。小さな子供だ。「あなたの名前は何ですか？」

私は「私の名前は愛だ」と言った。

それをあなたの名前にもしなさい。あなたが愛とは何かを理解するなら、あなたは生を理解したことになる。あなたは理解する必要があるものをすべて理解した。

質問七
あなたは男性よりも、お嬢さんのサニヤシンにより困難な時を与えているのですか？
それとも、私はまたもや何かを想像しているのでしょうか？

お嬢さん、あなたは想像している。

質問八
一昨日、あなたはご自身の旧友である小さなタオルを手放して、その友情の二十五周年記念日を祝いました。あなたは、誰もが瞑想では自分の場所に座ったままでいなければならない、そして同じように馬鹿げたものが降りてくる時、そのタオルをあるサニヤシンの上に落としなさい、と言われました。それから歴史的な愛に満ちた仕草であなたはタオルを投げましたが、不思議なことに、それは壁の梁に当って、マイトレーヤとティアサから約二フィート離れたあなたの前の空いた床に落ちました。マイトレーヤジが手を伸ばしてそれを取りました。
あなたはこの神秘的な悪戯をして、それを目撃もしました。今、そのタオルは誰のところに行くのでしょうか？　それは未解決のままです！　ムラ・ナスルディンに近づくことは不可能です。彼がどこにいるのかを誰が知っているのでしょう？　イラン、イラク、バグダッド、たぶんＯＳＨＯの部屋かもしれません！　私は謎を抱えてスワミ・ヨガ・チンマヤを訪ねました。彼は私をあなたのところへ行くように仕向けます。

ＯＳＨＯ、あなたのコメントで私を助けてください！

今はそれを謎のままにしておきなさい。

何世紀にもわたってそれについて考えるのは良いだろう。それは公案だ。

一つの逸話を話してみよう。

郵便配達人は、ボストンにあるアイルランド色の強い南部の新しい区域で手紙を配達していた。ある家の中では議論が元で大騒ぎが起こっていて、彼は近づくのを恐れた。

突然、男の子が玄関に現れた。

「この大騒ぎは何事だ、坊や？」と郵便配達人は尋ねた。

「僕の両親の喧嘩だよ」と少年は答えた。「彼らはいつも喧嘩しているんだ」

郵便配達人は彼の手紙をちらっと見た。「君のお父さんの名前は何と言うのだ？」と彼は尋ねた。

「それについて、彼らはいつも喧嘩しているんだ」と少年は言った。

今はどうしようもない……それが謎のままであるのは良いことだ。それについて人々に争わせなさい。それについて人々に考えさせなさい。

そしてタオルはうまく床に落ちた。もしそれが誰かの頭の上に落ちていたなら、私はそれを信じなかっただろう。神は決して誰の頭の上にも降りないからだ。それは絶対に間違っていただろう！

それはうまくいった。それは床に、空いた床に降りた。

誰であれ、床と同じくらい謙虚な人にだけ神は降臨する。

第三章

色欲に勝るものはない

There is Nothing Like Lust

ブッダは言った。
色欲に勝るものはない。色欲は最も強力な熱情と言える。
幸運にも、私たちはより強力なものを一つだけ持っている。
真理への渇望が熱情よりも弱かったとしたら、
世界で私たちの何人が正義の道を歩むことができるだろう？

ブッダは言った。

熱情に溺れている人は、松明を持って向かい風の中を走る人のようだ。

彼の手が火傷するのは確実だ。


天の神はブッダを悪の道に誘惑したいと思って、美しい妖精を彼のところに差し向けた。

しかしブッダは言った。

去りなさい！　あなたが私のところに持ってきた汚物で満たされた皮袋を、
私はどう使ったらいいのだ？

その時、神はうやうやしく頭を下げて道の本質について尋ねた。

ブッダの教えを受けて、彼はスロタパンナの果実を達成したと言われている。

ブッダの宗教の本質は、気づき《アウエアネス》だ。そこに祈りはないし、あり得ない——なぜなら神がいないからだ。そこに祈りがあり得ないのは、祈りは常に動機付けられるからだ。祈りは願望の一つの形、強い欲望の一つの形だ。

祈りはその奥底に、惨めさの原因そのものを隠している。惨めさの原因は、私たちがありのままで満足していないことにある。惨めさの原因は私たちが別のタイプの生、別の状況、別の世界を望むことにあり、目の前にある世界は私たちの想像の前では見劣りするということだ。惨めさの原因は想像、欲望、希望にある。祈りにはそのすべての原因が存在するので、ブッダの宗教に祈りの可能性はない。ただ気づき《アウエアネス》だけが鍵になる。そこで私たちは、気づきとは何かを理解しなければならない。

祈る時、あなたは何かを求める。瞑想する時、あなたは何かに瞑想する。しかし気づいている時、あなたは単に自分の存在に中心を置いている。他のものは全く重要ではない。他のものは問題外だ。あなたはただ気づいている。

気づきにはそのための対象がない。それは純粋な主観だ。それはあなたの存在という地に足を着けることであり、あなたの存在に中心を置くことだ。あなたの存在の内側に立つことで、あなたは明るく燃える。あなたの炎にはどんな煙もない。あなたの光の中で生全体が明らかになる。

その明晰さの中に沈黙がある。その明晰さの中では、時間はなくなる。その明晰さの中では、世界は消える。その明晰さの中には欲望も動機もないからだ。あなたはただ単に在る……何も望んでいない。どんな未来も望んでいない。どんなよりよい世界も望んでいない。天国も解脱《モクシャ》も望んでいない。神を望んでいない。知識や解放を望んでいない。あなたはただ単に在る。

気づきは純粋な存在であり、中心が定まった意識だ。ブッダのすべての努力は、どうやってあなたを中心に置かせ、地に足を着けさせるか、どうやってあなたを煙のない炎に、揺らめきを知らない炎にさせるか、にある。その光の中で、すべては明らかになり、すべての幻覚は消えてすべての夢は非実在になる。そして夢見るマインドが止まる時、真実がある。

それを覚えておきなさい。夢見るマインドが止まった時にだけ真実がある。なぜだろう？　それは夢見るマインドが絶えず投影して、そう在るものを歪めるからだ。欲望をもって物を見るなら、あなたは決して物事をあるがままに見ていない。あなたの欲望はあなたとゲームをし始める。

女性が通り過ぎる、美しい女性だ、または男性が通り過ぎる、ハンサムな男性だ……突然そこに欲望がある。彼女を所有したい、彼を所有したい。それだとあなたは現実《リアリティ》を見ることができない。その時あなたの欲望そのものが、対象物の周りに夢を作り出す。それからあなたは自分が見たい方法で見始める。そして投影し始める——他人はスクリーンになり、あなたの最も深い欲望が投影される。あなたは対象に色を付け始める。その時あなたは在るものを見ていない。あなたは幻《ビジョン》を見始めて、幻想の中に入り始める。

もちろん、この幻想は必ず打ち砕かれる。現実が表出する時、あなたの夢見るマインドは打ち砕かれる。それは何度も起こる。あなたは女性に恋をする。ある日突然、夢は消えてしまった。その女性は以前ほど美しくは見えない。あなたは自分がどのように欺かれていたのか信じられない。あなたは女性の欠点を見つけ始める。あなたは正当化するものを見つけ始める——まるで彼女があなたを騙したかのように、彼女が欺いたかのように、彼女は美しくなかったのに美しいふりをしていたかのように。誰もあなたを騙していない。誰もあなたを騙すことはできない——あなた自身の、望んだり夢見たりするマインドを除いては。あなたは幻覚を作っていた。決して女性の現実を見ていなかった。遅かれ早かれ現実が勝つだろう。

そのようにして、すべての恋愛関係は常に破綻する。そして恋人たちはやがて、現実を見ることを恐れるようになる——彼らは避ける。妻は夫を避け、夫は妻を避ける。彼らは直接には見ない。彼らは恐れる。既に夢が消えたことに気づいている。今や、余計な揉め事は起こさないことだ。今は、お互いを避ける方がいい。

私は聞いたことがある。

ある男が妻のことをとても心配していた。彼は彼女が誰かと出かけていたという噂を聞いた。当然、彼は心を乱された。彼は探偵に、女性の後をつけて、彼女が誰と出かけているのか、彼らが何をしているのかを撮影するように頼んだ。

数週間以内に、探偵は撮影した映像を持って戻って来て、その映像をその男に見せた。彼はそれが信じられないかのように、何度も首を振った。妻は誰かと泳いでいて、映画に行き、その男と抱き合いキスをして愛を交わしていた。彼はとてつもない不信感から頭を振っていた。探偵は我慢できず「なぜあなたは頭を振り続けるのですか？」と言った。

最後に、映写が終わった時、その男は「信じられない！」と言った。

探偵は「あんまりです――あなたは映像を見ましたが、これ以上のどんな証拠が必要なのですか？」と言った。

彼はこう言った。「誤解しないでくれ。妻が誰かをとても幸福にさせられるのが、信じられないのだ！　さあ、その男が私の妻の中に何を見たのか調べてくれ。彼女と暮らしてきたが、私は全く何も見ていないからだ。この男は彼女の中に何を見たのだ？」


夫たちは妻の中に、以前彼らが見ていたものを見ることを止める。妻たちは夫の中に、以前彼女たちが見ていたものを見ることを止める。何が起こったのだろう？　現実は同じままだ。現実に対してのみ、夢は永遠に勝てない。遅かれ早かれ夢は打ち砕かれる。それはすべての方面で起こる。

あなたはお金を求め、お金を夢見ている。決して裕福な人々を見ない。あなたは彼らを見ない。あなたはただお金を求めている。お金があれば、すべてが素晴らしくなると考える。それからあなたは休み、楽しみ、祝い、歌って踊ったりする。お金がないために、そうする機会がなかった頃にいつもしたかったことを何でもする。

しかし、裕福な人々を見たことがあるだろうか？　彼らは踊っていないし、祝っていない。彼らは幸せそうには見えない。時々、幸せそうな乞食に出くわすことはあり得るが、幸せそうな金持ちに出くわすことはあり得ない。幸せな金持ちを見つけることはほとんど不可能だ。なぜなら乞食はまだ夢を見ることができるからだ。だから彼は幸福でいられる。乞食はまだ望むことができるから、まだ幸福でいられる。彼は、明日は物事がよりましになる、明後日は物事がより良くなりそうだ、と信じることができる。

乞食には未来があるが、金持ちの未来はすべて消えてしまった。彼は達成したかったことは何でも達成したが、そこには何もない。お金が積み上げられる時、彼は突然欲求不満を感じる。彼がお金の中に何を見ていようと、今はもうそこに見つけることができない。その夢は消えてしまった。

人間は絶えず、力、名声、社会的地位を夢見ている。それを得る時はいつでも、欲求不満がある。最も幸福な人々とは、自分の欲望に決して達しない人々だ。最も不幸な人々とは、自分の欲望達成に成功した人々だ――その時、欲求不満がある。

欲望の本質は夢を見ることであり、物事がそこにない時にだけ夢を見ることができる。隣人の妻を夢に見ることができる――どうしたら自分の妻を夢に見ることができるだろう？　これまで自分自身の妻を夢に見たことがあるだろうか？　それは決して起こらない。他の誰かの妻を夢に見ることはできる。彼はあなたの妻を夢に見ているかもしれない。遠くにあるものは何でも美しく見える。より近づくと物事は変わり始める。現実は粉々に打ち砕く。

ブッダは、気づくことは夢を見ることではない、気づくことは、私たちが普通に生きているこの無意識的な眠りを捨てることだ、と言う。私たちは夢遊病者、眠る歩行者だ。私たちは生き続けるが、私たちの生き方は非常に表面的だ。奥深いところには夢、夢、夢がある。夢の底流は続行する――その底流は私たちの視野《ビジョン》を乱し続ける。その夢の底流は私たちの目を曇らせ続け、私たちの頭を混乱させ続ける。

ある種の眠りの中に生きる人は、決して知的ではあり得ない――そして気づくことは、最も純粋な知性の炎だ。眠りの中に生きる人はますます愚かになる。もし朦朧とした意識で生きるなら、あなたは愚かになり、鈍くなるだろう。

この鈍さは破壊されなければならない。それはより気づくことによってしか破壊できない。より多くの気づきをもって歩き、より多くの気づきをもって食べ、より多くの気づきをもって話し、より多くの気づきをもって聞きなさい。

私は聞いたことがある。

あるところに哲学的な考えを持った母猿がいた。これは彼女を忘れっぽくさせ、チャールズという名前の赤ん坊へ注意を払わなくなることがよくあった。現代の多くの母親のように、彼女は自分の考えに気を取られて、充分な世話をしていなかった。それでも、彼女は自分の母親が彼女の前でしたように日常の仕事をしたが、心はうわの空だった。彼女はただ自分の背中に彼を繋いで、ぼんやりしながらヤシの木に登った。そんな状態で、彼女がより雑多な木の実を物色しながら心の問題を思案している間に、赤ん坊が彼の前途に広がる若い人生のすべてと共に滑り落ちた。

落ちている途中で、母猿のように考え込む傾向があったチャールズは呼びかけた。

「ママ、なぜボクたちはここにいるの？」

「私たちがここにいるのは」と彼女は言った。「しがみつくためよ」

私たちはしがみつくためにここにいる――生涯眠る人は、ただそれだけをしている。彼は希望に、夢に、未来にしがみつこうとし続ける。彼はどうにかしてぶらぶらし続ける。まるでそれが人生の唯一のゴールであるかのように、ただここにいるだけで充分であるかのように――それは充分ではない。あなたが生とは何かを理解するようにならない限り、ただ生きているだけでは充分ではない。その気づきの中に歓喜《エクスタシー》が、満足が、平和があるほど、ここにいることに完全に気づいていない限り、ただここにいるだけでは充分ではない。

人は二つの方法で生きることができる。一つは、ただぶらぶらし続けることだ。もう一つは、なぜ私はここにいるのか、そして私は誰なのかに、より気づいていることだ。ブッダは、宗教のすべては、気づくようになるための途方もない努力に他ならないと言う。

最初の経文：

ブッダは言った。

色欲に勝るものはない。色欲は最も強力な熱情と言える。

人々は非常に簡単に、そして非常に科学的に二つの部類に分けられる。人生全体がセックス指向である人々は、彼らが何をしようと、何を言おうと、それはただ表面的なものにすぎない。心の深底にはセックスへの執着が残っている。それはセックスが何であるかさえ知らない小さな子供の頃から始まっている。子供たちは遊び始め、あちこちで物事を学び始める。それは一生続く。そして人々は年老いて死につつある時も、セックスに取りつかれたままでいる。

これは私の観察の一つだが、人が死の床にある時、彼の顔や目を見ることでどんなタイプの生を生きたのかがわかる。彼がしぶしぶ抵抗し、死と戦って死につつあり、死にたくなくて無力さを感じて生にしがみつきたいなら、彼の生はセックスに取りつかれたままだった。そしてその大きな危機の瞬間に、その死の瞬間に、彼の性欲はすべて彼の意識に浮かび上がる。

人々はセックスのことを考えて死ぬ。九十九パーセントの人々は、セックスのことを考えて死ぬ。

あなたは驚くだろう。セックスのことを考えずに死ぬ人は稀にしかいない。セックスのことを考えて死ぬ人は、直ぐに生まれ変わる——彼の考え全体が、セックスの妄想に他ならないからだ。すぐに彼は子宮に入る。これが必ずそうなるのは、死の瞬間にあなたの生涯が凝縮されるからだ。あなたが生きていたものは何であれ、死の瞬間にそれに遭遇せざるを得ない。

あなたが気づきの生を生きたなら、死とは非常にくつろいだ、平和な、優美なものになる。その時死には優雅さと優美さがある。人は簡単にその中へ滑り込み、それを歓迎する。抵抗はなく、美しさがある。争いはなく、協力がある。人はただ死と協力する。

性的な人が死を恐れるのは、死がセックスに逆らっているからだ。これを理解しなければならない。セックスは誕生だ。死はセックスに反する。なぜなら、死は誕生があなたに与えたものを何でも破壊するからだ。死は生に反するものではない。念のために言おう。あなたの考えではこれは二分法に、生と死になる。それは間違っている。死は生と正反対のものではない。死はセックスと正反対のものだ。なぜならセックスは誕生と同義だからだ。誕生はセックスから生じる。死は誕生に反している。死はセックスに反している。死は生に反するものではない。

あなたが気づきの生を生きるなら、性欲の中に動いていたエネルギーはやがて変容される。あなたがそれを変容しなければならないわけではない。ただ気づいていることで、夢は消える。あなたが燃えている松明を部屋に持って来ると、暗闇が消えるのと全く同じだ。セックスはあなたの存在の暗闇のようなものだ。あなたが気づいていなければそれは存在できる。そしてブッダは言う。

それに勝るもの、色欲に勝るものはない。色欲は最も強力な熱情と言える。

それは非常に早く始まる。フロイト派に耳を傾けるなら……そして彼らの言うことには耳を傾けなければならない。彼らはいわゆる聖者よりも正しいからだ。あなた方の聖者は、便利で快適な真実を話しているかもしれないが、真実は決して便利でも快適でもない。嘘だけが便利で快適だ。フロイトは非常に不快な真実を話している。真実は不快だ。それはあなたが嘘の生を生きてきたからだ。

誰かが真実を言う時はいつでも、それはあなたにショックを与える。それは深く打ちのめし、あなたの嘘に命中する。それはあなたを不安に、不快にする。あなたは自分の嘘を守り始める。フロイトが子供は最初から性的だと主張した時、彼は世界中で反対された。いわゆる宗教的な人々はみんな彼に反対した。今、私はそれが信じられない。宗教的な人が、そのような素晴しい真実に反対できるとは信じられない。

子供はセックスによって生まれるので、性的にならざるを得ない。子供はセックスから生まれるので、性的にならざるを得ない。そして子供たちは性生活の準備を始める。私は美しい話を読んでいた。

小さな四歳の女の子と三歳の男の子が、手を繋いで近所の家の前まで歩いた。隣人が扉を開けた時、「私たちはままごと遊びをしているのよ」と小さな女の子は言った。「これは私の夫で、私は彼の妻です。中に入っていいですか?」

婦人はその光景に魅せられ、「入りなさい」と言った。

中に入ると、彼女はレモネードとクッキーを子供たちに提供し、子供たちはそれを上品に頂いた。二杯目のレモネードが出された時、小さな女の子はこう言って断った。

「けっこうです――私たちはもう行かねばなりません――私の夫がちょっとズボンを濡らしています」

夫と妻とままごと、それは非常に早く始まる。彼らは準備している。それは最後まで行く。

別の話だ。

八十代の女性が、夫の不能について不満を言いに精神科医のところへ行った。

「で、あなたの旦那さんは何歳ですか?」と医師は尋ねた。

「九十歳です」

「それで、彼があなたの身体に興味がないことに最初に気づいたのはいつですか?」

「そうですね」と彼女は言った。「最初は昨晩でした――そして今朝も」

九十歳の男で、妻は彼の不能を心配している——そして彼女は昨晩と今朝にもそれに気づいた。それは続く——人生全体が最初から終わりまでセックスに取りつかれている。

食べ物を食べ、酸素を吸い、運動したりすることでエネルギーを得る。生きることでエネルギーを生み出す。人間は発電機だ。彼は絶えずエネルギーを作っている。そしてこのエネルギーがあなたの存在の中に蓄積されると、あなたは不安になり、それを捨てたくなる。重荷のように感じるからだ。セックスは単に軽減として使われる。これは馬鹿げている。

一方で、あなたは一生懸命働き続ける——どうやってより良い食べ物を得るか、どうやってより多くの栄養を摂るか、どうやってより良い家を持ち、より多くの休息を得るか——一方で、あなたはより良い空気を、もっと太陽を、もっと浜辺を、もっと空を、より以上の草木を持ちたいと望んでいる。あなたは一生懸命働く。それからエネルギーを蓄積し、エネルギーを発生させる——そして、あなたはそれをどこかへ投げ捨てる方法を、どうやってそれを排水管に流したらいいか心配する。それを投げ捨てた時、あなたは再び蓄積している。これは悪循環だ。

一方の端からエネルギーを蓄積し続けて、もう一方の端からそれを投げ捨て続ける。エネルギーを集めては投げ捨てる、エネルギーを集めては投げ捨てる、これが生全体だ！　これがすべてなら、そのすべてに何の意味があるだろう？　なぜ人は生きなければならないのだ？　それは繰り返しで悪循環だ。エネルギーが失われる時、あなたはエネルギーに飢える。エネルギーがある時、あなたはそれを失う用意ができている。あなたはそれを失う方法と手段を見つける。

ブッダは、これが人の人生で最も強力なものだ、と言う。そして生がこれに従って生きているなら、生は消耗であり、全くの浪費だ。何もそれから生じない。とても多く走るが、決してどこにも到着しない。とても多く働くが、どんな達成もない。最後に死がやって来て、手が空っぽであることに気づく。これが生の唯一の目的であり得るのだろうか？　これが生の唯一の目的なら、生には全く意味がなく、生自体はただの偶然にすぎない。

西洋で最も深遠な思想家の一人にG・K・チェスタトンという人がいた。彼は、人間とは堕ちた神であるか、完全に頭がいかれた動物のどちらかだ、と言っていた。可能性は二つしかない。人間とは堕ちた神であるか、完全に頭がいかれた動物であるかのどちらかだ。セックスが唯一の話であるなら、完全に頭がいかれた動物だ。それにはそれ以上の何かがあるはずだ。生にはより以上の何かがあるはずだ。そうでなければ無意味だ。あなたの両親はあなたを産むために生きた。あなたはもう数人の子供を産むために生きるだろう。そして彼らは他の誰かを産むために生きるだろう。そしてこれがずっと続いて行く――だが、そのすべての目的は何なのだ？

ブッダは、気づくことであなたはエネルギーに対して別の扉を開く、と言う。性的エネルギーは下に動く。性的エネルギーは地球に向かって動く。性的エネルギーは重力に従って動く。あなたが気づくようになると、変化が、方向転換が生じる。気づけば気づくほど、性的エネルギーは上に動き始める――それは重力に逆らい始めて、空に向かって動き始める。それは重力の線上ではなく優美さの線上を動き始める。

性的エネルギーが下に動くなら、それは浪費だ。性的エネルギーが上に動き始めるなら、あなたは新しい世界を、存在の新しい豊かさを、意識の新しい高みを爆発させ始める。

さて、このエネルギーを上に動かす可能性が二つある。それを上へ無理に押し上げることができる。ハタ・ヨーガがしているのがそれだ。だから逆立ちは有意義になったのだ。あなたは逆立ちの意味を理解しているだろうか？　それは性的エネルギーが頭の方に来るように重力を使うトリックだ――だが、それでもあなたは重力の下で生きている。逆立ちすると、頭はセックス・センターよりも低くなる。エネルギーは頭に向かって動き始めることができる。しかしどれだけ長く逆立ちできるだろう？　再びあなたは足で立たなければならない。重力の法則を超えることはない。あなたは単に重力の法則を使っているだけだ。実のところ、あなたは重力の法則を騙している。それは合法的な方法で違法な何かをしている。しかしあなたは変わらず、変容していない。あなたの存在は同じままだ。

ハタ・ヨーガは性的エネルギーが下に行くのを防ぐための技法と、それを無理やり上へ押し上げる方法を多く開発した――だがそれらはすべて暴力的で、一種の強制された争いだ。その成長は自然ではない。ハタ・ヨーギの顔にそれを見ることができる。彼の顔は常に緊張している。そこに優美さは見つからず、美や崇高さは見つからず、神は見つからない。あなたは微妙な利己心に気づくだろう。彼は騙した——彼は自然そのものを騙した。しかしごまかすことはできない。それは本物ではあり得ない。

ブッダは完全に異なる方法論を開発した——優雅さ、優美さの方法論だ。そのためにブッダが象徴になった。ブッダの像を見たことがあるだろうか?——とても優美でとても神聖で、実に平和だ。彼の顔にはたった一つの欠点も、たった一つの緊張もない——とても無垢だ。彼は自分のエネルギーをどうしたのだろう? 彼は決してそれを強要しなかった。決してそれと戦わなかった。決して自然を騙さなかった。

ブッダは一つの非常に微妙なことに気づいた。現在、科学はそれをとてもよく知っている。それは、あなたがそれを知っていようといまいと、すべての法則にはその正反対のものがある、ということだ。陽極《プラス》の電気があるなら、陰極《マイナス》の電気がなければならない。でなければ陽極《プラス》は存在できない。重力と呼ぶ法則、地球への引力があるなら、それを知っていようといまいと、重力に逆らう別の法則があるはずだ。法則はお互いに対立していて、その対立があるからこそバランスを保つ。その対立と対比のおかげで、法則は生が可能になる状況を作り出している。

男が存在するのは女が存在するからだ。男は単独では存在できないし、女も単独では存在できない。上が存在するから下は存在する。内側が存在するから外側は存在する。死が存在するから生は存在する。セックスが存在するなら、セックスを超えることができる法則があるはずだ。そしてセックスが下に動くなら、上に動く法則が、エネルギーが上に動くことを助ける法則があるはずだし、それを探して発見しなければならない。

ブッダは、気づくようになればなるほど、エネルギーは自動的に上に動き始めることを発見した。人体には多くのセンターがあり、各センターはエネルギーの質を変える。電気がとても多くの形に変わるのを毎日見たことはないだろうか？　どこかでそれは光になり、どこかで扇風機を回し、どこかでモーターを動かす。異なる仕組みだけがそのために必要であり、それは数多くの形で使うことができる。人間の中には多くのセンターが存在する。セックス・センターは最も低い。エネルギーがそのセンターの中に動く時、それは生殖の力になり、子供を産むことができる。それは性的エネルギーの最も低い使い方だ。それが少し高く動き始めると、異なる性質がその中に生じ始める。ハート・センターに来る時、それは愛になる。そして愛はあなたに全く違う世界を与える。

エネルギーがセックス・センターに動いている人は、決して多くの物事を知ることができない。女性が通り過ぎると、彼は肉体だけを見る。エネルギーがハート・センターに動いているなら、女性が通り過ぎる時、彼女の微妙な身体（微細身）を見ることができる。それははるかに優れていて、はるかに美しい。女性があなたのそばを通り過ぎて、あなたのエネルギーがハート・センターに動いているなら、彼女の身体だけでなく彼女のハートも感じることができる。そして時には、美しいハートは非常に醜い身体に存在することがある。その逆もある。非常に醜いハートが非常に美しい身体に存在することがあり得る。

肉体しか見ることができないなら、遅かれ早かれあなたは苦難に陥るだろう――なぜなら男は女の身体と一緒に生きてはいないからだ。男は女のハートと一緒に生きている。生はハートのものだ。見た目は美しくても、ハートが醜い女をあなたは選ぶことができる。もし彼女のハートが美しくないなら、彼女の微細な形が美しくないなら、あなたは苦難に陥るだろう。あなたは非常にハンサムに、非常に力強く見える男を選ぶことができるが、彼はただの人でなしかもしれず、内側の美しさを持っていないかもしれず、内面の資質を持っていないかもしれず、彼は身体だけで他には何もないかもしれない。そうなるとあなたは苦難に陥る。遅かれ早かれ、あなたは人でなしに遭遇して、人でなしと一緒に生きなければならない。そしてあなたはいつも「それほど美しい男に何が起こったのだ？　それほど美しい女に何が起こったのだ？」と不思議に思うだろう。

あなたのエネルギーがより高く動くなら、その最も高い頂点はサハスラーラになる――そこはエネルギーが祈りになるところで、突然あなたの最も奥深い目が開き、身体が見えるだけでなく、ハートも見え、魂も見えるようになる。サハスラーラが開いた人が世界を覗き込むと、彼は決して身体だけを見ているわけではないので、世界は全く違うものになる。木を見るとしても、彼は木の魂を見る。形が唯一のものではない――形はそこにあるが、今それは内的な光で輝いている。

自分のサハスラーラの中に生きている人は、全く異なる世界に生きている。ブッダはあなたと一緒に道を歩いている、とあなたは思うかもしれない。彼は違う道を、違う世界を歩いている。彼はあなたと一緒に歩いているだけかもしれないが、それは何も意味しない。なぜなら彼の視野《ビジョン》は違うからだ。彼のエネルギーは違う高さにある。彼は異なる明晰さから世界を見ている。

ブッダは、色欲は人間の生の中で最も強力なものだ、と言う。それが人のすべてのエネルギーの貯蔵所だからだ。だが落胆する必要はない。

色欲に勝るものはない。色欲は最も強力な熱情と言える。
幸運にも、私たちはより強力なものを一つだけ持っている。
真理への渇望が熱情よりも弱かったとしたら、
世界で私たちの何人が正義の道を歩むことができるだろう?

彼は色欲より高いものが一つあると言う。それは真理への渇望だ。生より高いものが一つあり、それは真理の探求だ。人々はそのために自分の生を犠牲にできる。彼らはそのために自分の熱情を犠牲にできる。最も高い熱情は真理に対するものだ。ブッダはそれを真理への熱情と呼ぶ。あなたはそれを神への熱情と呼ぶことができる。それは同じ意味だ。

だから性的な生だけを生きた人は、ミーラの物語、チャイタニヤの物語、キリスト、ブッダ、クリシュナの物語を理解できないのだ。彼は理解できない。この人たちはどんなタイプの人々だろう？

イエスがいた頃、多くの人々は不思議に思っていた。

「このイエスはどんなタイプの人なのだ？　どんな人間だ？」。なぜなら彼らはたった一つの生しか知らないからだ。それは色欲とセックスの生だ。そしてこの男は、全く異なる世界にいるようだ。それはまるで彼のすべての性的なエネルギーが、空のどこか高いところを射抜いているように見える。彼の標的は他のどこかにあるようだ――それはこの世界にはない。それは目に見えない。不可視だ。それに触れることはできず、測ることはできない。それを見ることはできない。しかし彼の生は大きな熱情の生だ。彼の生は偉大な冒険の生だ。

覚えておきなさい、ブッダは放棄を支持してはいない。彼は変容を支持している。セックスへと動くエネルギーを、真理の方へ動かさなければならない。

普通、人々はただお互いを探求したいと思っている。女は男を探求したい。男は女を探求したい。彼らの人生全体は、ただお互いの存在を探求したいだけのようだ。真理への渇望とは、この存在全体を探求したいという意味になる。それは素晴しい熱情であり、最高の熱情だ。それはセックスよりも強力でなければならない。さもなければ、ブッダはこう言う、どうすれば人はその方向へ動こうとするだろう？

人々は動いてきたが、どのようにして彼らはこの真理への渇望を知るようになったのだろう？　それを説明しよう。なぜあなたは真理への渇望を感じるようになるのか、それは多くの事に依存する。あなたは私の話を聞いたり、本を読んだり、洞察力のある人に会うことで、そう感じることができる。だがそれはあまり役に立たない。なぜならそれは借り物だが、渇望は決して借りることができないからだ。それはあるかないかのどちらかだ。喉が渇いているふりをすることはできない。あなたの見せかけで渇きは作られない。それが世界に多くの惨めさを生み出している。

多くの人々が私のところに来て、探求したいと思うが渇望が生まれないと言う。それが世界に多くの惨めさを生み出している。

多くの人々が私のところに来て、真理とは何なのかを探求したいと言う。私は彼らに一つのことだけを尋ねている。今まで生きてきたあなたの生は、幻想であることがわかっただろうか？　それは幻想であるのがわからなかったら、真理への本物の渇望は起こり得ない。あなたが自分の生の非現実性を見た時、その時にだけ、真理とは何かを知ろうとする本物の渇望が生じる。あなたがまだ生という幻想の中にいて、まだそれに心を奪われて、まだそれによって幻覚を引き起こし、まだ欲望と夢見の催眠状態にいるなら、真理について話すことは再び別の幻覚に、別の欲望にしかならないだろう。それは役に立たない。

真理があなたの欲望の一つになることはできない。すべての欲望は無益だというのがわかり、あなたのすべてのエネルギーが利用可能であっても、すべての生が無意味に見えてどこへ行けばいいかわからない時にだけ、真理はそこにあることができる。あなたは立ち往生していて、ひどくイライラしている。あなたは失敗し、すべての夢は消えてしまった。あなたはまさに根元まで打ち砕かれている。どこに行けばいいかわからないまま、エネルギーに打ち震えてそこに立っている。その時そのエネルギーは貯水池になり、あなたの中に新しい渇望を、真理を知ろうとする渇望を生み出す。世界が幻覚として知られた時、ただその時にだけ……。

だから、できる限り深く世界を体験しなさい。どこからも逃げてはいけない。セックスからもだ。決してどこからも逃げてはいけない。ただ一つの事をしなさい。あなたがどこにいても、あなたの夢がどこに動いていても、用心深さを持って、気づきを持って進みなさい。セックスに入っていくとしても、それを瞑想にしなさい。起こっていることに用心深くありなさい。するとやがてあなたはそれの非現実性を、無益さを、無意味な繰り返しを、退屈さを、鈍さを、それを通して近づき続ける死を見ることができるだろう。自分のエネルギーを浪費すればするほど、あなたは死により近づいている。

私は聞いたことがある。

私の友人が話した巡回営業マンについての話で、その彼が西洋の小さな田舎町を通り過ぎていた時に、家の玄関口でロッキング・チェアに座っている小さな老人を見た。小さな男はとても満足そうに見えたので、営業マンは彼のところに行って話しかけたい気持ちを抑えられなかった。

「あなたには、まるで悩みなどあるようには見えませんね」と営業マンは彼に言った。

「長生きできて幸福な人生の秘訣は何ですか？」

「そうだな、」と小さな老人は答えた。「一日に六パックのタバコを吸い、四時間おきに一リットルのバーボンを、一週間で六ケースのビールを飲む。決して身体を洗わないし、それに毎晩外出するのだ」

「なんとまあ、」とセールスマンは叫んだ。「それは全く素晴らしい！　あなたは何歳ですか？」

「二十五歳だ」がその返答だった。


あなたはエネルギーを浪費し続けることができる……。

幻覚の中で進められるそれぞれの歩みは、死の方に向かっている。色欲へと向かうそれぞれの動きは、あなたを死の方へと連れて行く。だからそれを注意深く受け取って気づいていなさい。あなたがそれを通して、本当は何を望んでいるかに気づいていなさい。それはただの習慣だろうか？　それはただの自然な催眠だろうか？　他に何をしたらいいのかわからないので、それをやり続けるだけなのだろうか？　それは単なる一つの気晴らしだろうか？　それはただ、生に関する心配事を忘れやすくしているだけなのだろうか？　それともいったい何なのだ？

そしてどんな先入観も持ってはいけない。聖人が言ったことに耳を傾けてはいけない。彼らはそれは悪いと言うかもしれないが、それに耳を傾けてはいけない。そして彼らは正しいかもしれないが、あなたは自分自身の体験によってそれを見つけなければならない。その時だけ、そしてただその時だけ、あなたは真理に向かって動き始める。他の誰の体験でもなく、ただあなたの体験だけがあなたを真理に導くことができる。

ひとたびあなたがその中には何もないという真実を見るなら、エネルギーは重荷から解放される。エネルギーは古いパターンから解放され、あなたの内側に集まり続ける。

科学者は、量的な変化は特定の段階で質的なものになる、という法則を発見した。例えば、水を熱するなら、熱が百度になる時にだけ蒸発するが、決してそれ以前には蒸発しない。九十度では熱いかもしれないが、蒸発しない。九十九度では非常に熱いが、蒸発しない。そしてほんのあと一度で、百度で、突然のジャンプが、跳躍があり、水は動き始める。

あなたはその変化を見たことがあるだろうか？　水は当然下に流れるが、蒸発する時は上に流れ始める。違う経路を辿っている。あなたはそれを、ただある程度まで熱する以外に何もしなかった。一定の熱の量で質的な変化が起こる。水は見える。蒸気は見えなくなる。水は下に行く。蒸気は上に行く。

全く同じことが性的エネルギーにも起こる。変化が起こる前に一定の分量が、一定量が蓄積されなければならない。あなたはエネルギーの貯水池にならなければならない。そして圧倒的な量からある瞬間に、ジャンプがある。エネルギーはもう下には動かない。エネルギーは上に、まさに蒸気のように動き始める。

エネルギーが下に動く時、セックスは非常に明白になる。だからエネルギーが上に動く時、科学者は起こっていることを発見できないのだ。それは目に見えなくなり、非物質的になる。それは確かに動くが、そのための通路はない。ブッダの身体を解剖しても、性的エネルギーが上に動く特定の通路は見つからない。通路はない。通路は必要ない。水が下に動くなら、水路が必要だ。だが水が蒸気になる時、水路は必要ない。それはただ動き、見えなくなる。全く同じことが性的エネルギーに起こる。

気づきは熱だ。インドで、私たちはそれをまさにタップと呼んだ。タップは熱を意味している。タップとは熱い太陽の下に立つという意味ではない。それは単純に、あなたがより多くの気づきの火を自分の内側にもたらすことを意味する。その気づきの火はあなたの性的エネルギーを熱する。これは内的な錬金術だ。そしてエネルギーは上に行き始める。まずあなたのセックスは愛になり、それから瞑想に、または祈りになる。もし帰依の用語に従うなら、それを祈りと呼ぶことができる。より科学的な用語に従うなら、それを瞑想と呼ぶことができる。そしていったんエネルギーが上に動いているなら、あなたは全く異なる光で物事を見る。

私は聞いたことがある。

小さな老人がバスに座って「ディーディーダムダム、ディーディーダム」と鼻歌を歌っていた。バスの運転手は振り返って、通路を塞いでいるスーツケースに気づいた。彼は老人の方を向いて「スーツケースを動かしてくれませんか?」と言った。それに対して老人は「ディーディーダムダム、ディーディーダム」と答えた。

バスの運転手は完全にイライラし、跳び上がってスーツケースを取り、それをバスの窓の外に放り投げて、老人を睨んで叫んだ。「さあ、何か言うことがあるかな?」

老人は彼を見て笑って言った。

「ディーディーダムダム、ディーディーダム——それはわしのスーツケースではない」

いったんあなたが動き始めたら、死でさえあなたの死ではなく、身体でさえあなたの身体ではなく、マインドでさえあなたのマインドではない。あなたは歌い続けられる。ディーディーダムダム……。死があなたに近づく時でさえ、あなたは鼻歌を歌い続けられる。なぜならスーツケースはあなたのものではないからだ。

気づきの人はとても簡単に、とても安らかに死ぬことができる。彼は安らかに生きて、安らかに死ぬ。性的な人は落ち着きなく生きて、落ち着きなく死ぬ。それはあなたの選択だ。

ブッダは抑圧に賛成していない。仏教の解説者たちは昔からずっと抑圧を言及しているが、ブッダはそうではない。私は彼らに同意しない。解釈が間違っているに違いない——なぜなら私は自分の経験から、抑圧は人を助けることができず、抑圧は決して変容になり得ないことを知っているからだ。抑圧はあなたを引きずり下ろす。

変容になり得るのは、抑圧ではなく気づきだ。もちろん、外側からは気づきは抑圧のように見えるかもしれない。あなたはお金に向かって突進する。突然路上であなたは宝物に出くわし、他の誰かは通り過ぎる。彼もそれを見るが関心を寄せない。あなたはその人についてどう思うだろう？あなたは、彼は宝物を要求するかもしれず、それを二等分にしなければならないと言い始めるのではないか、と心配していた。だが彼はただ通り過ぎ、それを気にしていない。あなたは、彼は狂っているか放棄者かのどちらかだ、彼は世界を放棄してお金への欲望を抑圧した、と思うだろう。

お金の中に何かを見ることができない人が存在し得る、とあなたには理解できない。それは不可能だと思うだろう。それはあなたがその中にとても多くのものを見るからだ。お金がなければ、あなたの全人生は無意味に見える。お金はあなたの人生のようだ。お金は全く無意味だという人が存在し得るのを、どうしたら信じられるだろうか？　可能性は二つしかない。その人はお金の有無の違いを知らないほど愚かなのか、または自分の欲望を抑圧してきたのか、自分の欲望、貪欲さ、野心を抑圧してきたのか、の二つだ。

ブッダのような人が世界に現われる時、人々は自分のマインドに従ってそれを解釈する。彼はとても遠くにいるように見える。可能性は二つしかない。彼に敵対している人々は彼を気が狂っていると言い、彼を支持する人々は、彼は自分の人生を訓練し、巧みに貪欲と渇望を捨てたと言うだろう。しかし両方とも間違っている。どちらも覚者《ブッダ》を理解できないため、どちらも間違わざるを得ない。あなたは自分が覚者である時にだけ覚者を理解できる。他に理解する方法はない。もしヒマラヤの丘の頂に立っている人を理解したければ、その頂に行かなければならない。そうして初めて彼の光景《ビジョン》はあなたの光景《ビジョン》になる。

私はブッダに関するすべての解釈が間違っていると言いたい。それらすべてが、まるで彼が抑圧を教えているようにほのめかしているという意味で、間違っている。彼は単に気づきを教えているだけだ。気づくことで、物事は変わる。抑圧を通しては、あなたは何とかうまく処理するかもしれないが、物事は同じままだ。

私は教会と聖職者について読んでいた。

胸を露出した少女が教会に入ろうとした。副牧師は扉のところで彼女を止めた。「しかし、副牧師様、あなたは私が教会に行くのを止めることはできませんよ」と彼女は抗議した。「私には神聖な権利があります」

「それらは両方とも神聖です」と彼は言った。「しかしそれは問題ではありません——あなたは家に帰って、もっと立派なものを着なければなりません」

さて彼女は「私には神聖な権利があります」と言い、聖職者は「それらは両方とも神聖です」と言う。聖職者の抑圧されたマインド——彼は彼女の胸を見ていたに違いない。彼は言う、「それらは両方とも神聖ですが、それでもあなたは家に帰ってもっと立派なものを着なければなりません」

欲望を抑圧することはできるが、それを根絶することはできない。それは微妙な方法で生じる。それは多くの形で表われるだろう。それは見破ることさえできないほどの、偽装をするかもしれない。抑圧された人は変容した人ではない。彼は同じままだ——彼は単に、どうにかして自分ではない他の誰かでいられるだけだ。

ブッダは抑圧を支持しない。ブッダは変容を支持する。抑圧は非常に簡単だ。あなたはセックスを抑圧できる——それがとても多くの聖者たちがしていることだ。あなたは社会から抜け出すことができ、女性から逃げることができる。ヒマラヤの洞窟に行ってそこで座ることができる。そしてあなたは禁欲を達成したと考えることができる——だがこれは禁欲ではない。ヒマラヤの洞窟に座っていても、あなたはまだ女性を夢に見るだろう。なおさらそうなる。それはあなたが女性からとても遠く離れているからだ。あなたの空想はより幻惑的で色鮮やかになる。もちろん、あなたはそれと戦うだろう。だが、戦うことで欲望を無意識の中に深く押し込むことができる——あなたはそれを根絶できない。戦っても誰も変わらない。ただ気づくことによって、人は変わる。

気づきは戦いではない。気づきとは何だろう？　気づきは、受け入れることでも拒絶することでもない。

ティロパの有名な格言がある。

「実のところ、私たちの受け入れと拒絶が理由で、私たちは物事のありのままの姿を手に入れていない」

私たちは物事のありのままの姿を取り逃す。何が現実《リアリティ》かに気づけないのは、受け入れるか拒絶をするからだ。受け入れる時、私たちは欲望を満足させる。拒絶する時、私たちは抑圧する。

ブッダは、受け入れてはいけない、拒絶してはいけない、ただ用心深くありなさい、ただ見ていなさい、と言う。賛成や反対という偏見なしに、見ていなさい。

あなたがそのような無関心なウダセーン――そのような無評価の、無判断の気づき――の中にいられるなら、物事は自発的に変わり始める。

ティロパは言う。

「それは決してこの場所を去らず、常に完璧でいる。それを探すと、自分にはそれが見えないことに気づく。それを得ることはできず、取り除くことはできない。あなたがどちらもしない時――それはそこにある！　あなたが沈黙すれば、それは話す。あなたが話せば、それは沈黙している」

「それを得ることはできず、取り除くことはできない。それは常にそこにある。あなたがどちらもしない時――それはそこにある」

気づきとは、しなければならないものではない。気づきとは、自分自身に押し付けなければならないものではなく、課さなければならないものでもない。あなたが何もしていない時、気づきはそこにある。あなたの行為が気づきを取り消す。

幸運にも、私たちはより強力なものを一つだけ持っている。
真理への渇望が熱情よりも弱かったとしたら、
世界で私たちの何人が正義の道を歩むことができるだろう？
ブッダは言った。
熱情に溺れている人は、松明を持って向かい風の中を走る人のようだ。
彼の手が火傷するのは確実だ。

あなたは見ることができる。誰の手も火傷している。だがあなたは決して自分の手を見ない。常に他人の手を見てこう言う。

「そう、彼らの手は火傷しているようだ――だが私はもっと賢い、私はもっと賢い。私は松明を持って向かい風の中を走る。私が例外であることを見せよう」

誰も例外ではない。存在はどんな例外も許さない。あなたが向かい風の中を急いで走っていて、松明を、燃えている松明を持っていたらあなたの手も火傷する。色欲は向かい風の中を急いで走っている。火傷せずにいられる人はいない。

しかし人々は互いを見続ける。誰も自分自身を見ない。あなたが自分自身を見始める瞬間、あなたはサニヤシンでいる。

読んでいた本の一節からだ……。

カンター夫人は、夫が女中と浮気しているのではないかと疑った。彼女は病気の母と数日を過さなければならなかったので、小さな息子のハーヴィーに父親と女中を見張っているように言った。

戻るとすぐに彼女は「ハーヴィー、どうだったの?」と尋ねた。

「うん、」と少年は言った。「お父さんと女中は寝室に入って、服を脱いで、そして……」

「やめて! やめて!」とカンター夫人は叫んだ。「お父さんが帰って来るまで待ちましょう」

父親は扉で、怒り狂った妻とぺこぺこしている女中、そして混乱した息子に出迎えられた。

「ハーヴィー、お父さんと女中に起こったことを言いなさい」とカンター夫人は怒鳴った。

「ボクが言ったように、ママ」とハーヴィーは言った。

「お父さんと女中は寝室に入って、服を脱いだんだ」

「そう！　そう！　続けなさい、ハーヴィー！」とカンター夫人はいらいらして言った。

「それから彼らは何をしたの？」

ハーヴィーは答えた。「お母さん、どうして？　彼らはお父さんがシカゴにいた時に、お母さんとバーニー叔父さんがした同じ事をしたんだよ」


誰もが見続ける。誰もが他人の過失、弱点、愚かさを見続ける。誰も自分自身を見ない。あなたが自分自身を見始めた日、あなたはサニヤシンでいる。あなたが自分自身を見始めた日、大きな変化が近づいている。あなたは色欲に背を向けて愛へ向かい、欲望に背を向けて、無欲に向かって第一歩を踏み出した。あなた自身の手を見ると、何度も火傷を負ってきたからだ。あなたはとても多くの傷を抱えている。

他人を見ることとは、自分自身を見ないようにする方法に過ぎない。あなたが他の誰かを批判する時はいつでも、見守りなさい。それはあなたが自分を許すためのマインドの策略だ。人々は他人を批判し続ける。全世界を批判する時、彼らは非常に気分がいい。比較することで、彼らは自分が他の人々より悪くなく、むしろ、よりましだと思うことができる。だからあなたが誰かを批判する時、あなたは誇張し、まさに極端にまで行く。モグラ塚から山を作るように大袈裟に言う。あなたは山をますます大きくし続けるので、あなた自身の山は非常に小さく見える。あなたは幸せな気分になる。

これを止めなさい！　これはあなたの助けにはならず、非常に自殺的だ。ここでは他人のことを考えてはいけない。あなたの人生はあなたのものだ。他人について考えても何の得にもならない。自分のことを考えなさい。あなた自身について瞑想しなさい。あなたがここでしていることに、より気づくようになりなさい。ただぶらぶらしているだけなのか？　それとも本当に何かをしているだろうか？　そして頼れるものは気づきだけだ。あなたが死を通して、死の扉を通して持っていられるものは気づきだけだ――他には何もない。

美しい寓話が生じる。


天の神はブッダを悪の道に誘惑したいと思って、美しい妖精を彼のところに差し向けた。

しかしブッダは言った。

去りなさい！　あなたが私のところに持ってきた汚物で満たされた皮袋を、私はどう使ったらいいのだ？

その時、神はうやうやしく頭を下げて道の本質について尋ねた。

ブッダの教えを受けて、彼はスロタパンナの果実を達成したと言われている。

美しい寓話だ。ブラフマーがブッダのところに来た……。ヒンドゥー教徒は仏教徒がそのような美しい物語を創案したことを許さなかった。ヒンドゥー教徒は、ブラフマーが世界の創造者だと考えているからだ。そして仏教徒は、ブラフマーが道について教えてもらうためにブッダのところに来たと言う。もちろん、試すものとして彼は美しい妖精を連れて来た。

それが重要なのは、二つのタイプの人しかいないからだ。つまりセックスの人と真実の人だ。だからブッダが本当に真実の人なら、彼を惑わすことはできない。それならどんな幻覚も作り出すことはできない。最も美しい妖精は彼にとって何の意味もない。それは彼が真理に到達したかどうかの試金石になる。人が絶対にセックスを超えている時、その時だけ――。さもなければ彼のエネルギーはまだ動いていて、まだ色欲の方向に動いていて、まだ下に向かっている。

天の神――ブラフマーはブッダを悪の道に誘惑したいと思って、美しい妖精を彼のところに差し向けた。

その誘惑は試すものだ。誘惑はまさに最後にしかやって来ない。全世界の宗教で、こうした話に出くわしたことがあるに違いない。イエスが家に着いてすぐ近くにいる時、悪魔は彼を誘惑する。ブッダがちょうどすぐ近くに着いた時、ブラフマーが来て彼を誘惑する。そのような話はマハーヴィーラの生の中に、真理に到達したすべての人の生の中にある。これらの寓話には意味があるに違いない。

私はそれが寓話で言われているように、正確に起こったと言うつもりはない。これらは象徴的な寓話だ。それらは歴史上の事実ではないが、非常に意義深い。

私はハシッドの神秘家で、ハシディズムの開祖であるバール・シェムについて読んでいた。弟子がある日彼のところに来て「マスター、どうしたら誘惑を避けることができるでしょうか？　どうしたら、私を誘惑する悪魔を避けることができるでしょうか？」と言った。

バール・シェムは彼を見て言った。「待ちなさい！　どんな誘惑も避ける必要はない。なぜならたった今、誘惑をあなたに与えることはできないからだ。あなたはそれに値しない」

弟子は「どういう意味ですか？」と言った。

彼はこう言った。「誘惑は最後の瞬間にしか来ない。今のところ、悪魔はあなたのことを心配していない。実際、悪魔は全くあなたを追いかけていない――あなたが悪魔を追いかけている――だから誘惑については心配しなくていい。それはそんなにすぐにはあなたに起こらない。それが起こる時は、私がその世話をする。あなたにどうすべきかを言う」

誘惑は最後の瞬間にしか来ない。なぜだろう？　それは性的エネルギーが百度の地点に達する時、すべての過去が、性欲の中で生きた数多くの生があなたを引き戻すからだ。悪魔とはどこかにいる者ではない――それはまさにあなたの過去だ。機械的なセックスの多くの生があなたを引き戻す。

あなたはジャンプすべきかどうか一瞬ためらう。

川が海に流れ着く時、彼女は海の中へ失われる前に、ちょっとためらい、懐かしく後ろを振り返るに違いない。美しい山、雪に覆われた山、森林、谷、鳥の歌、川辺、人々、過去において、何千マイルもの旅があった。そして突然今、ここにその瞬間が来る。ジャンプして永遠に失われる。川は考えているに違いない。「生きるべきか、それとも死ぬべきか？」と——ためらい、身震い、そのまさに根底までの震えがある。

それが誘惑というものだ。エネルギーが究極のジャンプをして、ブッダが非性的になる準備ができている地点に来る時、欲望が無欲の状態に溶け入る準備ができている時、マインドに死ぬ準備ができていて、ノー・マインドが誕生する準備ができている時——それは大きなジャンプだから、人がためらうのは当然だ。それが寓話の持つ意味だ。

ブッダは言った。

去りなさい！　あなたが私のところに持ってきた汚物で満たされた皮袋を、私はどう使ったらいいのだ？

人がその地点に来た時、身体は無意味になる。その時身体は汚物で満たされた袋、皮袋以外の何ものでもない。実際、身体とはそういうものだ。それが信じられないなら、いつか外科医のところに行って切開されている身体を見てごらん――そうすればあなたはブッダを信じるだろう。または病院に行って、検死のために身体全体が解剖されているところを見てごらん。そうすると彼の言うことがわかるだろう。

私の町で一度それは起こった。ある人が撃ち殺されて、検死があった。どうにか私はうまくやりこなした――私はほんの小さな子供だった――どうにかうまくやって、医師を説得した。彼の息子が私の友人だったので、彼を説得することに成功した。

「ちょっと見せてください。僕は見たいのです」

彼は「だが、なぜ見たいのだ?」と言い張った。

私は「身体は汚物に満ちた袋以外の何ものでもない、というブッダの格言に出くわしたのです。ちょっと一目だけ見せてください!」と言った。

彼は私を許してこう言った。「いいだろう、そこにいていいよ」

しかし私は言った。「もういる必要はありません。どうしてもいることができません」

それはそれほど悪臭を放っていて、胃は開いていた――そしてただ汚物だけで、他には何もなかった。

すべての子供は検死のところに連れて行くべきだ。ブッダは弟子たちを火葬場へ、身体が燃やされる所へ、ただそこで見守り、瞑想するためだけに、よく行かせていた。彼は「身体が何であるかに完全に気づいていない限り、あなたは身体の美しさについての幻想や、身体についての夢を捨てないだろう」と言った。彼は正しい。

ブッダは言った。

去りなさい！　あなたが私のところに持ってきた汚物で満たされた皮袋を、私はどう使ったらいいのだ？
その時、神はうやうやしく頭を下げて道の本質について尋ねた。

試金石はブッダが本物の金であることを証明した。

その時、神はうやうやしく頭を下げて……

仏教の神話では、神々でさえ人間と同じくらい好色だ――それ以上でさえある。彼らの生涯は色欲のそれに他ならない。

天の神であるブラフマーはうやうやしく頭を下げて、道の本質について尋ね、ブッダの教えを受けて、彼はスロタパンナの果実を達成したと言われている。

スロタパンナとは流れに入った人のことだ。スロタパンナは、意識、気づき、油断なくあることの流れに入った人だ。それがブッダの本質的なメッセージだ。祈りも儀式も、聖職者も寺院もない――あなたが聖職者であり、儀式であり寺院だ。必要なことは一つだけだ。ブッダは必要条件を最小限に減らした。彼は完全に数学的だ。彼は気づきだけで充分だと言った。もし気づくことができるなら、すべてが自然に解決する。

二人の酔っ払いが線路に沿ってよろめいていた。
一人は「俺は人生でこれまでこんなに多くの階段を見たことがない」と言った。
もう一人は「俺を悩ませるのは階段ではなく、低い手すりだ」と言った。

ともかく必要なことは、ただ彼らを泥酔状態から醒ますことだけだ。

二人の別の酔っ払いがジェットコースターに乗っていた時、一人がもう一人の方を振り向いて言った。「楽しい時間を過ごしているのかもしれないが、俺は間違ったバスに乗っているような気がする」

誰もが間違ったバスに乗っている——無意識が間違ったバスだ。そうなると、あなたはどこにいても何の違いもないし、何をしても何の変化もない。無意識の中では、あなたは何をしても間違うことになる。無意識に行なうことは間違いで、意識的に行なうことは正しい。

エドウィン・アーノルドはブッダに関する最も美しい本の一つ、『アジアの光』を書いた。数行を要約する。

これが平和だ——自己愛と生への渇望を征服すること、胸中から根深い熱情を引き離すこと、内側の争いを鎮めること、愛のために、永遠の美しさを身近に抱き締めること、栄光のために、自身の支配者であること、喜びのために、神々を超えて生きること、無数の富のために、尽くされた完全な奉仕、思いやりをもって為される義務、穏やかな話し方、そして汚れなき日々という永続する宝物を蓄えること。
これらの富は生の中で消え去ることはなく、どんな死も非難しない。
これが平和だ——自己愛と生に対する渇望を征服すること……。

これがブッダのメッセージのすべての本質だ。平和は実践するものではない。それは気づきの副産物だ。愛は実践するものではない。それは気づきの副産物だ。正義は実践するものではない。それは気づきの副産物だ。

気づきはすべての病気の治療法だ。なぜなら気づきはあなたを健康に、全体に、そしてもちろん神聖にするからだ。

第四章

天使でさえずっと歌ってはいない

Even Angels don't Sing all the time

質問一

私たちはあなたから、自由はマインドの超越にあることを学びました。その超越をもたらすものはマインドについての知識と理解です。宗教の大部分はマインドを扱い、心理学もそうします。現代心理学が、マインドの構造とプロセスを発見して明確にすることに成功した時、あなたはそれを宗教と呼ぶのでしょうか？　または宗教の支流と？　それとも類似的宗教と？

心理学と宗教はどのように違っているのですか？　心理学と宗教が互いに助け合うことができるのかどうか教えてください。

宗教は心理学と全く違うやり方でマインドを理解する。それらのアプローチは異なり、目的は異なり、方法論は異なる。

心理学はマインドを客観的対象として、外側から調べる。もちろん、それは多くを取り逃がす。実のところ、最も本質的なものが取り逃がされる。そのやり方では、ただ周辺部しか理解できない。最も奥深い部分は客観的ではない。最も奥深い部分は主観的だ。あなたは外側からではなく、内側から調べることができる。

心理学とは、誰かが愛を調べたいと思い、二人の恋人が抱き合い、手を握り一緒に座って愛を交わしているのを見守り、二人の恋人がどのようにふるまうかに関するデータを集め続けるようなものだ。これは彼に、愛とは何かについてのどんな考えも与えないだろう。愛は表面的なものではないからだ。表面は全く欺くことができる。外観は全く欺くことができる。愛は非常に内的なものだ。ただ愛することによってのみ、あなたはそれを知る。他にそれを知る方法はない。

心理学は外側からマインドを理解しようとする。まさにそのアプローチが、マインドを物質的なものにしている。物質は外側からしか理解できない。物質には内側がないからだ。マインドは内側からしか理解できない。そもそもマインドには外側がないからだ。

だから心理学はますます行動主義的になり、ますます唯物論的になり、ますます機械的になり、人間の魂についてますます疑い深くなり続けるのだ。魂は心理学によって完全に否定されている。魂が存在しないわけではなく、アプローチそのものがそれを禁じるから、アプローチそのものが一つの制限になるからだ。結論はアプローチに依存する。間違って始めれば、間違って終わる。

理解すべき二つ目は、心理学はマインドを理解しようとはするが、それを超えようとはしていないことだ。なぜなら心理学は、マインドを超えるものは何もなく、それが終わりだと考えているからだ。宗教もまたマインドを理解しようとする——マインドそのものを理解するためではなく、それを超えるために。理解は踏み石として使われる。

だから、宗教はマインドの詳細には関心がない。マインドの機能の本質的な理解で事足りる。詳細に立ち入るなら終わりがない。宗教も夢を調べるが、ただあなたを目覚めさせるためのものであり、それだけだ。夢そのものは関心事ではない。それは夢見の構造には深く入らず、夢を無限に分析することもない。それは夢を超越するために、その本質的な構造をただ見つけようとするだけだ。だからあなたは目撃者になることができる。それは全く異なる。

たとえば、私があなたに美しい木の種を与えて、あなたがその種にあまりにも関心を持ちすぎたとする。それを理解しようとして解剖し、その化学構造や物理構造、原子構造や電子、中性子を理解するためにさらにもっと解剖し続け、それをずっとし続けたら、種は木になるためのものに過ぎないということを、完全に忘れてしまうだろう。

あなたの解剖がどれほど深くても、種を解剖しても、決して木にたどり着くことはない。あなたは種の原子構造に、種の化学構造にたどり着くだろう。種の電気的構造にたどり着くかもしれない。だがそれは木とは関係ない。そして種を解剖すればするほど、木から遠く離れてしまう。あなたの解剖は花を咲かさない。あなたの解剖はその香りを拡げない。そしていつか、解剖し過ぎて、それを土に埋めても発芽しないだろう。それは既に死んでいる。解剖によってそれを殺してしまい、台無しにした。

ちょうど、あなたが種にあまりにも取りつかれすぎているように、心理学はマインドに関心を持っている。宗教もまた種に関心を持っているが、それ自体に対してではない。種に関心を持っているのは、その中に潜在力を、可能性を宿しているからだ——美しい木になる可能性、開花する可能性、芳香の可能性、歌とダンスの可能性、多くの鳥が来てその上に巣を作り、多くの旅人たちが木陰の下で休むことができるという……。しかし関心は種にはない——関心は木にある。

私はあなたにその違いをわかってほしい。宗教がマインドに関心を持つのは、単に踏み石的なものに過ぎない。マインドが理解されねばならないのは、私たちがそれに巻き込まれるからだ。別の例を見てみよう。

あなたは拘置所に、刑務所の独房に放り込まれる。宗教的な人は、そこから脱出する方法を見つけ出すためにだけ、拘置所の構造を理解しようとする。脱出するのに利用できる排水溝があるだろうか？　騙せる愚かな守衛がいるだろうか？　壊せる窓があるだろうか？　乗り越えられる壁があるだろうか？　守衛が交代して、その隙が存在する好都合な瞬間があるだろうか？　守衛が寝入る夜に好都合な時間があるだろうか？　または刑務所から脱出することに興味がある囚人が、他にいるだろうか？　一緒にいられて、互いに助け合えるような囚人がいるだろうか？　なぜなら一人でよじ登るのは難しいかもしれないし、一人で脱出するのは難しいかもしれないからだ。集団を作れるなら、その集団は力になり得る。あなたは拘置所の構造を、ただ脱出のために理解しようとする。

だが、あなたがあまりにも興味を持ちすぎて、完全に目的を忘れて拘置所を——壁や監視員、囚人たち、守衛たちを——調べ続けるなら、その構造に関する地図を作り続けるなら、それは愚かだ。

現代心理学は少々馬鹿げている。

東洋でも私たちは途方もなく重要な心理学を発達させた。私はそれをブッダの心理学と呼ぶ。だがそのすべての興味は、マインドという牢獄から出る方法に、それを超えるためにどのようにその構造を使うかにあった。現代心理学はマインドの構造に完全に取りつかれていて、目的を完全に忘れてしまった。

これらの二つの違いはきわめて重要だ。宗教は内側から理解する。もちろん、その時それは全く別の事だ。外側からマインドを調べる時、あなたは他の誰かのマインドを調べる。それは決してあなたのものではない。そして心理学者の実験室に行くと、あなたは驚くだろう。彼らは人間のマインドを理解するために鼠のマインドを調べ続ける。それは屈辱的だ。極めて無礼だ。鼠のマインドに基づく理解が大して役に立つはずがない。

瞑想者が自分自身のマインドを見る時、生きて、鼓動して、脈打つ人間のマインドを見る。そして彼が自分自身のマインドを見るのは、それが最も近くで手に入るマインドだからだ。外側からでは、決してマインドのすぐ近くまで達することはできない。外側から推測はできるが、推論のままだ。それは決して知識にはなり得ない。なぜなら鼠でさえ、あなたを欺くことができるからだ。それらは欺くのがわかってきた。鼠でさえただ表面上だけのものではない。それらの最も奥深い核は近づき難いままだ。

なぜ心理学者は鼠を調べ続けるのだろう？　なぜ直接人間ではないのだろう？　それは人間がとても複雑に見えるからだ。彼らは初歩的な構造を調べる。それはまるで、あなたはアインシュタインを調べたいと思い、小学校に行って小さな子供を調べ、その理解からアインシュタインについての理解を発展させるようなものだ。それは単に馬鹿げていて、正しいとは全く言えない。方向が間違っている。すべての子供がアインシュタインになるわけではない。心理学者が正しければ、すべての子供がアインシュタインへと成長するだろう。しかしすべての子供がアインシュタインになるわけではない。ある特定の子供だけがアインシュタインとして開花した。アインシュタインを理解したければ、唯一の方法はアインシュタインを理解することだ。

しかし、どうやってアインシュタインを理解したらいいだろう？　外側からだと、彼は他の誰とも同じくらい普通だ。彼の特徴は内側にあり、彼の独自性は内側にある。彼の血を調べても、血は全く他の人と同じだ。彼の骨を調べても、それは全く他の人と同じだ。実際に、アインシュタインの脳は彼の死後に調べられた――何も特別なものはなかった。それは注目すべきことだ。特別なものは何も見つからなかったが、確かに彼は唯一無二な人であり、それを否定することはできない。おそらく、地球上でそれほど精妙なマインドはこれまで存在しなかっただろう。誰もこれまで彼が持ち得たような一瞥を持たなかったが、脳は他の人と同じくらい普通のようだ。

脳はマインドではない。それは、ある日私がいなくなって、あなたが私の部屋に入り、そして部屋を調べるようなものだ。そしてあなたは、この部屋に住んでいたのはどんなタイプの、どんな様子の人なのかを見つけ出そうとする。マインドは客で、脳は主人だ。マインドが去る時、脳は後に残される。脳とはあなたが住んでいた部屋にすぎない。外側から調べるなら解剖できるが、脳だけが見つかり、マインドは見つからないだろう。そして脳を調べることはマインドを調べることではない。

マインドはつかみどころがなく、手で掴むことはできない。それを無理やり試験管に入れることはできない。それを知る唯一の方法は、内側から、あなたの目撃する自己からそれを知ることだ。気づけば気づくほど、あなたは自分のマインドを、その精妙な機能を見ることができる。その機能は途方もなく複雑で美しい。マインドは地球上で最も複雑な現象であり、意識の最も精妙な開花だ。マインドとは何かを本当に理解したければ、マインドからあなた自身を切り離さなければならないし、ただ目撃者である方法を学ばなければならない。それが瞑想のすべてだ。

心理学は宗教の助けになり得るが、心理学はすさまじく変わる必要がある。根本的な変化が必要だ。心理学は、もっと瞑想的で内省的にならねばならない。心理学は、東洋に、偉大な瞑想者たち、パタンジャリ、ブッダ、マハーヴィーラにもっと耳を傾けなければならない。彼らの理解に耳を傾けなければならない。

心に留めておくべきもう一つのことを私は言いたい。心理学は、病的なマインドの研究を通して発達してきた。それもまた信じられない、馬鹿げたものだ。心理学は神経症患者、精神病患者、精神分裂症患者の研究を、病んだマインドの研究を通して発達してきた。というのも、誰が精神分析医のところに行くだろう？　健康な人は決して精神分析医のところには行かない。健康なら、何のために精神分析医のところに行くのだ？　あなたは何かがうまくいかない時にだけ行く。何らかの病気があなたのマインドを支配する時にだけ行く。正常でない時に精神分析医のところに行く。そして彼は病んだマインドを研究する。病んだマインドを研究することで、彼は一定の結論に至る。それらの結論は病んだマインドにだけ当てはまる。正常なマインドには当てはまらない。そして確かにマインドを超えたマインドに対しては無理だ。彼らはブッダについては何も言わない。言うことができない。フロイト、ユング、アドラーはブッダを研究したことがない。実のところ、その過失は精神分析学者にある。なぜなら、ブッダたちは常に存在していたからだ。

カール・グスタフ・ユングが東洋に来た時、ラマナ・マハリシという生きたブッダがいたが、ユングは彼に会いに行こうとしなかった。多くの友人たちが彼に行くように提案したが、彼は行こうとしなかった。たぶんそこでは、彼の知識が無駄だとわかるだろうという微妙な恐れがあり、自分は偉大な精神分析医だ、なぜ誰かのところに行く必要があるのだ？　というエゴがあったのだろう。

しかし、ブッダたちは確かにあなたの研究所に来ようとはしない。あなたが彼らのところに行かなければならない。彼らを理解するには、敬意を払って彼らに近づくことだ。彼らはあなたの長椅子に横たわることはない。彼らを理解するために、異なる方法を開発し、異なる構造を開発しなければならない。そしてあなたが行かなくても、彼らが困ることはないが、心理学は苦労する。心理学は病理学のレベルに留まっている。それは正常な人間のレベルにさえない。

たとえば、あなたが「マハーヴィーラについてどう思いますか？　彼は服を捨てて裸になったからです」と精神分析医に尋ねるなら、確かに彼らは「彼は特定のタイプの精神病患者だ。多くの狂った人々はその病気に苦しんでいる」、または「彼は露出狂だ。彼は人々に自分の裸の体を見せたい性的倒錯者だ」と言うだろう。

これはマハーヴィーラに関して正しいだろうか？　彼らが言うことはすべて、長い研究の後に語っている――だが彼らは狂った人々を調べてきた。そして彼らの言うことは真実だ！　間違いが生じるのは、彼らがただ自分たちの理解をあまりにも遠くへ広げるからだ。マハーヴィーラは自分の髪の毛をよく抜いていた。彼は理髪店に行かなかった。彼は「理容師に頼ることも依存だ」と言ったからだ。だから髪の毛が伸びると、彼は簡単に引き抜いて捨てた。

では、精神分析医はどう語るのか、彼に尋ねてごらん。彼はこう言うだろう。

「これは一種の狂気だ。自分の髪の毛を引き抜く狂った人々がいる」

あなたも、妻が癇癪を起こした時、自分の髪を引っ張り始めるのを、怒って自分の髪を引っ張りたがるのを観察したことがあるかもしれない。ある種の狂気――そして彼らは正しい！　それでも正しくない。彼らの理解は病的なレベルに留まっている。

イエスについて彼らに尋ねてごらん。多くの本がイエスについて書かれてきたのは、イエスがマハーヴィーラよりも、彼らに近いように見えるからだ。彼らはマハーヴィーラを無視してきた。そして彼らがマハーヴィーラを無視したのは、ジャイナ教徒にとって良いことだ――さもなければ彼らは、マハーヴィーラが神経症患者であることを確実に証明するだろう。イエスについて彼らは多くの本を書いている――彼は狂っている、彼は誇大妄想患者だ、と。なぜ彼らはこんなことを言うのだろう？　なぜなら精神病院では「私は神の唯一の預言者だ」と誰かが言う事例があるからだ。

有名な逸話を聞いたことがあるかな？　バグダッドでそれは起こった。

ある男がカリファ・オマールの時代に宣言した。

「私は本物の預言者だ。モハメッドの後、私が世界に遣わされた」

もちろん、イスラム教徒がそのようなことを黙って許せるわけはない。少なくともイスラム教徒ではあり得ない。彼がインドにいたなら容認されただろうが、オマールは容認できなかった。彼は投獄された。しかし七、八日後に、別の男が自分は神自身であると宣言した。さてこれはやり過ぎていた。その男は投獄された。

両者はひどく打たれ、ひどく罰せられていたので、数日後にオマールは彼らに会うために牢獄に行った。彼は「今、彼らは正気を取り戻したかもしれない」と思っていた。彼はそこへ行き、自分のことを新しい預言者だと宣言していた男に尋ねた――彼は笑っていた！　彼の身体全体は傷だらけで、傷から血が流れていたが大声で笑っていた。

オマールは「なぜ笑っているのだ？」と言った。

彼はこう言った。「神が私に『お前は私の最後の預言者に、最終的な預言者になるだろう』と告げた時、彼は私に『彼らはお前をひどく扱うだろう——彼らは常に預言者を非常にひどく扱うものだ』とも告げた。そして今、その預言は的中した。だから私は笑っている——それはまさに私が預言者である証明だ！」

この対話が続いている間に、別の柱に縛られていたもう一人の男が、さらに大声で笑い始めた。オマールは「どうしたのだ？」と尋ねた。

彼は「この男は嘘つきだ。私は決して彼を遣わさなかった。もっとはっきり言えば、モハメッドの後、私はどんな預言者も世界に任命していない。モハメッドは私の最後の預言者だ！」と言った。


あなたは精神病院で多くの人々を見つけることができる。そして精神分析医の理解は彼らに依存する。イエスが「私は神の唯一の息子、神の一人息子だ！」と宣言する時、もちろん彼は狂っている。確かだ！　そうしたことを宣言する狂った人々がいるからだ。彼もまた狂っている。

クリシュナが「私は世界の創造者であり破壊者だ！」と宣言する時、確かに彼は狂っている。これは利己主義者であることの究極だ。どうすればこの「私は世界の創造者であり破壊者だ」より利己的になれるだろう？

そしてブッダは「私は究極に到達した。神でさえ、私から指示を受けるために私の足元に来る」と言う。さて、これらは狂った人々だ！

精神分析はまだ病理学的なレベルに留まっている。それは正常な人間のマインドさえ知らないし、超-正常なものにさえ触れていない。しかし遅かれ早かれ、大きな革命が起こることになる。もし心理学がそれ自体を変えないなら、マンネリ状態になり、つまらなくなって死んでしまうからだ。それは動かなければならない。生きているあらゆるものは前方に進まなければならない。そして心理学について私が言えるのはこれくらいだ。心理学はとても生き生きして希望がある。多くのワークが続行していて、やがて精神分析学者、心理学者、精神病学者はますます瞑想に興味を持つようになってくる。

驚くかもしれないが、ここにはあらゆる種類の人々がいる。さまざまな職業の人々が訪れたが、ほとんどのサニヤシンは心理学、精神分析という職業だった。私は何百人もの精神療法士《サイコ・セラピスト》たちを私のサニヤシンとして受け入れた。これは非常に重要だ。医師、エンジニア、銀行家、政治家などはそれほど多くは来ていない。職業で最も多いのはサイコ・セラピストだ。

それは素晴しい兆候だ。それは心理学がそれ自体を超えて動き、やがて宗教へ移行しようとしていることを示している。遅かれ早かれ、心理学は宗教的飛躍のための非常に強固な基盤になるだろう。それが宗教的飛躍の強固な基盤にならない限り、どんな意味もない。神の寺院への一歩になる時にだけ、それは意味を持つ。

しかし「それが宗教への一歩になる時」と私が言う時、私は単に宗教を意味している。ヒンドゥー教、キリスト教、ユダヤ教を意味してはいない。イスラム教徒、ジャイナ教徒、仏教徒を意味してはいない。それらは本当は宗教ではなく政治になっている。それらは政治組織だ。

宗教は非常に個人的なものだ。宗教は基本的に個人的なものだ。それは個人の意識の変容だ。それは組織とは関係がない。あなた方がイスラム教徒、ヒンドゥー教徒、またはキリスト教徒であるのは、あなたがその組織の中で生まれるからだ。誰も宗教的に生まれることはできない。宗教は意識的に選ばなければならない。まさに意識的な選択によって、それは意義深くなる。そうでなければそれは無意味だ。

あなたはキリスト教徒として育てられてきた。あなたはキリストと個人的な関係を持つことはできない。あなたはキリストを知らない。法王と教会しか知らない。そして法王も教会も、聖職者もシャンカラチャリヤたちも、彼らは宗教的な人々ではない。彼らは背後に非常に微妙な政治──人種、国家、宗派──を隠し持っている。そしていったん宗教が組織になって、人々が個人的な接触も個人的な探求もなく、マスターとの個人的な遭遇もなしにその中で生まれ始めるなら──人々が単にその中で生まれる時、宗教が偶然的なものになる時、それはもはや宗教ではない。それは人々にとって一種のアヘンに、搾取になる。

だから私の言う宗教は、ユダヤ教徒、ヒンドゥー教徒、キリスト教徒を意味していない。私は単に宗教を意味している。宗教には形容詞がない。

一つの逸話を話してみよう。非常に注意深くそれに耳を傾けてごらん。

女性用手袋の有名な輸入業者であるシグムンド・スタインバーグは、自分の寺院のラビ（ユダヤ教指導者）を突然訪ねた。ラビはとても喜んだ。参列と宗教的熱意に欠けていた分を、寄付で補っていた非常に裕福な信徒に会えたからだ。それでも今回、彼が寺院を訪れたのはかなり珍しく、完全に宗教的な理由のためだった。

スタインバーグはいつもの挨拶の後に「ラビ、」と切り出した。

「私は自分に最も身近で大切なあるものについて、相談するためにここにいます。私の最愛のものであり、第三ウエストミンスター修道院で三度チャンピオンになった私の小さなプードルは、この来るべきティシュアー・べ＝アーブ（ユダヤ教の祝祭日の一つ）で十三歳になります。そこで私は、ラビ、あなたにバル・ミツバー（ユダヤ教での男子の十三歳の成人式）を行なってほしいのです」

ラビは完全に面食らった。

「しかし親愛なるスタインバーグさん、それは不可能です！　誰がこれまでバル・ミツバーの儀式をしている犬の事を聞いたことがあるでしょうか？　ユダヤ教の歴史でそのようなことは言及されていません。それはスキャンダルになり、寺院は嘲笑の的になるでしょう。私の指示は撤回され、修道女会は廃止され、建築の資金調達は止められ、異教徒たちはヒステリックになるでしょう。そして理事会は私の首を絞めるでしょう！」

スタインバーグは動じなかった。まつ毛の瞬きさえなく、彼は再びラビに話しかけた。

「この機会のために、私は五千ドルを現金で寺院に寄付します！」

「スタインバーグさん、」とラビは微笑んだ。

「なぜ、あなたの犬がユダヤ教徒であることを最初に言わなかったのですか？」


話がお金のことになると、犬でさえユダヤ教徒になる。それがお金と政治のことになる時、いわゆる法王やシャンカラチャリヤたちは、もはや宗教的ではない。彼らの宗教は儀式で、死んだ儀式だけで成り立っている。それは見せかけであり、真実《リアリティ》ではない。真に宗教的な人は、組織に存在することの難しさに常に気づいていた。

イエスはユダヤ教徒として生まれたが、ユダヤ教徒の群れの中に残ることはできなかった。それは不可能だった。聖職者は彼を許さなかった。彼はそれから脱け出た。それだけでなく、彼らは彼を殺した。ブッダはヒンドゥー教徒として生まれたが、ヒンドゥー教徒は彼を許さなかった。聖職者は彼を許さなかった。宗教的な人がいる時はいつでも、彼は生きた革命であり、反逆の化身だからだ。聖職者は彼を許さなかった。彼はヒンドゥー教徒の群れから追い出された。仏教はインドから消滅した。

ユダヤ教徒はキリストを殺し、ヒンドゥー教徒は仏教を殺した——それはより巧妙でより狡猾だ。キリストを殺すことによっては何も殺されない。ヒンドゥー教徒はより賢い。彼らは決してブッダを殺さなかった。ブッダを殺したら、インドで仏教を破壊することは非常に難しかっただろう。見ての通り、キリスト教は存在し、キリスト教は磔から開花した。十字架がなければキリスト教はなかった。イエスを磔にすることで、彼らはイエスをとても重要に、とても歴史的なものにした。

ヒンドゥー教徒はより賢明で狡猾で、非常に賢い。ブッダは我々の十番目の化身《アヴァターラ》だと彼らは言うが、彼らは非常に小賢しい方法でそれをする。彼らのプラーナ経典には、神が地獄と天国を創造して、数百万年が過ぎた時の話がある。それから悪魔は神のところに行ってこう言った。

「なぜあなたは地獄を創造したのですか？　というのも誰もそこに来ないからです。そこは空っぽのままです。たった一人の魂も現われませんでした。人々はとても宗教的なので、誰でも死ぬと天国に行きます。では地獄を維持することに何の意味があるのですか？　私を救ってください。私は全くうんざりしていて退屈です！」

神は「待ちなさい、私が何とかする」と言った。そして彼は化身《アヴァターラ》の形を取った。彼は地上に降りてブッダになった。人々の宗教を破壊するため、人々の正直さを破壊するため、人々の真実を破壊するために。彼らを混乱させるために彼はブッダになった。それ以来、地獄は人々で溢れている。

さてこれは非常に巧妙だ！　一方で彼らはブッダが化身《アヴァターラ》——神の顕現であることを認めている。

もう一方で彼らは「彼に用心しろ。彼が来たのはただ悪魔が懇願したからだ。だからもし彼の言うことを聞くと、地獄に行くだろう。もちろん、彼は神だ」と言う。

その狡猾さがわかるかな？　ユダヤ教徒でさえヒンドゥー教徒に負けている。彼らはブッダを十番目の化身《アヴァターラ》に持ち上げて、仏教を完全に破壊した。

これは常に起こってきた。これは常に起こるだろう。それを理解しようとしてごらん。特定の宗教の家族に生まれることは偶然だ。あなたは選ばなければならない。自分自身で進まなければならない！　それは骨の折れる旅であり、大きな挑戦と冒険であり、大きな危険がある。

質問二

もし私が神なら、この身体の中にいる自分自身を見つけるために毎朝起きるのは、どういうわけですか？

神にとってはあらゆることがあり得る。

質問三

なんとまあ、昨夜私は、数千頭のオレンジ色の象たちがみんな、彼らの白い象の王のマラを身に付けているのを夢に見ました。これは何を意味し得るのですか?

これは単に、人間だけでなく象も狂ってしまうことを示している。

質問四

ハシディズム(ユダヤ神秘主義)に関するあなたのそれぞれの講話の後、私は輝き、生とは充分に生きて楽しむべき戯れ《リーラ》だと感じます。それでもあなたがブッダについて話す時、私は絶望的に感じて、すべてが無益に見えます。

ブッダは笑うことがあるのでしょうか?

彼は笑うが、弟子の前では決して笑わない。彼は一人の時に笑う。

ハシディズムに関する私の話を聞くことは、リーラの半分だ。あなたがブッダに関する私の話を聞きながら笑えない限り、あなたの笑いはあまり深くない。ハシディズムに関する私の話を聞いていた時、もちろんあなたは笑い、楽しみ、生はリーラだと思っていた。すぐさま私はブッダを選んだ。そこには計算がある。それは弁証法だ。私は決していいかげんに選んではいない。

ハシディズムによって物事は甘くなりすぎていた。少し苦い薬も必要だ。それはハシディズムが放つ日光だった。今は夜だ。ブッダは夜だ。だが、夜も楽しめない限り、あなたの一日の楽しみは完全ではない。生の無益さを見て幸福になれない限り、あなたはリーラが意味するものを学んでいない。幸福な時だけ幸福なら、あなたは何も学んでいない。幸福がない時でも幸福でいる時、あなたはその秘密を学んでいる。

あなたは私の話について来ているだろうか？　それは非常に単純な計算だ。私が生の歌を歌っている時、あなたはそれを楽しむ。だが、私が死についての悲しい歌を歌い始めると、あなたは楽しめない。それならあなたは部分的なままだ。あなたは、心地良く甘美で光る部分を選ぶ。苦い部分に対してはどうする？　暗い部分に対してはどうする？　それならあなたは決して全体ではない。そして全体でなければ、決して神聖であることはできない。

私にとって、時にはそれは歌っている生であり、時にはそれは死である。そして私はあなたに、両方とも学んでほしいと思っている。私はあなたに、絶望があっても絶望がないほど幸福で遊びに満ちているようになってほしい。物事が乱暴になっている時でも、あなたは笑うことができる。物事が非常に重苦しくなっている時でも、あなたは踊ることができる。だからブッダとでも一緒に笑ってみてごらん。

ハシッドたちと笑うのは非常に簡単だ。ブッダと笑うのは難しい。それは骨が折れる仕事だ。しかしハシッドたちと笑うことは誰でもできる。あなたの方からの努力は必要ない。あなたの方からの成長は必要ない。ブッダと笑うためには大きな成長が、成熟が必要だ。

そして生は、善と悪、成功と失敗、昼と夜、夏と冬、誕生と死、結婚と離婚、愛と憎しみなど、これらの極性から成り立っている。生全体は、これらの正反対の極性で構成されている。そしてあなたは全体だ。その半分を選ぶことはできない。その半分を選ぶなら、あなたは半分のままになり、残りの半分は抑圧されたままだ。

そして残りの半分はいつか復讐するだろう。あなたが本当に悲しむことが、幸せに悲しむことができなければ、私はこう言おう、あなたの幸福はあまり深くなることはできない。あなたは深みを恐れるようになるからだ。深いところで、別のものが待っている。だからあなたの幸福は浅薄になる。あなたはそれがあまり深くなるのを許さないだろう。別のものがそこで待っているからだ。もう少し深く行けば悲しみに触れるかもしれないことを、あなたは知っている。

あなたは見たことがあるだろうか？　インドの村では、母親たちは子供をあまり笑わせるべきでないと言う。あまりにも笑いすぎると泣き始めるからだ。それは素晴しい洞察だ。それを見守ったことがあるだろうか？　あまりにも笑いすぎると、笑いは涙に変わる。

すべての幸福は不幸に変わる。すべての生は死に変わる。青年期は老年期に変わる。健康は病気に、疾病に変わる。これが物事のあり様だ。そしてあなたが「私は自分が幸福である間は幸福でいる」ということしか学ばないなら、そこにある不幸をどうするのだろう？　あなたが「私はバラの花でしか幸せになれない」と言うのなら、ほとんどいつもそこにある棘をどうするのだろう？　そしてそれは花よりも多い——それらはゲームの一部だ。

ハシディズムで私はバラについて話した。今度は棘について話そう。両方とも理解できて、しかも遊び心があるなら、あなたはリーラとは何かを知っている。リーラの意味は、遊び心がある、成功の中に遊び心がある、失敗の中に遊び心がある、勝っている時に遊び心がある、負けている時に遊び心がある、ということだ。

質問五
私はオーケーですか？

あなたはオーケーであることはできない。とんでもない。でなければその質問は生じないだろう。まさにその質問が、何かがどこかで間違っている、と語っている。でなければ、誰がわざわざ尋ねるだろう？　「オーケーであること」は、それがそこにある時、あなたにそれがわかるような感覚だ。それはちょうど頭痛のようなものだ。あなたは決して他の人に「私は頭が痛いのだろうか？」と尋ねたりはしない。あなたが尋ねると彼らは笑うだろう。彼らは「あなたは気が狂ったのか？」と言うだろう。あなたがそうならそうなのであり、そしてあなたは知っている！　あなたがそうでないならそうではないし、そしてあなたは知っている。

オーケーであることは内的な幸福だ。素晴らしくて美しい感覚があなたの存在の中に生じ、広がり続ける――さざ波が立ち続ける。すべてが軽いように感じられる。すべてが無重力のようだ。あなたは歩かず、走る。走らず、踊る。あなたは重力が存在しないかのように感じる。あなたは飛び始める。あなたは未知の至福に入っている。あなたは未知の岸へ向かって、非常に平和に漂流し続ける。そしてすべては美しく、祝福されているように見える――あなたは祝福されていて、他の人たちを祝福することができる。

それがある時、質問はない。それがある時、誰からの証明も持つ必要はない。あなたはそれを知っている！　それは自明だ。そしてオーケーであることも自明でないなら、何も自明ではあり得ない。

ムラ・ナスルディンと彼の妻は手漕ぎボートに乗っていた。ナスルディンが釣りをしている間、妻はボートの中で震えていた。「もう一度言って」と彼女は青ざめた唇で叫んだ。

「私たちがどれくらい楽しんでいるのか――私は忘れ続けるのよ」

至福があるなら、誰も忘れ続けることはできない。

ある男が中古車を購入し、七日後にそれを購入した場所に戻って営業マンに尋ねた。

「この車についてもう一度話してください」

営業マンは「なぜですか?」と言った。

彼はこう言った。「私は忘れ続けてしまうのです。あなたは車をとても高く評価しましたが、それは私に多くの問題を引き起こします。ただ私を励ますために、もう一度話してください。私には少しの励ましが必要です」

なぜあなたは「私はオーケーですか?」と尋ねるのだろう。あなたには何らかの励ましが必要なのだろうか? 覚えておきなさい。私は中古車の営業マンではない。そして私はあなたを励ますつもりはない。もしあなたが不幸なら、私の提言は『不幸でありなさい』だ。オーケーである必要は全くない。不幸でありなさい。まさにそのどん底まで入っていきなさい。そのままでいなさい! そのメッセージに耳を傾けなさい。特定のメッセージが、この不幸の中にあるに違いない。神は、メッセージがないものは決して何も送らないからだ。それを隠そうとしてはいけない。

不幸? それなら不幸でありなさい。本当に不幸でありなさい。それのまさに地獄まで行きなさい。あなたの側で何の拒絶もなく、あなたの側でどんな戦いもなく行くことができるなら、単にくつろいでそれを起こすことができるなら、あなたは途方もないものを得るだろう。不幸がそこにあることがわかるが、あなたは不幸ではない。あなたはそれの目撃者、観察者だ。それはある！　確かにそれはあるが、あなたを取り囲む雲のようなものだ――あなたはその雲ではない。あなたがそれに気がつくなら、あなたは超越している。そうするとあなたの中に、スピリチュアルであってあなたから奪うことができない、完全に異なる種類のオーケーな状態が生じる。

しかし、人々は自分の不幸の中に深く入ることはない。あなたの不幸の中に入ること、これこそが私が本物の修行《サダーナ》と呼ぶものだ。避けてはいけない。逃げてはいけない。人々は自分の気分を調べない。人々は自分自身を欺こうとする。人々は何とかして、いつもいつも微笑み続けていたい。しかしあなたは知っているだろうか？　天国でも、天使はずっと歌ってはいない。泣いたり涙を流したりする瞬間がある。あなたは私を信じていい。私は目撃者だ。しかし涙に何も間違いはない。涙は、あなたがそれを歓迎するなら、美しくあることができる。

あなたの不幸の中に深く入って行きなさい。それはあなたに多くの事を明らかにする。

私は聞いたことがある。

ある農夫が、埃っぽい道を苦労して馬車を運転していた。彼は道の脇に座っている人のところに行き、馬車を止めて「この丘は、あとどれだけ長く続くのかね？」と叫んだ。

「あなたは丘の上にいるのではない」と見知らぬ者は叫び返した。「後輪が外れているのだ」

しかし、人々は自分の存在を深く覗き込まない。彼らは自分が丘の上にいると思っている。後輪はもうそこにはない。あなたは平らな道を、高速道路を行くことができるが、あなたは自分が丘の上にいて、常に登っていて、それは難しくてより困難だ、と感じる。もちろん車輪がなければ、常に混乱状態になる。荒れた道になる。

オーケーであるかどうかを私に尋ねてはいけない。まさにその質問が、そうではないことを決定付けている。しかし人々は大変な質問者だ。あらゆることを尋ね続ける。おそらくあなたはオーケーかもしれないが、それも一つの可能性であり、あなたは質問せずにはいられない。

ムラ・ナスルディンは精神療法医《サイコ・セラピスト》の提案で丘に行き、一週間後に電報を打った。

「私は幸福を感じている――なぜだろう?」

今やあなたは、尋ねずに幸福を感じることさえできない。今、分析が必要になる――なぜだ?

母親が精神分析医に会いに行って尋ねた。

「教えてください。娘を大学に入れなければなりません。彼女は麻薬を使っていません。妊娠していません。酒を飲みません。彼女はクラスで最高得点を得て、毎日私たちに手紙を書いてきます。言ってください、私たちはどこで正しく進んだのでしょうか?」

私たちはどこで正しく進んだのだろう? さてそれは問題になる。質問することはそれほど根深い習慣になったので、時にはそれが全く必要でない時でも、質問をし続ける。あなたは自分の存在が、質問なしのままでいるのを許せない。それを許しなさい! なぜなら質問がない時、それが答えがあなたのところに来る瞬間だからだ。

止めどなく質問をし続けてはいけない。それは無意味だ。

私があなたに答えているのは、単にあなたが質問しない方法を学ぶためだ。より知識を深められるように答えているのではない。いつかあなたが質問を持たないままでいられるように、私はただ助けとしてあなたに答えている。まさにその日、偉大な啓示が、あなたの存在に対して扉を開くだろう。質問がない時、答えはあなたの最も深いところから生じる。あまりにも質問に関心がありすぎるなら、答えは決して生まれないだろう。あなたはそれが生まれるための空間を与えていない。

質問六

OSHO、汚れは本当に汚いですか?

それは状況による。それはあなたの見解による。何も善くも悪くもない。それはあなたの解釈に、あなたが説明するやり方による。あなたのマインド次第だ。

マインドは常に物事を二つに分割する——善-悪、きれい-汚い、神-悪魔。マインドは絶え間なく分割している。マインドは分割者だ。真実は分割されない。真実は一つだ。それは善でもなく悪でもない、きれいでもなく汚くもない。

私は聞いたことがある。


ある聖職者が、仕立屋の店で新しいスーツを注文した。いくらかかるのかと尋ねると、仕立屋は「無料です。私は決して聖職者の方々に請求したりしません」と言った。それで次の日、聖職者は美しい十字架を仕立屋に送った。

それからラビが、仕立屋の店で新しいスーツを注文した。いくらかかるのかと尋ねると、仕立屋は「無料です。私は決してラビの方々に請求したりしません」と言った。それで次の日、ラビはさらに二人のラビたちを仕立屋に送った。


それはあなた次第であり、あなたが物事を見る方法による。あなたのマインドは最終的な意思決定者だ。

成功したユダヤ人は、ついに自分の夢に見合う少女を見つけて、地元の衣料品店が決して忘れないような結婚式の準備をした。彼自身のデザイナーたちは、花嫁のために最高級の輸入シルクとサテンのウエディングドレスを準備し、彼自身の婚礼衣装は本当に目を見張るものだった。

そのイベントはまさに息を呑むほどのものだった。費用は惜しまれなかった。それから、新婚夫婦がカナダへ新婚旅行に出発しようとしていた時、緊急の一報が電報の形で届いた。

「それは私の仲間からだ」と新郎は説明した。「急用だ。すぐに対応しなければならない」

「でも私たちの新婚旅行はどうなるの？」と花嫁は涙ぐんで尋ねた。

「仕事が最優先だ」と彼は言った。

「だが君は先に行きなさい。私は後の飛行機で今夜までに着くつもりだ」

「でも、あなたが今夜まで着けなかったら？」と彼女は嘆いた。

「その時は……」彼は怒鳴って言った。「私なしで始めてくれ」

商売人は商売人だ。彼の人生観はすべて商売人のものだ。

何も善くも悪くもない。何も美しくも醜くもない。決めるのはあなただ。

インドで、パラマハンサと呼ばれる特定の意識の段階がある。パラマハンサの状態は無分割状態を意味している——醜さと美しさ、きれいと汚い、善と悪、両方とも同じだ。道端に座って食事をしているパラマハンサを見つけることができる。排水溝が溢れていて、犬が彼の周りを走っている。あるいは、犬も同じ碗から食べている！　非常に難しい――マインドが理解するのは非常に難しい。マインドは「これはどんなタイプの人だ？　なんて汚いのだ！」と言うだろう。

しかしあなたは、パラマハンサの状態を知らない。非難してはいけない。そんなに急いではいけない。マインドが完全に落ちる時、分割が消える意識状態がある。その時、人は存在と一つになって生きるだけだ。

だが、私はあなたにパラマハンサになるように話しているわけではない。覚えておきなさい。パラマハンサになることはできない。それはあなたに降臨するものだ。パラマハンサになろうとするなら、ただ狂ってしまうだろう。私は区別を落としなさいと言っているのではない。私が言うのは、ますます気づくようになりなさい、そうすればある日区別は消える、ということだ。あなたは、気づかないで区別を落とすことができる――そうするとあなたは、パラマハンサではなく狂人になる。そして時には、パラマハンサと狂人は非常に似ているように見える。

質問七

今日の講話は、私がこれまで聞いた中で最も素晴しいものです。

それはヴァンダナからだ。しかし同じ講話について他の誰かはこう言っている。

質問八
なぜあなたは絶えず喋り続けるのですか？　私はあなたにうんざりしていて、退屈していて、もうこれ以上あなたの話を聞きたくありません。マニーシより。

さてどうしたらいい？　誰に答えるべきだろう？　同じ講話はある人にとって途方もなく美しいものになり得て、もう一人にとってはひどく退屈になり得る。それはあなた次第だ。それは講話とは関係がない。ヴァンダナもマニーシも講話については何も語っていない。自分について何かを語っている。

ヴァンダナは流れている状態にあったに違いない。ヴァンダナは「至福」の中にいたに違いない。ヴァンダナは開いていたに違いない。私は彼女の中に入ることができた。私の言葉は彼女のハートの中に深く入って歌になった。

マニーシは閉じていて、あまりにも頭の中にいた違いない。マニーシは、少なくともその講話の中では、ハートを持たずにいたに違いない。その時すべてはうまくいかなかった。それはあなた次第だ。そのようなことを感じる時はいつでも、あなた次第であることを常に覚えておきなさい。

さてマニーシは尋ねている。

「なぜあなたは喋り続けるのですか……？」

私が喋り続けるのは、ヴァンダナたちもいるからだ。彼女たちのために喋り続ける必要がある。そしてあなたは「私はあなたにうんざりしていて、退屈です……」と言う。しかし、誰があなたにここにいることを強制しているのだろう？　これは美しいものだ！　二つの門に二人の監視員がいる。そして大きな鼻を持つシヴァは、あなたの匂いを嗅ぐためにそこにいる。あなたは私の話を聞くために、お金を支払わなければならない。これまで聞いたことがあるだろうか？　インドの歴史でそれは一度も起こったことがない。宗教的講話は常に無料だ。

あなたは私に尋ねている。「なぜあなたは喋り続けるのですか？」

そもそも、なぜあなたはお金を支払うのだろう？　あなたは来る必要がない。あなたを妨ぐために、私にできるすべての処置を私は行なった。

それはあなたのマインドだ。しかし私はマニーシを知っている。私は彼のハートも知っている。ハートは彼をここに引き寄せ続けている。頭は許さない。それは葛藤だ。ハートと頭が出会う時、そこには共時性がある。ハートと頭が出会う時、そこには調和がある。それがヴァンダナに起こったことだ。

マニーシは自分のハートとの接触を失っている。彼のハートは彼を引き寄せ続けるので、彼は逃げられない。逃げられないので、彼は私に腹を立てている――まるで私が彼に何かをしているかのように、彼が逃げるのを私が許さないかのように。あなたは完全に自由だよ、マニーシ――あなたが逃げられないことはわかっているがね。それが不可能なのは、あなたはどこにいてもこのお喋りを切望するからだ。私があなたに絶えず付きまとうのは、あなたのハートに関する限り、私がそれを所有しているからだ。頭はあなたが完全にここにいるのを許さないが、あなたが立ち去るのを助けることもできない。

私が話すことは頭とは関係がないので、ハートから聞きなさい。私が話すことは論理的ではない。私が話すことは合理的ではない。

つい先日、私は南インドのある合理主義者協会から流暢に書かれた手紙を読んでいて、その中で彼らの協会の会員になってほしいと言っていた。

さて、私は圧倒されている。これは大変素晴しい栄誉だ。ノーベル賞が私に与えられたとしても、私はそれほどまで圧倒されなかっただろう。ノーベル賞はとても多くの人々に、数百人に贈られてきたからだ。これまでこの合理主義者協会について、それが他の誰かに会員になるように勧誘したことを、誰が聞いた事があるだろう？　これは前例のないことだ。実のところ、私はこれまでその村の名前すら聞いたこともない。非常に秘教的な協会であるに違いない。完全に背後に隠れて働いていて、表沙汰になることの価値を信じていない秘教的なグループがある。

大変素晴しい名誉だ！　私はその村に郵便局と小学校が、そして少なくともバス停があることを願っている――インドでは、バス停と小学校と郵便局があるすべての村が、大学を要求し始めるからだ。それは大学を開校するには充分なものだ。そのため毎日、大学が、数多くの大学が開校されているのだ。遅かれ早かれ、すべての村は独自の大学を持つだろう。

彼らが設けたたった一つの条件は、非常に単純だ。そして私はすぐに、即座にそれを満たすことができる。彼らが設けた一つの条件とは、あなたがバグワンと呼ばれることを止めるなら、だ。私はそうする準備ができている、絶対に準備ができている。なぜなら、そもそも私はバグワンだからだ。だからあなたが私をそう呼ぶか呼ばないかは、何の違いにもならない。バラはバラでありバラだ。あなたはそれを別の名で呼ぶことができる。それは何の違いにもならない。私は自分がバグワンではないふりをすることができる。それについて大した問題はない。だが私は、この会員資格を失うことはできない。

問題が生じるのは彼らの条件によってではない。問題が生じるのは、それが合理主義者協会だからだ。そして私は絶対的に非合理主義者だ。私はほとんど不合理だ。私は確かに玩具として道理と戯れている。私は確かに道理を楽しんでいるが、玩具としてだ。しかし私は合理主義者ではない。

頭で私の話を聞く人々は私を取り逃がし続けるだろう。そしてあなたが私の話を聞いて私を取り逃がす時、もちろんあなたはうんざりする。あなたにはわからないだろう。「そのすべての要点は何なのだ？　なぜこの男は話し続けるのだ？」あなたは何も得ていないからだ。私はあなたに栄養を与え続けているが、あなたは栄養を与えられずにそこにいる。それなら確かに退屈に感じるだろう。

しかし退屈はあなたの問題であり、あなたはハートから耳を傾ける方法を学ばなければならない。ハートから私の話を聞くなら、あなたは永遠に私の話を聞くことができ、退屈は全くないだろう。私の話に耳を傾ければ傾けるほど、あなたは楽しむだろう。ハートから、途方もない革命が起こるからだ。

小さな子供を観察したことがあるだろうか？　一つの物語を彼らに話すと、次の日彼らは「また、同じお話をしてください！」と言う。

そしてあなたは「でも私は君に話したよ」と言う。

彼らは「わかってます。でも、また話してください」と言う。

そして彼らはとてもわくわくしている。再び同じ物語に耳を傾ける。彼らは知っていて、時には何が起こるかを先に教えるだろう。しかし彼らはとてもわくわくしていて、非常に熱中している。何が起こっているのだろう？　彼らはハートからそれを聞いている。知識からではなく、無邪気さから聞いている。途方もない純粋さから、愛から聞いている。彼らは聞くために聞いている。

ニューヨークを代表する注文仕立屋の一人であったハワードは、休暇でローマに出かけた。そこにいる間、『郷に入っては郷に従え』を固く信じていた彼の妻は、法王に謁見することを主張した。それはアメリカ大使館を通して手はずが整えられ、彼らは謁見を許可された。

ニューヨークに戻った時、彼らは自分たちの旅行について、そしてもちろん法王への謁見についてあれもこれも話した。

ハワードの父親は「ハワード、教えてくれ。法王は実際どんな人なのだ?」と尋ねた。

彼の息子は「彼は小柄で四十二サイズです」と答えた。

仕立屋は仕立屋だ。それが彼の理解だ――小柄で四十二サイズ。

ジャックは真っ昼間に帰宅した。彼は玄関口で妻と息子に出迎えられた。

彼の息子は「パパ、クローゼットの中にお化けがいるよ」と叫んだ。

ジャックは急いでクローゼットへ行き、扉を乱暴に開けた。そこでコートの間に縮こまっていたのは彼の仲間のサムだった。

「サム、」とジャックは怒鳴った。

「いったいなぜ君は昼間にここに来て、私の子供を怖がらせるのだ?」

わかったかね？　あなたがどんな態度を取るかはあなたのマインド次第、あなた次第だ。あなたは年から年中、私の話に耳を傾けることができ、わくわくし続けることができる。

しかし私はそれについて心配していない。少なくとも私は常にわくわくしている。誰も私の話を聞きに来なくても、私はここで話し続けるだろう。私は自分に起こったことを言うのが好きだし、何千回もそれを言うのが好きだ。そして話すことがそれを伝える唯一の方法だ。なぜなら一度目はあなたは取り逃がすかもしれないし、二度目も取り逃がすかもしれないからだ。しかし、何度あなたは取り逃がすことができるだろう？　ある日、全くの退屈から「ではこの男の話を聞いてみようか」とあなたは言うだろう。

質問九

愛するOSHO、私はこんなことをあなたにしたくないのですが、誘惑には抵抗できません。ローブについてはどうなのですか？

これはマニーシャからだ。まず最初に……。

ある日、モーリスは早く仕事から帰ると、ベッドにいる妻に気づいた。彼女は気分が悪いと言った。彼は帽子とコートを掛けるためにクローゼットに行ったが、驚いたことにある男がクローゼットに隠れているのを見つけた。

彼はその男を見て「私のクローゼットで何をしているのだ？」と叫んだ。

その男は肩をすくめて「誰でもどこかにいなければなりません」と言った。

では私のローブについてはどうだろう？　私は自分のローブの中にいなければならない！　誰でもどこかにいなければならない。しかしその質問は生じることになっていた――マニーシャからであれ、他の誰かからであれ。私はそれを待っていた。

タオルは緩衝国のようなものだった。まず緩衝国について話そう。外交において、政治において、賢い国家は常にその周辺に緩衝国を持っている。たとえば、インドの英国人は中国とインドの間に緩衝国としてチベットを持っていた。

中国はインドに近い最も大きな国だ。彼らは常に緩衝国を維持していた――チベットは緩衝国だった。中国がインドを攻撃したいなら、まず中国はチベットを攻撃しなければならない。直接近づくことはできなかった。そしていったんチベットを攻撃したら、英国人はチベット人の地で戦っただろう。だからインドは手付かずのままだった。

インドが解放された時、中国はチベットを攻撃した。そしてパンディット・ジャワハルラール・

ネルーは失敗した。彼は外交官ではなく詩人であり、夢想家だった。偉大な魂だったが全く政治家ではなかった。彼は「それは私たちにとって問題ではない。なぜそれについて心配しなければならないのだ？　問題は中国とチベットの間にある」と考えた。

英国人ならそれを許さなかっただろう。それは中国とチベットの間の問題ではなかった。基本的にインドと中国の間の問題だった。チベットには何もない。いったん中国がチベットを占領したら、もちろん、次の段階はインドにならざるを得なかった。

パンディット・ジャワハルラール・ネルーの代わりにインディラがそこにいたなら、彼女はそれを許さなかっただろう。彼女はより現実的で、あまり夢想家的ではなく、あまり詩的ではない。彼女はチベットで戦っただろう。しかし、ジャワハルラールは「全く意味がない。それは彼らが決めることだ」と考えた。いったんチベットが占有されたら、もちろんインドは攻撃されやすくなった――次の段階はインドだった。そして中国はインドを攻撃した。それは全く当然で、単純な外交だった。

私のタオルは私の緩衝国だった。いったん私がそれを落としたら、あなたはローブについて尋ねるだろうということを私はよく知っていた。だから私は自分のタオルを取り戻すほうがましだ。ヴィヴェック、タオルを持って来てくれ……それをずっと持っているほうがましであり、それは安全で、それは私のチベットだからだ。

ジョークは既に度を越していた――三日が過ぎた――ジョークはそんなに度を越すべきではな

い。でなければそれは危なくなる。
マニーシャ、満足したかね……？

第五章

流木になりなさい

Become a Driftwood

ブッダは言った。
道に従う人々は、流れに沿って漂う一本の木片のように振る舞うべきだ。丸太が岸に引き止められず、人間に捕らえられず、神によって妨げられず、渦の中に閉じ込められず、それ自体が腐ることもないなら、この丸太が最終的には海に到着することを保証する。道を歩いている僧侶たちが熱情に誘惑されず、何らかの悪い影響に惑わされず、ニルヴァーナへの道を着実に追求するなら、これらの僧侶たちが最終的には光明に達することを保証する。

ブッダは言った。
あなた自身の意志に頼ってはいけない。あなた自身の意志は信頼できない。官能からあなた自身を守りなさい。それは確実に悪の道に導くからだ。あなた自身の意志は、あなたが阿羅漢《アルハット》を達成した時にだけ、信頼できるようになる。

ブッダの道は、ヴィア・ネガティヴァ（否定の道）として知られている。この態度、このアプローチは理解されなければならない。

ブッダのアプローチは独特だ。世界の他のすべての宗教は肯定的《ポジティブ》な宗教であり、肯定的な目標《ゴール》がある——それを神、解脱《モクシャ》、解放、自己実現と呼んでいいが、そこには達成すべき目標がある。そして探求者側には積極的《ポジティブ》な努力が必要だ。大変な努力をしない限り、目標には達しない。

ブッダのアプローチは全く異なり、正反対だ。彼はこう言う。あなたは既にあなたがなりたいものであり、目的地《ゴール》はあなたの内側にあり、それはあなた自身の本性だ。あなたがそれを達成するということではない。それは未来にはなく、他のどこかにあるものではない。それはまさに今の、まさにこの瞬間のあなただ。しかし、いくつかの障害がある——それらの障害は取り除かれなければならない。

それは神性を達成しなければならないということではない。神性はあなたの本性だ——取り除くべきいくつかの障害がある、ということだ。それらの障害が取り除かれたら、あなたはあなたが常に探していたものになる。あなたが自分は誰なのかに気づいていなかった時でさえ、あなたは「それ」だった。あなたは「それ」以外のものにはなれない。あなたはそうではないものになることはできない。

障害は取り除き、捨てることだ。他に何もあなたに加える必要はない。肯定的《ポジティブ》な宗教は美徳、正義、瞑想、祈りなど、何かをあなたに加えようとする。肯定的《ポジティブ》な宗教は、あなたには何かが欠けていると言う。あなたは欠けているものを探求しなければならない。何かを蓄積しなければならない。

ブッダの否定的なアプローチは、あなたは何も欠けていない、と言う。実際、あなたは必要ない物をあまりにも多く所有している。あなたは何かを捨てなければならない。

それはこのようなものだ。ある男がヒマラヤへトレッキングに行く。より高いところに到達し始めれば始めるほど、運んでいる物をより重く感じる。荷物はより重くなる。高度がより高ければ高いほど、荷物はより重くなる。物を捨てなければならない。最も高い頂点に達したいなら、すべてを捨てなければならない。

すべてを捨てたら、何も所有しないなら、ゼロに、無に、誰でもない者になったら、あなたは到達した。

何かがあなたに加えられるのではなく、取り除かなければならない。何かが蓄積されるのではなく、捨てなければならない。


ブッダが達成した時、誰かが彼に「あなたは何を達成したのですか?」と尋ねた。

彼は笑い、こう言った。

「私は何も達成しなかった――私が達成したものは、何でも常に私と共にあったからだ。それどころか、多くのものを失った。私はエゴを失った。思考を、マインドを失った。自分が所有していると感じていたものをすべて失った。私は身体を失った――私は自分が身体だと思っていた。私はそれをすべて失った。今、私は純粋な無として存在している。しかしこれが私の達成だ」

それをあなたに説明しよう。これがまさに重要部分だからだ。

ブッダのアプローチによれば、存在の始まり無き始まりには、絶対的な睡眠があった。存在は熟睡していて、いびきをかいていて、ヒンドゥー教徒がスシュプティ——夢のない睡眠状態と呼ぶものだった。存在全体はスシュプティの中で眠っていた。何も動いておらず、すべては休息していた——あまりにもすさまじく、完全に休息していたので、それは全く存在していなかったと言うことができる。

あなたが毎晩スシュプティに入る時、夢が止む時、あなたは再びその原初の無へと入る。そして夜にその原初の無の瞬間がわずかでもないと、あなたは元気を回復したとは感じないし、活力を取り戻したとは感じない。一晩中夢を見て、ベッドの中で寝返りを打つと、朝は就寝した時より疲れている。あなたは解消できず、自分自身を失うことができなかった。

スシュプティの中に、夢のない状態にいると、あなたが再びその始まり無き始まりの中に入ったことを意味する。エネルギーはそこから生まれる。そこからあなたは休息し、活性化され、新しくなる。再び生気に満ち、生命と熱意に満ちる。ブッダはそれが始まりだったと言うが、彼はそれを始まり無き始まりと呼ぶ。それはスシュプティに似ていて、途方もなく無意識的だった。その中に意識はなかった。

それはちょうどサマーディのようなものだが、一つだけ違いがある。サマーディでは人は完全に目覚めている。そのスシュプティにおいては、その夢のない深い睡眠では意識はなく、意識の一つの炎さえない、暗い夜だ。それはサット・チット・アナンドの状態でもあるが、その状態は無意識だ。

あなたは朝目覚めると「昨夜はぐっすり熟睡した。実に素晴らしく、とても至福に満ちていた」と言う。しかしあなたは朝にこれを言う。実際に眠りの中にいた時には気づいていなかった。完全に無意識だった。朝目覚めると振り返ってみて、それから「そうだ、それは素晴らしかった！」と気づく。

人がサマーディの中で目覚める時、彼は「私の過去のすべての生、それはすべて喜びに満ちていた。私はとてつもなく魅惑的な魔法の世界にいた。私は決して惨めではなかった」と気づく。その時、人は認識するが、たった今あなたは認識できない――あなたは無意識だ。

原初の状態は至福に満ちているが、それを認識する者は誰もいない。木はまだその原初の状態で存在している。山や海、雲や砂漠、それらはまだその原初の意識の中に存在している。それは無意識の状態だ。

これをブッダは無と、純粋な無と呼ぶ。そこには区別も境界もなかったからだ。それは漠然としていて、形も名前もなかった。それは暗い夜のようだった。

それから爆発が起こった。現在、科学者たちもこの爆発について語る。彼らはそれを「ビッグ・バン」と呼ぶ。その時、すべてが爆発した。無が消えて物が現われた。それが科学者にとってもまだ仮説なのは、誰も後戻りできないからだ。科学者にとってそれは仮説で、せいぜい最もありそうな仮説ではある。

提案され、提議された多くの理論があるが、種が破裂して木になるように、その無から物が爆発したという「ビッグ・バン理論」は一般的に受け入れられている。そして木の中には無数の種があり、それからそれらは破裂する。一粒の種は地球全体を草木で満たすことができる。これが爆発の意味だ。

その事実を観察したことがあるかな？――何とも神秘的だ……かろうじて目に見える小さな種が破裂して、地球全体を森林で満たすことができる。地球全体だけではなく、存在し得るすべての地球を――ほんの一粒の種だ！　そして種を壊すと、その内側に何が見つかるだろう？　ただ無だけ、ただ純粋な無だけだ。この無から、全体が進化した。

科学者にとっては単なる仮説、推論にすぎない。ブッダにとっては仮説ではない――それは彼の体験だ。彼は自分の中でこれが起こっているのを知っている。この始まり無き始まりを人はどのようにして知るようになるのか、説明してみよう。後戻りはできないが、前進し続ける方法はあるからだ。そして、ちょうどあらゆるものが円の中を動くように、時間もまた円の中を動く。

西洋では、時間の概念は直線的だ。時間は線状に、水平に動く。それはずっと続いて行く。しかし東洋では円環的な時間を信じている。東洋の時間の概念は、真実《リアリティ》により近い。すべての動きが円環的だからだ。地球は円環的に動き、月は円環的に動き、星は円環的に動く。一年は円環的に動き、生は円環的に動く。誕生、幼年期、青年期、老年期——再び誕生だ！　あなたが死と呼ぶものは再誕生だ。再び幼年期、再び青年期……車輪は動き続ける。そして一年は巡り回る。夏、雨期、冬、そして再び夏が来る。

すべては円環的に動いている！　では、なぜ時間が例外でなければならないのだ？　時間もまた円環的に動く。人は後戻りはできないが、前方に行くなら、前進するなら、ある日時間は円環的に動き始める。あなたは始まり無き始まりに達する。または、今あなたはそれを、終わり無き終わりと呼ぶことができる。

ブッダはそれを知り、それを体験した。科学者が「ビッグ・バン」と呼ぶものを、私は「宇宙的オーガズム」と呼ぶ。それは私にはより意味深く思える。「ビッグ・バン」は少し醜く、あまりにも科学技術的に、非人間的に見える。「宇宙的オーガズム」——宇宙はオーガズムになって爆発した。数多くの形はそれから誕生した。それは途方もない至福の体験だった。だからそれを「宇宙的オーガズム」と呼ぼう。

そのオーガズムの中で三つのものが発現した。

まず宇宙、私たちが東洋でサットと呼ぶものだ。宇宙から生命が、私たちがアナンダと呼ぶものが発現した。そして生からマインドが、私たちがチットと呼ぶものが発現した。サットは存在を意味する。アナンダは存在を祝うことを意味する。木が開花する時、それはその存在を祝っている。

そしてチットは意識を意味する。それはあなたが自分の至福を、自分の祝福を意識するようになる時だ。これらの三つの状態が、サッチタナンダ SATCHITANANDA だ。

人間はマインドにまでやって来た。岩石はまだ最初の段階にある。宇宙——それは存在しているが開花していない。それは祝っていない。それ自体で閉じていて、うず巻状になっている。いつかそれらは動き始めるだろう。いつかその花びらを開くだろう。だがたった今、宇宙はそれ自身の内側に収縮していて、完全に閉じている。

木、動物、それは次の段階に来た。生命——とても幸福でとても美しく、実に色鮮やかだ。鳥は歌い続け、木々は花が咲き続ける。生命、これは第二段階だ。第三段階、人間だけがそれに——マインドの状態、チットの状態——意識に達した。

ブッダは言う。これらの三つは夢のようなものだ。一つ目、始まり無き始まり、原初の状態は睡眠のようなもの——スシュプティだ。これらの三つは夢のようなものだ。これらの三つは展開し続けるドラマのようなものだ。あなたがマインドを超えて進むなら、瞑想の方へ進み始めるなら、つまりノー・マインドに向かうなら再び別の爆発が起こるが、今やそれはもう爆発ではない——それは内破だ。ちょうど、ある日爆発が起こって数多くのものが無から誕生したように、内破が起こると形や名前は消えて、それから再び無が生まれる。円は完結する。

科学者は爆発についてしか語らない。彼らはまだ内破について語らない——それは非常に非論理的だ。なぜなら爆発が可能なら、内破もまた可能だからだ。

種は大地に投じられる。それは爆発する。木が生まれる。そして木から再び種が生まれる。さて種とは何だろう？　種が爆発する時、それは木になる。木が内破する時、それは再び種になる。種は木を運んでいた。それはそれ自体を開いて木になった。今、木は再びそれ自体を閉じて収縮し、小さな種になる。


科学者が現在信じているように、爆発が世界で起こったのなら、内破という仏教の考えもまた、現実《リアリティ》になる。爆発は内破なしには存在できない。それらは両方相伴う。内破とは、再びマインドが生命の中に入り、生命が宇宙の中に入り、宇宙が無の中に入ることを意味する——その時、円は完結する。無は宇宙の中に入り、宇宙は生命の中に入り、生命はマインドの中に入り、マインドは再び生命の中に入り、生命は再び宇宙の中に入り、宇宙は再び無の中に入る……円は完結する。

内破の後、それが起こった時、すべてが再び無になった時、今、それらには違いがある。最初の無は無意識だった。この二つ目の無には意識がある。最初は暗闇のようだった。二つ目は光のようだ。最初は夜のようだった。二つ目は昼のようだ。最初のものを私たちはスシュプティと呼んだ。二つ目を、私たちはジャグルティ——気づき、完全な目覚め——と呼ぶ。

これが円全体だ。最初のものを科学者が「ビッグ・バン理論」と呼ぶのは、非常に大きな爆発と大きな騒音があったからだ。大きな衝撃《ビッグ・バン》だった。ほんの一瞬前、すべては静かで、騒音も音もなかった。そして一瞬後に存在が爆発した時、非常に大きな音響と大きな騒音があった。あらゆる騒音が始まった。

爆発が内破となって消える時、何が起こるのだろう？　音無き音だ。今やもう騒音はない。再びすべては沈黙する。これが禅が『隻手の音声』と呼ぶものだ。これがヒンドゥー教徒がアナハトナーダ、オームカール——音無き音、と呼んだものだ。

一つ目をヒンドゥー教徒はナダヴィシュポット——大きな衝撃《ビッグ・バン》、爆発音と呼んだ。そして二つ目は再び音が沈黙に入る時だ。物語は完結する。科学は半分の物語にまだ固執している。残りの半分が欠落している。そしてこの戯れ全体を見る人——スシュプティ、魂の暗夜から夢まで、そして夢から覚醒まで——そのすべてを見る人は観照者だ。その四つ目の状態を、私たちはトゥリヤ——すべてを観照する人と呼ぶ。それを知れば、あなたはブッダになる。それを知り、体験して、あなたはアルハットになる。あなたは到達した。

しかし理解すべき全体の要点はこれだ。眠っている時も、夢を見ている時も、目覚めている時もずっと、あなたはそれだ。気づかない時もあれば、気づく時もある。それが唯一の違いだが、あなたの本質は同じままだ。

T・S・エリオットは小さな美しい詩句を書いた。

我々は探索を止められない。

そしてすべての探索の終わりに、我々は出発した所に到着し、初めてその場所を知るだろう。

未知の、記憶にある門を通して、
地球が終わる時に発見するために残されたのは、始まりであったもの。

それは最も長い川の源流、隠れた滝の音、そしてリンゴの木の中の子供たち。

知られていないのは、探さなかったから。

しかし、静寂の中で聞こえる、かすかに聞こえる、海の二つの波間に。

今すぐ、ここに、今、常に――。

完全な単純さの状態は、少なくともあらゆるものを犠牲にする……。

全くの単純さ――完全な単純さの状態は、少なくともあらゆるものを犠牲にする……。これがブッダの放棄の意味、彼のヴィア・ネガティヴァの道だ。あなたは、出発した所に来なければならない。既にそうであるものを知ることだ。既に達成されているものを達成することだ。物事の本質上、失うことのできないものを達成しなければならない。それとの接触を失う方法はない。せいぜい、それについて無意識になることくらいはできる。

宗教とは、あなたがそうであるものを意識するということだ。それは何か新しいものの探求ではない。それは常にそこにあったものを、永遠であるものを知るための努力だ。始まり無き始まりから終わり無き終わりまで、それは常にそこにある。

その道が否定的であるため、困難が少しある。仏教に惹き付けられるのは非常に難しい。なぜなら普通、マインドは肯定的なものにしがみつくことを望んでいて、何かを達成したいと思っているからだ。そしてブッダは、達成すべきものは何もない、むしろ逆に、あなたは何かを失わなければならない、と言う。何かを失うという考えそのものには全く魅力がない。なぜなら私たちの概念全体は、ますます多くを持つことに関するものだからだ。そしてブッダは持つことが問題だと言う。持てば持つほど、あなたは少なくなる。持てば持つほど、自分自身を認知できなくなるからだ。あなたは失われる。

あなたの虚空、あなたの空間、それは物で覆われすぎている。金持ちは非常に貧しい――貧しいのは彼には残された空間がなく、すべてが占領されていて、彼が自分の存在の中に虚空を知らないからだ。虚空を通して、あなたは原初のものと究極のものを垣間見る。それらは両方とも同じだ。

仏教に惹き付けられるのは非常に難しい。途方もない知性の質を持つ極めて稀な人々だけが、惹き付けられる。それは大衆の宗教にはなり得ない。仏教が大衆の宗教になったのは、それがその独自性をすべて失った時だけ、それが大衆と妥協した時だけだ。

インドで仏教は消えた。それはブッダの信奉者たちが、その純粋性に固執したからだ。こう考える人々がいる。ヒンドゥー教の哲学者とヒンドゥー教の神秘家が仏教を論破したから、仏教はインドから消えたのだと。それは間違っている。それは論破され得ない。これまで仏教を論破した人はいない。それを論破するのは無理だ。そもそも論理に基づいていないからだ。

何かが論理に基づいているなら、論理で壊すことができる。何かが論理的な証明に基づいているならば論破できる。仏教は全く論理に基づいていない。それは体験に基づいている。それは論破できない。それはまさに存在に関するもので、どんな形而上学も信じていない。どうやってそれを論破できるだろう？　それはどんな概念も主張していない。それは単に最も奥深い体験を述べているだけだ。それには哲学がないので、哲学者はそれを論破できない。

だが、仏教がインドから消えたことは真実だ。その消滅の根本的な原因は、ブッダと彼の信奉者たちがその純粋性に固執したことだ。まさにその純粋性への固執が、埋められない隙間《ギャップ》になった。大衆には理解できなかった。ただ非常に稀な人々だけが、極めて教養のある、知性的で貴族的なわずかな人々が、選ばれたわずかな人々だけが、ブッダが意味することを理解できた。それを理解した人々は、まさにその理解によって変容した。しかし大衆にとってそれは無意味だった。そして大衆への影響力を失った。

中国でそれは成功した。チベットで、セイロン（現スリランカ）で、ビルマ（現ミャンマー）で、タイで、日本では成功した。なぜなら布教僧たちが、インドから出て行った仏教の布教僧たちが、インドで起こったことを見て、大いに歩み寄るようになったからだ。彼らは妥協した。彼らは肯定的な言葉で話し始めた。彼らは達成、至福、天国について話し始めた。彼らはブッダが否定したすべてを裏口からもたらした。

再び大衆は喜んだ。インドを除いて、中国全体が、アジア全体が仏教に改宗した。インドでは、彼らはどんな妥協もなしに、ただその純粋さだけを与えようとした。それは可能ではなかった。中国では、仏教は大衆の宗教になったが、その真実を失った。

一つの逸話を話してみよう。


若手の悪魔が地球に送られ、辺りを見回して物事がどのように進んでいるのかを見た。彼はすぐに地獄に戻り、恐れを感じて悪魔の頭《かしら》である魔王と会見することになった。

「閣下、」と彼はまくし立てた。「恐ろしいことが起こりました！　顎鬚を生やした男が真実を話しながら地上を歩き回っていて、人々は彼の言うことを聞き始めています。すぐに何か手を打たなければなりません」

魔王はパイプをふかしながらおもしろそうに微笑むが、何も言わなかった。

「閣下！　あなたは事態の深刻さに気づいていません」と取り乱した若手の悪魔は続けた。「まもなくすべてが失われるでしょう！」

魔王はゆっくりとパイプを口から離し、それを灰皿の上で軽く叩き、回転椅子に戻って座り、手を頭の後ろに置いた。

「心配するな、息子よ」と彼は助言した。「それをもう少し長く続けさせよう。それが充分広まったら、我々が介入して彼らが組織化するのを助けよう！」

そして一度宗教が組織化されると、それは死んでしまう。なぜなら宗教を組織化できるのは大衆と妥協する時だけだからだ。一般大衆の欲望に従う時にだけ、宗教を組織化できる。宗教を政治にする準備ができ、宗教性を失う準備ができている時にだけ、宗教を組織化できる。

宗教がもはや宗教ではない時にだけ、宗教を組織化できる。言うならば、宗教を宗教として組織化することはできない。組織化されたら、もはや宗教ではない。宗教は基本的に組織化されないまま、少し混沌としたまま、少し無秩序なままでいる。なぜなら宗教は自由だからだ。

さて経文だ。

ブッダは言った。
道に従う人々は、流れに沿って漂う一本の木片のように振る舞うべきだ。
丸太が岸に引き止められず、人間に捕らえられず、神によって妨げられず、渦の中に閉じ込められず、それ自体が腐ることもないなら、この丸太が最終的には海に到着することを保証する。

非常に意味深い経文だ。

最初にブッダが話している事は、「明け渡しなさい！」だ。最も基本的な事は、現実《リアリティ》に明け渡しなさい、だ。戦えば戦うほど、それと対立すればするほど、あなたは障害物を作る。現実《リアリティ》と戦えば戦うほど、あなたは敗者になる。もちろん、戦うことでエゴに達することができる。あなたは非常に強いエゴになれるが、あなたのエゴが邪魔になる。

道に従う人々は、流れに沿って漂う一本の木片のように振る舞うべきだ。

彼らは生という川に完全に明け渡し、存在という川に完全に明け渡すべきだ。深い明け渡しの中で、エゴは消える。エゴがない時、初めてあなたは常にそこにあったものに気づくようになる。エゴは目隠しとして機能する。エゴはあなたを盲目のままにする。それはあなたが真実を見ることを許さない。それはとても多くの煙を作り出し、炎はその中に失われ始める。エゴは太陽の周りにある無数の暗雲のようなものだ。太陽は失われる。それらの雲は太陽を破壊できなくても、太陽を隠すことはできる。

道に従う人々は、流れに沿って漂う一本の木片のように振る舞うべきだ……

……彼らは流木になるべきだ。川を流れている一本の木片を見たことがあるだろうか？　それはそれ自身について何の考えもなく、どこかに到達しようとさえせず、この川がどこへ行こうとしているのかさえ知らない。それが北に動くなら、一本の木片は北に動く。それが南に動くなら、一本の木片は南に動く。一本の木片は川と完全に同調している。この川との同調が明け渡しのすべてだ。
しかし、流木になるという考えには魅力がない。人々は私のところに来てこう言う。

「OSHO、より意志力を持てるように私たちを助けてください。より自信が持てるように助けてください。なぜ意志力が欠けているのでしょうか？　どうすれば、より強い意志を持てるでしょうか？」

誰もが……自分自身の内側を見るなら、どうやってより以上の意志力を持ったらいいのか、という同じ欲望が隠れていることに気づくだろう。誰もが全能で、全知で、遍在できるようになりたいと思っている。誰もが力強くなりたいと思っている。ある人は、より多くのお金を持つことで力強くなりたいと思っている。もちろん、お金は力をもたらす。ある人は、国の総理大臣か大統領になることで力を持ちたいと思っている。もちろん、政治は力をもたらすからだ。ある人は、徳が高くなることで力強くなりたいと思っている。高徳さは良い体面をもたらすからだ。ある人は、宗教的になることで力強くなりたいと思っている。宗教はあなたに力という後光を、神の力という後光を与えるからだ。ある人は、より博識になることで力を得たいと思っている。知識は力だ。しかし誰もが力強くありたいと思っているようだ。これは人間のマインドの普通の欲望のようだ。

そしてブッダは、流木になりなさいと言う。どういう意味だろう？　彼は何を伝えたいのだろう？　彼は、力強くなるというこの考えを落としなさい、と言っている。それはあなたの邪魔になる。それがあなたが無力になった理由だ。「私は力強くなるべきだ」という考えそのものが、あなたの無能さの証明に他ならない。無能な人々はみんな、全能になりたいと思っている。彼らはそこにあるすべての力を自分の手に持ちたいと思っている。だがなぜだろう？　エゴは病気であり、誇大妄想狂だ。

ブッダは、流木になりなさい――無力に、どうしようもない状態になりなさい、と言う。流れを下って行く木片を見てごらん。何と無力だろう。奮闘せず、争わず、ただ協力しているだけだ。実のところ、「協力する」と言うのも正しくない。流木にはどんなエゴの感覚もないので、協力すると言っても意味がない。それには争いも協力もない。それは単純にそこにない。ただ川だけがそこにある。木片は完全に明け渡している。

弟子はこのようにあるべきだ。誰かがそれほどまでに明け渡す時、ブッダは、彼はスロタパンナになった、と言う。「スロタパンナ」とは、流れに入った人を意味している。

東洋では、明け渡しの概念は非常に細かく、詳細に発展してきた。しかしこの流木のたとえはほとんど完璧だ。それを改善することはできない。時には川辺に座って、木片が流れ下るのを見守ってごらん。流木がどれほど平和で、どれほどくつろいでいて、どれほど信頼しているかを見てごらん。疑いはない。川が南に行くなら、南に行くほうが良いに違いない。それ自身の欲望もなく、個人的な目的地もない。「川の目的地が私の目的地だ」――川は既に海に向かっている。川は海という広大な無限の中に消えようとしている。あなたがそれに明け渡せるなら、それで充分だ。

マスターのところに来てマスターに明け渡すことは、流れに入ることに他ならない。マスターとは存在の川に明け渡した人だ。あなたにとって存在の川を見るのは難しい。それは全く目に見えない。それは物質ではない。それは全く非物質的だ。あなたの手でそれを掴むことは難しいが、ブッダの側に立つと、少なくともブッダの手を握ることはできる。

そして彼は流木になった。彼は川に浮かんでいる。たった今、あなたは川を見ることができないし、まだそれだけの洗練された意識を持っていない。あなたの目は、まだその川を見る準備ができていない。しかしあなたはブッダを見ることができ、彼の手を握ることができる。キリストを見ることができ、彼の手を握ることができる。

ブッダは生という無限の川に明け渡している。あなたは少なくとも、勇気を出してブッダに明け渡すことはできる。ブッダに明け渡すことによって、あなたはブッダが明け渡している川に明け渡す。マスターとは単なる中間の通路であり、扉だ。

だからイエスは「私は扉だ」と何度も言い続けたのだ。イエスは「私を通過しない限り、誰も達成しない」と語ったと伝えられている。キリスト教徒は誤解している。彼らは、キリストに従わない限り誰も神に達しない、と考えている。そういう意味ではない。イエスが「私を通過しない限り誰も達成しない」と話す時、彼は「既に達成した人を通過しない限り」と言っているのだ。マリアとヨセフの息子イエスについて話しているのではない。イエスについてではなく、キリストについて話している。彼は意識の状態について話している。

「キリスト」とは意識の状態の名称だ。「ブッダ」もまた意識の状態の名称だ。ある人が光明を得る時、彼はもういない——彼はただの扉になる。彼に明け渡すなら、あなたは遠回しに、間接的な方法で生そのものの流れに明け渡すことができる。

弟子になることは、マスターと一緒に浮かぶ準備ができていることを意味する。そしてその人と、マスターと一緒に浮かぶことができるなら、あなたは楽しみ始め、祝い始めるだろう。すべての心配が消え、すべての苦悶が消えるからだ。その時あなたは、完全に明け渡す準備ができている。

最初に少し味が必要になる。タオの味、ダンマの味、道の味——その味はマスターを通してやって来る。

道に従う人々は、流れに沿って漂う一本の木片のように振る舞うべきだ。
丸太が岸に引き止められず……

さて、ブッダは言う、いくつかのことを覚えていなければならない、と。あなたは明け渡さなければならないし、明け渡しは完全《トータル》であるべきだが、絶えず見守らざるを得ない障害がいくつかある。

丸太が岸に引き止められず、人間に捕らえられず、神によって妨げられず、渦の中に閉じ込められず、それ自体が腐ることもないなら、この丸太が最終的には海に到着することを保証する。

今、あなたはマスターに固執し始めることができる。明け渡すのではなく、固執し始めることができる――そして両方は似たように見えるが、その違いはとてつもなく大きい。マスターに固執することは彼に明け渡すことではない。マスターに固執することは、あなたはまだ自分のエゴに固執しているという意味だ。すべての固執はエゴがすることだからだ。

固執はエゴがするものだ。あなたが何に固執するかは重要ではない。固執するなら、あなたは自分自身を救おうとしている。私はそれを見る。

私が誰かに「これをしなさい」と言って、それがまさに彼の欲望と一致すれば、彼は「OSHO、私はあなたに明け渡します。あなたが言うことは何でもします」と言う。それが彼の欲望に一致していないなら、彼は決して「あなたに明け渡します」とは言わない。その時彼は「それは難しいです」と言う。それから彼は、それができない千と一つの理由を持ってくる。今、彼は自分自身とゲームをしている。

私を欺くことはできない。あなたは自分自身を欺き続けることしかできない。それがあなたの欲望に合う時、あなたは「あなたが何を言おうとも、私はあなたに明け渡します」と言う。それがあなたの欲望に合わない時、あなたは明け渡しを完全に忘れる。しかし本当の問題は、それがあなたの欲望に合わない時にだけ現れる。あなたの通常のマインドがノーと言い続ける時も、イエスと言うことができるなら、そこに固執はない。それは本物の明け渡しだ。そうでなければ、あなたはマスターの後ろに隠れることができる――その隠れること自体が保護に、安心になる。マスターは危険だ。マスターとは人格化された不安だ。マスターとは冒険だ。

ブッダは言う。

この丸太が最終的には海に到着することを保証する。
丸太が岸に引き止められず、人間に捕らえられず、神によって妨げられず、渦の中に閉じ込められず、それ自体が腐ることもないなら……

ブッダはどんな神も信じていない。彼は、神を信じる人々は自分の考えに妨げられるだけだ、と言う。神についての彼らの考え自体が障害になる。ある人が哲学の教義、言葉、神学によって妨げられるならば……。

たとえば、ちょうど二、三日前に若い女性が来て私にこう言った。

「あなたを愛しています、ＯＳＨＯ。でも私はキリストの弟子です。あなたは私を大いに助けてくれました。あなたは私の宗教を確かなものにしてくれました。私が信じていたものは何でも、今ではより深く信じています。あなたは私を大いに助けてくれました。あなたに感謝の気持ちを伝えるために来ました」

さて、私はあなたの宗教を確かなものにするためにここにいるのではない。私はあなたの哲学を満たすためにここにいるのではない。私があなたの宗教を確かなものにしていると思うなら、あなたは私が話すこととは別の何かを聞いているに違いない。

確かに私はあなたをキリストに近づかせることはできる。だがその唯一の方法は、あなたが私を通過するかどうかだ――他に方法はない。あなたが既にキリストを知っていると思うなら、自分のキリストは正しいキリストだと思うなら、キリストは障壁になる。あなたはキリストをどうやって解釈したらいいだろう？　二千年が過ぎて、二千年の誤った解釈がそこにある。何千もの論文、何千もの解釈――今あなたは、キリストをどうやって解釈したらいいだろう？　それらの解釈は決してあなたを許さない。

プロテスタントには、キリストについて異なる考えがある。カトリックもまた、キリストについて異なる考えがある。イスラム教徒には、キリストについて全く異なる考えがある。あなたはどこから自分の考えを得るのだろう？　それらの考えは過去からのものだ。あなたはキリストに到達しない。キリストとは二千年前に起こった人物ではないからだ。キリストとは、本当に探求したい人々が常に手に入れられる意識状態のことだ。

私の意識はキリストの状態だ、とあなたに言おう。あなたが私の話を聞いて、それでも私があなたのキリストに関する考えを満たしていると思うなら、あなたは私を取り逃がしている。私の話すことを理解したなら、あなたはすぐに私の中にキリストを見ることができるだろう。キリストは現存になる――今ここにいる。それは二千年前に起こったキリストとは関係がない。二千年前に起こったキリストとは、キリストの状態であった一人の男、イエスだった。ここに同じ状態になった別の男がいる。

さて、あなたは私の話を聞きに来て、私があなたのキリストに関する考えを満足させるためにここにいると思うのかね？　あなたの考えはあなたの考えであらざるを得ない。それはあなたより大きいものにはならず、あなたより高いものにはならない。それはあなたと同じくらい愚かで、あなたと同じくらい馬鹿げていて、あなたと同じくらい鈍くて愚かで、あなたと同じくらい無知だろう。もちろん、あなたの考えはあなたの考えであらざるを得ない。

私はあなたの考えを満足させるためにここにいるのではない。私はあなたがより良いキリスト教徒に、より良いヒンドゥー教徒に、より良いイスラム教徒になる手助けをしているわけではない。私はあなたが本来の自分になれるように、あなたの道からすべての障害物を取り除こうとしている。あなたが自分の全体性へと開花できるなら、あなたはキリストになり、ブッダになるだろう。

しかし障害はある、とブッダは言う。時には川岸が、時にはあなたの周りの人たちが、時には神、哲学、神学が、時にはあなたのマインドの渦が障害になる。そして時には、あなた自身が衰弱することがあり得る。

あなたが用心深くなく知的でなければ、既に衰えて、既に死にかけている。毎日あなたの知力はますます鈍くなっている。子供を見てごらん。何と知的で、何と新鮮だろう！　そして老人を見てごらん。何と鈍く、硬直していて死んでいることか！　毎瞬知力はすり抜けて、生はあなたの手から離れている。

だからブッダは、これらの事を覚えていなければならないと言う。これらの事を覚えていて、あなたがどんなものにも捕われず、ただその流れに明け渡しているならば、流れはあなたを海へ連れて行くだろう。

道を歩いている僧侶たちが熱情に誘惑されず、何らかの悪い影響に惑わされず、ニルヴァーナへの道を着実に追求するなら、これらの僧侶たちが最終的には光明に達することを保証する。

道を歩いている僧侶たちが熱情に誘惑されず……なぜなら熱情は身体のもので、感覚のものだからだ。それらは非常に愚かだ！

人々は私のところに来てこう言う。

「ＯＳＨＯ、どうすればいいでしょうか？　私はあまりにも過食し続けます。お腹いっぱい詰め込み続けます――止められません！　一日中、食べ物のことを考えています」

さて、こう言う人は単純に、自分はすべての知力を失った、ということだ。食べ物は必要だが、食べ物が目的ではない。存在するには食べ物が必要だが、もっともっと多く食べるためだけに存在している人々が大勢いる。

ある人は絶えずセックスに取りつかれている。セックスについては何も問題はないが、取りつかれることは常に間違っている。何に取りつかれているかは問題ではない。取りつかれることが間違っている。なぜならそれはエネルギーを消耗させ始めるからだ。そうなると自分自身が作った渦の中で、あなたは絶えず動いている。何度もぐるぐる回り続けて、自らのエネルギーを浪費する。

ある日突然、あなたに死が訪れると、自分は全く生きていなかったことに、生が何であるかさえ知らなかったことに気づく。あなたは生きていたが、生とは何かを知らなかった。あなたはここにいたが、それでも自分は誰なのかを知らない。何という浪費だろう！　そして何と無礼な生き方だろう！　私はそれを神への冒涜と呼ぶ。

食べることは良く、愛することは良いが、一日二十四時間食べているなら、あなたは狂っている。

バランスというものがある。バランスが失われる時、あなたは人間の基準を下回っている。

道を歩いている僧侶たちが熱情に誘惑されず……

誘惑はそこにある――あなたが道を歩き始める時、それはより大きくなるだろう。普通はそうでもないのに、道を歩き始めると身体は奮闘する。そのようにそれは起こる。

ここで瞑想するために来た人々は、自分が食べ物に取りつかれていたことに気づいていなかった。瞑想していて、突然ある日、食べ物への大きな執着が生じる。彼らは絶えず空腹を感じる。これまでそうではなかったので、彼らは驚く。何が起こったのだろう？　瞑想から？　そうだ、それは瞑想から起こり得る。なぜならあなたが瞑想に入っている時、身体はあなたが遠くに行っていると、離れていると感じ始めるからだ。身体はあなたを誘惑し始める。身体はあなたが主人になることを許さない。

身体は何生にもわたって主人であり続けた。あなたは奴隷だった。今、突然あなたは全体を変えようとしている。奴隷を主人に、主人を奴隷にしようとしている。あなたは逆立ちしようとしている。身体にとってはまさにそのように見える。あなたは物事をさかさまにひっくり返している。身体は反抗し、闘い、抵抗する。身体は「そう簡単にはあなたを許さない」と言う。

マインドは闘い始める！　身体が闘い始める時、あなたは食べ物への大きな執着が自分の中に生じているのを感じる。そしてマインドが闘い始める時、あなたはセックスへの大きな執着が自分の中に生じているのを感じる。セックスと食べ物、この二つが問題になる。これが二つの基本的な熱情だ。

身体は食べ物で生きている。瞑想に入り始める時、身体はより強くなって、もっとあなたと戦えるように、より多くの食べ物を求める。身体は今、それに襲いかかる攻撃に抵抗できるように、最大限の力を望んでいる。身体を克服するために、身体の主人になるためにあなたがしている努力は破壊されなければならない。身体は可能なすべてのエネルギーを必要としている。身体は食べることに狂い始める。

身体は食べ物のおかげで生き延びていて、生存が危うくなる時、身体は狂ったように食べ始める。マインドはセックスを通して存在する。なぜマインドはセックスを通して存在しているのだろう？ マインドは未来に投影することで存在するからだ。マインドとは未来への投影だ。それを説明しよう。

あなたは母親と父親の性欲の投影だ。あなたの子供は未来へのあなたの投影だ。食べなければあなたは死ぬ。性欲を捨てるなら、あなたの子供は決して生まれない。だから二つのことが明らかになる。性欲を捨てても、あなたに関する限り、何も危うくならない。性欲を捨てることによって死んだりしない。これまで禁欲的になることで死んだ人など聞いたことはない。あなたは完全に申し分なく生きられる。食べ物を捨てる場合にのみあなたは死ぬ。三ヶ月以内に死ぬ。あなたが完全に健康なら、せいぜい三ヶ月は生き抜くことができて、それから死ぬ。食べ物を捨てることはあなたにとって死となる。セックスを捨てることはあなたとは何の関係もない。たぶんあなたの子供は決して誕生しないだろう。それは彼らにとって死となる。彼らが生まれる前の死だ。だがあなたの死ではない。

セックスを通して人類は生き残る、食べ物を通して個人は生き残る。だから身体は食べ物にだけ関心がある。この身体は食べ物にだけ関心があるが、マインドはセックスに関心がある――なぜならセックスを通してのみ、ある種の永続性を持つだろう、とマインドは考えるからだ。あなたは死ぬ。それは確かなように思える。あなたは欺くことはできない。誰でもいつか死ぬ。そして鐘が鳴るたびに、それはあなたのために鳴る。死が起こるたびに、あなたは動揺する。あなた自身の死が近づいている。それはやって来る。それは時間の問題に過ぎないが、それはやって来る。それから逃れる方法はない。そしてどこへ逃げようと、死があなたを待っているのを知るだろう。

非常に有名なスーフィーの物語を聞いたことがある。

ある王が夢を見た。夜、夢の中で彼は死を見た。彼は怖くなって尋ねた。

「どうしたというのだ？　なぜお前は私をそんなに脅えさせるのだ？」

死は言った。「明日の日没までに私が来ることを、あなたに伝えるために来た。だから準備しなさい。それはただ、あなたが準備できるようにとの慈悲からだ」

王はとてもショックを受け、眠れなくなった。それは真夜中だった。彼は大臣を呼んで「時間がないから夢を解釈できる人を見つけてくれ。たぶんそれは本当だろう！」と言った。

それで解釈する者たちが来た。だが解釈する者が常にそうだったように、彼らは偉大な学者たちだった。彼らは何冊もの分厚い本を持って来て討論し、論争し、議論し始めた。太陽が昇り始め、朝になった。王の従者で非常に信頼されていたある老人がいて、その彼が王のところに来て耳元で囁いた。

「馬鹿なことはおやめなさい！　これらの人々は永遠に議論するが、決してどんな結論にも至らないでしょう」

今、誰もが自分の解釈が正しいことを示そうとしていて、王はこれまで以上に混乱していた。だから彼は老人に尋ねた。「では、どうすればいいのだ？」

彼はこう言った。「彼らに議論を続けさせなさい。彼らはそんなにすぐに結論を出すつもりはありません――そして太陽は沈むでしょう。いったん太陽が昇ったら、日没はそれほど遠くはないからです。むしろ、私の助言に従って逃げなさい――少なくともこの宮殿から逃げなさい。どこか別の場所にいなさい！　夕方までに、できるだけ遠く離れたところに行きなさい」

その論理は正しいように思えた。王は非常に速い馬を、世界で最も速い馬を持っていた。彼は急いで逃げた。数百マイルも彼は進んだ。ある町に到着した頃、ちょうど太陽は沈もうとしていた。

彼は非常に幸せだった。彼は馬を軽く叩いて、「お前はよくやった。我々は非常に遠くへ来たのだ」と言った。

そして彼が馬を軽く叩いていた時、突然誰かが自分の後ろに立っているのを感じた。彼は振り返った——同じ死の影だ。そして死は笑い始めた。

それで王は「どういうことだ？ なぜお前は笑っているのだ？」と言った。

死は言った。「私は心配していた。あなたはこの木の下で死ぬ運命にあったからだ——そして私は、あなたがどうやってうまく到着するだろうかと心配していた。あなたの馬は本当に素晴らしい！ それはよくやった。私にも馬を撫でさせてほしい。あなたに宮殿から逃げてほしかったのは、私はどうしたらそれが起こるのかが、どうすればあなたが到着できるのかが非常に心配だったからだ。そのため私はあなたの夢の中に入ったのだ。その場所はとても遠くに見えていたし、一日しか残っていなかった。だがあなたの馬はよくがんばった。あなたは間に合った」

どこへ行っても、死があなたを待っていることに気づくだろう。すべての方面で死は待っている。すべての場所で死は待っている。だから、それを避けることはできない。それでマインドはそれを避ける何らかの方法を想像し始める。

まずそれは「魂は不滅だ」「身体は死ぬだろうが、私が死ぬことはない」という哲学を紡ぎ出す。あなたは身体よりさらに壊れやすい。「私は死なないだろう」と考えるこのエゴは身体より脆く、よりおぼろげだ。身体は少なくとも現実で、このエゴは全く非現実的だ。そこであなたは哲学を紡ぎ出す。「魂は決して死なない――私は天国に、楽園に、モクシャに留まる」。しかし心の奥底では、これらが単なる言葉であり、満足させないことを知っている。

それであなたは他の方法を見つける。お金を得たり、大きな記念碑や大きな宮殿を作ったり――歴史的な何かをして、歴史にその場所を残す！　しかし、それもまた無意味に思える。壮大な歴史の中では、たとえすべての努力を傾けても、あなたは脚注（補足的存在）になるだけで、たいしたものにはならないだろう。そして歴史書の中の脚注になることに何の意味があるだろう？　いずれにしろあなたはいなくなる。人々があなたを覚えているかどうかは、どうでもいい。実際、誰がわざわざ覚えているだろう？　歴史を勉強しなければならない学校の子供たちに尋ねてごらん。偉大な王たちは……彼らはどうにかして歴史書に掲載されるために、大変な努力をしたに違いない。そして今、子供たちは全く気にかけていない。彼らは非難する。彼らは、こうした偉大な王たちが存在していたことが嬉しくない。もし誰も存在せず、勉強して頭に詰め込むための歴史がなかったら、彼らはもっと幸福だっただろう。では何の意味がある？

その時、マインドは非常に微妙な考えを持つ。その考えは――「私は死ぬだろうが、私の子供たちは生きていける。私の子供は私の代理になるだろう。彼は生きて、どうにかして彼の中の奥深いところで、私は生きるだろう。なぜなら彼は私の延長だからだ」

あなたの子供の、あなたの息子や娘の中で生きるものはあなたの性細胞だ。もちろん、それから息子がより重要になったのは、娘は他の誰かの生の流れに入り、息子はあなたの生の流れを継続するからだ。息子は非常に重要になった。彼はあなたの連続形になる。そしてマインドはセックスに取りつかれ始め、セックスに狂っていく。

瞑想に近づく時はいつでも、これらの二つのことが起こる。あなたは食べ物で自分自身を詰め込み始め、性欲で自分自身を詰め込み始める。そしてあなたは熱狂者になり始める。

ブッダは言う。

道を歩いている僧侶たちが熱情に誘惑されず、何らかの悪い影響に惑わされず、ニルヴァーナへの道を着実に追求するなら、これらの僧侶たちが最終的には光明に達することを保証する。

自分の熱情に惑わされたり、道から気をそらされたり、瞑想から気をそらされないように注意深くしていなければならない。気をそらす原因が何であれ、避けなければならない。自分のエネルギーを、何度も何度も自分の最も奥深い核に持ってくることだ。自分自身を何度も何度もくつろがせ、明け渡し、緊張を和らげなければならない。

ブッダは言った。

あなた自身の意志に頼ってはいけない。あなた自身の意志は信頼できない。官能からあなた自身を守りなさい。それは確実に悪の道に導くからだ。あなた自身の意志は、あなたが阿羅漢《アルハット》を達成した時にだけ、信頼できるようになる。

これは非常に重要な声明だ。ブッダは、あなたにはマスターが必要だ、とは決して言わなかったが、微妙なやり方で彼はそれを認めなければならない――マスターは必要だからだ。

ブッダはマスターたちに反対だった。なぜなら導師《グル》と弟子の関係の名の下で、国がとても騙され、搾取されていたからだ。非常に多くのインチキや詐欺があった――それはこれまでもあったし、これからもあるだろう。

ブッダは人々が搾取されていたのを非常に心配していたので、誰かの弟子になる必要はないと言った。しかし、どうしたら彼は非常に基本的なことを回避できるだろう？　九十九パーセントは詐欺であるかもしれない――それはたいした問題ではない。正しいマスターが一人でも存在するなら、彼は途方もない助けになり得る。

だから非常に間接的な方法で、遠回しに、ブッダは譲歩している。

彼は「あなた自身の意志に頼ってはいけない」と言う。彼は、自分の意志に頼るなら決してどこにも到達しないだろう、と言う。あなた自身の意志はとても弱い。あなた自身の意志はそれほど聡明ではない。あなた自身の意志はそれ自体の中でとても分割されている。あなたは一つの意志を持っていない。あなたは自分の中に多くの意志を持っている。あなたは群衆だ！

グルジェフは、あなたには一つの「私」はない、あなたには多くの小さな「私」がいる、と言っていた。それらの「私」は変わり続ける。数分間、一つの私が主権者になり、それは権力の座から追われる。別の私が主権者になる。あなたはそれを見ることができる！　それは単純な事実だ。どんな理論とも関係がない。

あなたはある人を愛している、とても愛している。一つの私が、愛するその私が支配する。それから何かがうまくいかなくなり、あなたはその人を憎む。一瞬で愛は憎しみに変わった。今あなたはその人を破滅させたい――少なくとも、あなたはその人を破滅させる方法を考え始める。今、憎しみが入って来た。完全に異なる私が玉座にいる。

あなたは幸福でいて、あなたには別の私がいる。あなたは不幸でいて、再び……それは変わり続ける。二十四時間、明けても暮れても、あなたの「私」は変わり続ける。あなたには一つの私はない。

だから次のようなことが起こる。あなたは今夜「明朝、三時に起床する。たとえ何が起こっても起床するつもりだ」と決めることができる。あなたは目覚ましを設定するが、三時になると目覚まし時計を止めて、目覚まし音に悩まされる。そしてあなたは「一日くらいいいだろう……それがどうしたと言うのだ？　明日こそは……」と考えて眠り続ける。また再び朝八時に起きると、あなたは自分自身に腹を立てる。「どうしてこうなったのだ？　起きると決めていたのに、どうして眠り続けたのだ？」

これらは二つの異なる「私」だ。決めた私と目覚まし音に悩まされた私は、異なる「私」だ。たぶん、最初の私は再び朝になって後悔するだろう。あなたは怒り、それから後悔する。これらは二つの異なる「私」だ。彼らは決して出会わない！　彼らはもう一方が何をしているのか知らない。怒りを生み出している私は怒りを生み出し続け、後悔する私は後悔し続ける――そしてあなたは決して変わらない。

グルジェフは、永久的に結晶化された「私」を持たない限り、あなた自身を信頼すべきではない、とよく言っていた。あなたは一つではなく、群衆だ。あなたは多重人格だ。

それこそがブッダが言う「あなた自身の意志に頼ってはいけない」ということだ。それなら誰を頼りにしたらいいのだろう？　意志を持つ誰かを頼りにしなさい。統合された私を持つ誰かを、達成した誰かを、その存在において一つになって、もはや分割されていない誰かを、本当に個人である誰かを頼りにしなさい。

あなた自身の意志に頼ってはいけない。あなた自身の意志は信頼できない。官能からあなた自身を守りなさい。それは確実に悪の道に導くからだ。あなた自身の意志は、あなたが阿羅漢《アルハット》を達成した時にだけ、信頼できるようになる。

あなたが自分とは誰かを知るようになった時、自己認識した魂になった時、光明が起こった時、あなたの「私」は信頼できるようになる。決してそれ以前ではない。だが、信頼できるようになると用がなくなる。その時あなたは我が家に帰ってきた。「私」は今や役に立たない。「私」が必要だった時はそこになかった。だからあなたには、明け渡すことができる誰かが必要に、信頼をあなたの中に生み出せる誰かが必要になる。それがマスターと弟子のすべての関係性だ。

弟子はまだ、彼自身の意志を持っていない。マスターは持っている。弟子は群衆であり、マスターは一つの統一体だ。弟子は明け渡す。彼は「私は自分自身を信頼できません。それゆえ、私はあなたを信頼します」と言う。マスターを信頼することで、やがて弟子の中の群衆は消える。

だから私は、私があなたに何かをするようにと言って、あなたがそれをしたいと思い、そうするなら、それは無意味だと言うのだ。それはまだあなたの「私」に、あなたの意志に従っているからだ。私があなたに何かをするようにと言う。それがあなたに反するものであり、それでもあなたが明け渡してイエスと言うなら、あなたは動いていて、成長し成熟している。その時あなたは、今までいた乱雑状態から抜け出ている。

あなたのマインドにノーと言うことによってのみ、あなたはマスターにイエスと言う。

何度も私はあなたが望んでいることをただ言うしかない。なぜならあなたが私の望むことができるとは思えないからだ。私はゆっくりあなたを説得しなければならない。あなたには、突然ジャンプをする準備ができていない。まず私はあなたの服を変えなさいと言う。それからあなたの身体を変え始め、そしてあなたのマインドを変え始める。

人々は私のところに来て「なぜ私たちは服を変えなければならないのですか？　何の意味があるのですか？」と言う。彼らは自分の服を変える準備さえできていない。それ以上のことを彼らに期待することはできない。彼らは自分の魂を変える準備ができていると言うが、自分の服を変える準備はできていない。その不合理さを見てごらん。しかし魂について一つのことがある。それは目に見えないから、誰にもわからない。

しかし私にはあなたの魂がわかる。私にはあなたがどこに立っているのか、そしてあなたが何を話しているのかがわかる。私はあなたの合理化を見抜くことができる。あなたは「服に何があるのですか？」と言う。だがそれは問題ではない。私もまた服には何もないのがわかっているが、それでも私は「変えなさい」と言う。私はあなたに、あなたに従うのではなく私に従って何かをしてほしい。それが始まりだ。

それから、やがて、まず私はあなたの指を掴む、それからあなたの手を——ん？——それからあなたの全体を掴む。あなたは「なぜ私の指を掴んでいるのですか？　私の指を掴むことに何の意味があるのですか?」と言う。私はその意味を知っている。それは始まりだ。非常にゆっくりと私は進まなければならない。あなたに準備ができているなら、ゆっくり進む必要はない。その時は私も突然飛躍することができるが、人々は準備ができていない。

ブッダは言う。

あなた自身の意志に頼ってはいけない。あなた自身の意志は信頼できない。

その現存に何かが起こったとあなたが感じるような人を見つけ出しなさい。その現存に神性な芳香をあなたが感じるような人を見つけ出しなさい。その現存に涼しさを感じるような人を、その現存に愛と慈悲を感じるような人を、その現存に沈黙を感じるような人を——未知で未体験だが、それがあなたを取り囲み、あなたを圧倒している、と感じるような人を。その時、その人に明け渡しなさい。それから、やがて彼はあなたを明け渡しの必要がない地点に連れて行くだろう。あなたは自分自身の存在の最も奥深い核を認識する。あなたはアルハットになる。アルハットは光明の最終段階だ。

ずっと抱えていたすべての自己が解消する時にだけ、あなたはあなた自身になる。本当に自己が残されず、純粋な無がある時にだけ、あなたはあなた自身になる。それで円は完結する。あなたは究極の無に、完全な気づきに達した。あなたは生の、存在の、意識のすべての戯れの観照者になった。あなたが障害を作らなければこの状態は可能だ。あなたが障害を避けるなら、この状態は確かに可能だ。私もまた、あなたが流木になって川岸にしがみつかず、渦に執着せず、あなたの気づきのない状態で腐り始めなければ、あなたが海に到着するのは確実で、絶対に確実であることをあなたに保証できる。

その海がゴールだ。私たちはその海から来たので、その海に到着しなければならない。始まりは終わりだ――そして円が完結する時、そこには完全性があり、全体性があり、至福と祝福がある。

第六章

二つのゼロが出会う時

When Two Zeros Meet

質問一
普通の人生で成功することについては、どんな見解を持っていらっしゃいますか？
私はあなたが成功に反対しているのではないかと思っています！

私は何に対しても反対でも賛成でもない。起こることは何であれ起こる。選ぶ必要はない——なぜなら選択と共に惨めさがあるからだ。もし成功したければ、あなたは惨めなままだろう。あなたは成功するかもしれないし、成功しないかもしれない。しかし一つ確かなことは、あなたは惨めなままだということだ。

あなたが成功したいと思って、たまたま偶然にも成功したなら、それはあなたを満足させはしない。なぜならこれがマインドの道だからだ。何であれあなたが得たものは無意味になり、マインドはあなたより前に進み始める。それはますます多くのものを求める。マインドとは、より多くへの欲望に他ならない。この欲望は決して満たされることがない。何を得ようと、あなたは常により以上を想像できるからだ。その「より以上」とあなたが得たものとの距離は一定のままだ。

これは人間の体験の中で、最も不変的なものの一つだ。すべては変わるが、あなたが持っているものと、あなたが持ちたいと望んでいるものの間の距離は一定のままだ。

アルバート・アインシュタインは、時間の速度は一定のままで、それだけは変わらない、と言う。そして覚者《ブッダ》たちは、マインドの速度は一定のままだ、と言う。そして真実は、マインドと時間は二つのものではない。それらは両方とも同じで、同じものに対する二つの名前だ。

だからあなたが成功したければ成功するかもしれないが、満足はしないだろう。そしてあなたが満足していなければ、成功の意味とは何だろう？　そして言っておこう、あなたが成功するかもしれないのは単なる偶然だ。失敗する可能性の方がより大きいのは、成功を追い求めているのはあなただけではないからだ。数多くの人々が追い求めている。

六億人がいる国で、総理大臣になれるのはたった一人だ。そして六億人が大統領や総理大臣になりたがっている。だから成功するのは一人だけで、すべての群衆は失敗する。失敗する可能性の方が大きい。数学的に見て、失敗は成功よりも確実に見える。

失敗するとあなたは不満になる。あなたの人生は全くの無駄に思えてくる。成功したとしても、あなたは決して成功しない。失敗するなら、あなたは失敗する。これがゲームの全体だ。

あなたは、私が成功に反対しているのではないかと疑っている。いや、違う。もし成功に反対するなら、成功することについての別の考えを再び持つからだ。つまり、成功するというこのナンセンスをどのように捨てるか、という考えだ。その時あなたは別の考えを持つ……再び距離があり、再び欲望がある。

さて、これが人々を僧侶にさせ、人々を修道院に入らせるものだ。彼らは成功に反対している。彼らは競争のある世界から出て行きたい。挑発も誘惑もないように、自分自身に休むことができるように、そのすべてから逃げ出したい。そして彼らは成功を望まないようにする。だがこれは欲望だ！　今、彼らはスピリチュアルな成功という考えを持っている。どのように成功すればブッダになれるのか、どのように成功すればキリストになれるのか、どのように成功すればマハーヴィーラになれるのか。再びそう考え、再び隔たり、再び欲望――そしてまたもやゲーム全体が始まる。

私は成功に反対ではない。だから私は世界にいる。さもなければ私は逃げ出していただろう。私は賛成でも反対でもない。

私は、流木でありなさい――何が起ころうとも、それを起こらせなさい、と言う。あなた自身の選択を持ってはいけない。あなたの道で何が起こっても、それを歓迎しなさい。ある時は昼で、ある時は夜だ。ある時は幸福で、ある時は不幸だ。あなたは無選択でいて、どんな場合でもただ単に受け入れる。

これが、私がスピリチュアルな存在の質と呼ぶものだ。これが私が宗教意識と呼ぶものだ。それは賛成でも反対でもない。あなたが賛成なら、あなたは反対していて、反対なら賛成しているからだ。そして何かに賛成か反対をする時、あなたは存在を二つに分割している。あなたには選択があり、選択は地獄になる。無選択であることは、地獄から解放されることだ。

物事をあるがままにさせなさい。あなたはただ動き続け、利用できるものは何でも楽しめばいい。成功したなら、それを楽しみなさい。失敗したなら、それを楽しみなさい。なぜなら失敗は、成功がもたらすことのできない少しの楽しみをも、もたらすからだ。成功も、失敗がもたらすことのできない少しの喜びをもたらす。そして自分独自の考えを持たない人は、何が起ころうともすべてを楽しむことができる。健康なら彼は健康を楽しむ。病気なら彼はベッドに休んで病気を楽しむ。

あなたはこれまで、病気を楽しんだことがあるだろうか？　それを楽しんだことがなかったなら、あなたは多くを取り逃がしている。何もせずに、世界について心配せずにただベッドに横たわり、誰もがあなたを気にかけていると、あなたは突然君主になる。誰もが気を配り、耳を傾け、愛している。そしてあなたには何もすることがなく、世界の中にたった一つの心配事もない。あなたはただ休んでいる。あなたは鳥の声に耳を傾け、音楽を聴き、少し本を読み、そして居眠りをする。それは美しい！　それには独自の美しさがある。しかし、常に健康でいなければならないという考えを持っていたら、あなたは惨めになるだろう。

惨めさが生じるのは私たちが選ぶからだ。至福は私たちが選ばない時にある。

「普通の人生で成功することについては、どんな見解を持っていらっしゃいますか？」

私の見解は、普通でいられるならあなたは成功している、だ。

患者が友人に対して不満を言っていた。「その精神科医へ三千ドル支払った一年後、私は治ったと彼は言うのだ。たいした治療だよ！　一年前、私はエイブラハム・リンカーンだった――今、私は誰でもない」

誰でもない者でありなさい。これが成功することについての私の考えだ。エイブラハム・リンカーンである必要はない。アドルフ・ヒットラーである必要はない。ただ普通で、誰でもない者でありなさい。そうすれば、人生はあなたにとって途方もない喜びになる。ただ単純でありなさい。あなた自身の周りに、複雑さを作り出してはいけない。要求を作ってはいけない。自ずと生じるものは何であれ、それを贈り物として、神の恵みとして受け取りなさい。それを喜び、楽しみなさい。あなたに降り注がれている喜びは無数にあるが、多くを要求するマインドのために、あなたはそれらを見ることができない。あなたのマインドはとても急いで成功しようと、特別な誰かになろうとしているので、手に入れられるすべての栄光を取り逃している。

普通でいることは並み外れていることだ。単純であることは我が家に帰ることだ。
しかし、それは場合による。「普通」という言葉そのものであなたは苦味を感じ始める。普通だと？　あなたが普通だと？　たぶん他の人たちはみな普通だろうが、あなたは特別だ。この狂気は、この神経症は誰のマインドにも存在している。

アラブ人には、それに対する特別なジョークがある。彼らが言うには、神は人間を創造する時に、各個人の耳元で「私は決して、あなたのような男性またはあなたのような女性は作らなかった。あなたは本当に特別だ。他の人たちはみんなごく普通だ」とささやく。

神はそのジョークを言い続け、そして誰もが「私は特別だ。神御自身が私は独特であると、そう言われたのだ」と言うこのデタラメに満ちた世界に入って来る。あなたはそうは言わないかもしれない。なぜならあなたは、これらの普通の人々はそれを理解できないだろう、と考えるからだ。でなければなぜ言う？　言う必要はない。そして、なぜ自分自身に問題を引き起こすのだ？　あなたは知っているし、完全にそれを確信している。

そして誰もが同じ舟に乗っている。ジョークはあなただけに言われたわけではない。神は誰に対しても同じジョークを言い続ける。たぶん神はそれをするのを止めて、同じ事を繰り返し続けるコンピューターか機械装置を設置したところかもしれない。

それをどう解釈するかはあなた次第だ。「普通」という言葉には、途方もなく意義深いものがある。しかしそれは場合による！　あなたが理解するなら……。これらの木々は普通だ。これらの鳥たちは普通、雲は普通、星は普通だ。だから彼らは神経症ではない。だから彼らには精神科医の長椅子は必要ない。彼らは健康で、活気《ジュース》と生命に満ちている。彼らは全く普通だ！　どの木も競走的であるほど狂ってはいないし、どの鳥も、どれが世界で最も力強い鳥であるかなど少しも気にしていいない。それに興味を持つ鳥はいない。彼は単に自分のやる事をやり続け、それを楽しむ。だがそれをどう解釈するかはあなた次第だ。

父親は教養のために、彼の小さな男の子をメトロポリタン・オペラに連れて行った。指揮者が指揮棒を持って登場し、大柄な女性歌手が登場し、彼女はアリアを歌い始めた。指揮者が指揮棒を振っている時、子供は言った。

「パパ、なぜあの男の人は女の人を叩いているの?」

父親は「彼は彼女を叩いているのではない。指揮をしているんだ」と言った。

「じゃあ、彼が彼女を叩いていないのなら、なぜ彼女は叫んでいるの?」と男の子は尋ねた。

あなたが生の中に見るものは、何でもあなたの解釈だ。私にとって、「普通」という言葉は途方もなく意義深い。あなたが私に耳を傾け、私の話を聞き、私を理解するなら、あなたはただ普通でありたいと思う。そして普通であるためには、そのために奮闘する必要はない。それは既にそこにある。

その時、すべての奮闘は消え、すべての葛藤は消える。あなたは単に人生を、それが起こるままに、それが展開するままに楽しみ始める。あなたは幼年期を楽しみ、青年期を楽しみ、老年期を楽しむ。あなたは自分の生を楽しみ、自分の死も楽しむ。あなたは一年を巡るすべての季節を楽しむ。そし

郵便はがき

料金受取人払郵便

荻窪郵便局承認

2493

差し出し有効期限
令和7年1月14日
まで
切手は不要です

167 8790

東京都杉並区
西荻北 1-12-1
エスティーアイビル
市民出版社 **編集部**行

お名前《フリガナ》 男 女 歳

ご住所 〒
都道 郡
府県 市
区

TEL FAX

E-mailアドレス

ご職業または学校名

過去に弊社へ愛読者カードを送られたことがありますか
ある・ない・わからない

新刊案内のお知らせ（無料） 希望する・希望しない

ビデオ・オーディオ・CDのカタログの郵送(無料)
希望する・希望しない

ご購入の本の書名　**ブッダの真実**

ご購入書店名

都道　　市区

府県　　郡　　　　書店

お買い求めの動機

（イ）書店店頭で見て　（ロ）新刊案内を見て　（ハ）カタログを見て
（ニ）広告・紹介記事・書評を見て（雑誌名　　　　　　）
（ホ）知人のすすめで　（ヘ）OSHOへの関心　（ト）その他（　　　　）

●この本の中で、どこに興味をひかれましたか？

a. タイトル　b. 著者　c. 目次・内容を見て　d. 装幀　e. 帯の文章
f. その他（　　　　　　）

●本書についてのご感想、ご意見などをお聞かせください。

●これから、どんな本の出版がご希望ですか。

●最近読んで面白かった本は？

書名　　著者　　出版社

● OSHO関係の瞑想会、イベント等の案内をご希望ですか？

希望する・希望しない

ご協力、どうもありがとうございました

てそれぞれの季節にはそれ自身の美しさがあり、それぞれの季節にはあなたに与えるものが、独自の恍惚感《エクスタシー》がある。

質問二
あなたは話すことに疲れたりしないのですか？　なぜ毎朝規則的に話すのですか？　時々、休みにしようとは思わないのですか？

私はキリスト教の神ではない。キリスト教の神は世界を六日で創造し、七日目に休んだ。そのため、日曜日が休日だ。「休日 Holiday」とは聖なる日 holy day を、神の休息日を意味している。東洋で私たちは、『休む神』をこれまで知らなかった。まさにその考えが馬鹿げている。神と休息？　あなたのしていることがあなたのハートに関するものでないなら、休息は必要になる。それならあなたは疲れる。それがあなたのハートからの、あなたの愛からのものであれば、あなたは疲れない。実際、あなたはそれによって滋養を得ている。

あなた方と話すことで、私は滋養を得たと感じる。あなた方と話した後、私はこれまで以上に多くのエネルギーを感じる——なぜならそれは私の愛だからだ。私はそれを楽しむ！　それは仕事ではない。

あなたが働いていれば、疲れることがあり得る。あなたが遊んでいるならば、どうして疲れるだろう？　これまで人々が遊ぶことで疲れるのを聞いた人はいない。実際、人々が仕事で疲れている時、彼らは休息として遊びに行き、そしてくつろぐ。六日間彼らは職場、工場、市場で働いてきた。七日目、彼らは釣りに行ったりゴルフに行く——彼らは遊ぶ。友人をピクニックに招待する。丘へトレッキングに行く。それは休息だ。

私にとっては、毎日が休日だ。あなたが自分のしていることが何であろうと愛するなら、決して疲れたりしない。それは元気を与え、エネルギーを与え、活力を与える。

しかし私にはその質問が理解できる。質問はヨガ・チンマヤからだ。彼の仕事に対する考えはすべて間違っている。彼はとても渋々と働いている。懸命に仕事を避けようとしている。彼は仕事から逃げる方法や手段を見つける。先延ばし続けて、自分の仕事が延期されている理由を常に言い訳する用意ができている。彼はそれを愛していない。そのためにこの質問がある。

質問は私に関係していない——常に覚えておきなさい——質問はあなたのものであり、私のものではない。それはあなたについての何かを示している。

ある日、ムラ・ナスルディンは私にこう言っていた。

「ＯＳＨＯ、女性がベッドで夫にキスされる時、フランス人女性やイギリス人女性の、そしてユダヤ人女性の反応の違いを、あなたは知っていますか？」

私は「いや、知らない。教えてくれ」と言った。

彼は言った。「フランス人女性はこう言う。『あらら（オーララ）、ピエール、あなたのキスはすごいわ（オーララ）』

「イギリス女性はこう言う。『とても上手だったわ――ほんとに、ウィンストン、あなたのキスはとても上手だったわ！』

「ユダヤ人女性はこう言う。『わかっているでしょ、サム、天井を塗装する必要があるわよ』」

それは、あなたがどのように物事を見るかによる……。

さて、ヨガ・チンマヤはユダヤ人女性のようだ。彼の生への見解は、喜びに満ちた意識のものではない。彼は全く避けている。彼はただただ、できるだけ多くの口実を見つけ続ける。彼が口実を見つけることに注ぎ込むエネルギーは、仕事をするのに充分だ。それから彼は罪の意識と恥ずかしさを感じる。

仕事は礼拝だ。仕事は祈りだ。

私があなたに話している間、それは私にとって祈りであり、礼拝だ。あなた方は私の寺院であり、私の神々だ。私が語ることは何であれ、ただ何かを教えるために話すのではない。教えることは副産物であり結果だ。私があなたに話すことは何でも祈りだ――それは愛であり、気遣いだ。私はあなたを気にかけている。画家がキャンバスを気にかけるのと同じくらい多く、私は気にかけている。

休暇中のファン・ゴッホについて聞いたことがあるだろうか？　休暇中のピカソについて聞いたことがあるだろうか？――そう、あなたは聞いたことがあるに違いない。彼らは多くの休日を過したものだったが、常にキャンバスと筆を持っていた。休日も彼は絵を描いていた。描くことに休日はなかった。

あなたが何かを愛している時、休日はない。その時はあなたのすべての日々が休日だ。私にとっては、毎日が光に満ちた日曜日だ。だから私はそれを日曜日（Sunday　太陽の日）と呼ぶ。私にとって毎日が日曜日なのは、それが神聖さに満ちているからだ。

チンマヤの仕事に対する態度は、功利主義者の態度だ。それには遊び心がない。彼は仕事について心配し、緊張している。それにも理由がある。彼は完全主義者であり、完全主義はすべての神経症の根本原因だ。完全主義者は神経症的な人だ。遅かれ早かれ、彼は自分の周りにますます多くの神経症を引き起こすだろう。

私は完全主義者ではない。私は完全主義者であることを、少しも気にしていない。私は全体的な人間だ。私は物事の全体性が好きだが、その完全さについては決して気にしない。世界の中では何も完全ではあり得ない。そして実際に、世界の中では何も完全であるべきではない。なぜなら物事が完全である時は、いつでもそれは死んでいるからだ。

ある詩人が、数年間私と一緒に暮らしていた。彼は書いて、書き直し、再びそれを取り消し、再び書き直し、来る日も来る日も自分の詩を練り直した。そして彼が完璧だと感じる頃に、私はそれは死んでいると断言した。

最初の一瞥は生き生きとしたものだった――それは完全ではなく、欠点があった。それから彼は改善し続け、すべての欠点を取り除き、より多くの韻律や文法、より良い言語、より良い言葉、より響きの良い言葉、より多くの音楽をもたらし続けた。何ヶ月も練り直し変えた。そして彼がそれを印刷所に送るのにふさわしいと思った頃、私は「今、あなたはそれを検死するために医者の元へ送った。それは死んでいる！　あなたはそれを殺した」と断言した。

見てごらん。完全主義の両親たちは、常に自分の子供たちを殺す。完全主義の聖人たちは自分自身を殺し、彼らの信奉者たちを殺す。完全主義の聖人と共に生きることは、非常に難しい。彼は退屈で単調で、非難している。あなたが彼のところに行く時はいつでも、彼は完全主義の態度から見ていて、あなたは自分の持つ人間性よりも下に陥れられる。そして彼はあなたを非難するのを楽しむ。あなたは罪人にされる。これは間違っている、それは間違っている、すべては間違っている、というふうに。

私は完全主義者ではない。私はあなたを受け入れる。あなたの人間的な弱さをすべて、人間的な欠点をすべて、人間的な限界をすべて受け入れる。私はあるがままのあなたを愛している。

私はだらしなくしなさいと言うのではない。それはもう一つの極端だ。それはあなたが自分のすることを全く気にしていないという意味になる。完全主義者はあまりにも気にし過ぎる。彼は仕事について心配しているのではなく、完璧さについて心配している。彼には果たすべき理想がある。そして横着な人は全く気にしない。横着な人の場合、詩は決して書かれず、完全主義者の場合、それは何千回も書かれる。そして彼が自分は満足したと断言する頃には、詩は死んでいる。

ちょうど二つの間のどこかに、全体的なアプローチがある。だらしなくしてはいけない。完全主義者であってはならない。人間的でありなさい！

チンマヤは完全主義者の態度が原因で、胃潰瘍を発症させた。彼はあまりにも心配し過ぎる。彼はあらゆることを、可能な限り完璧に行なわなければならない——それは強迫観念だ。それが強迫観念である時、もちろんあなたは疲れてしまう、それについてひどく疲れてしまう。あなたはそれを避けたいと思う。いったんどんな仕事でも自分の手に引き受けたら、あなたは正気を失い、取りつかれてしまうからだ。

人にはバランスが必要だ。バランスは正気であり、バランスは健康だ。

私は全く疲れていない。そしてどんな日であっても、疲れているなら私は話さない。私は決して何も自分に強制しないからだ。私はあなたに何も強制しない。どうやって私は自分に何かを強制できるだろう？　私が疲れているのならそれで終わりだ！　私が話したくないなら、私は自分の話の途中で、または文の途中でさえ止めることができる。覚えておきなさい、私はそれを完了しない。私が疲れていると感じる瞬間、それは、今私は止めなければならないという兆候であり、確実な兆候だ。そして私は、一瞬たりとも止めるのを待つつもりはない。それが私の生き方だ。

私は自分自身に何も強制しない。自然なものは何でも良い。シンプルなものが正しい！

質問三

私はあらゆるものにすべての意味、目的、感覚を失っています。世界は光る粒子のきらめく集まりです。私はいて……私はいません……私はいて……私はいません……回転、旋回、渦巻き……。その空間には意味がありません。私は嬉しくもなく、悲しくもありません。理解すべきものさえないように思えます。

それから日常の現実に戻る時、私は生に何らかの実体を与えるために、意味を探していることに気づきます。その意味は愛です。愛は人間の次元に属しているのでしょうか？　それは私たちが作るものでしょうか？　またはそれはそこにあるすべてであり、私たちが発見するためにここにあるのでしょうか？

私たちのために愛の空間を作り出してくださって、どうもありがとうございます！

質問はディヴィヤからだ。

究極の意味は常に無意味に見える。究極には確かにあなたが想像できるすべての意味がなく、あなたが望んでいるすべての意味がない。そこにはそのすべてについて何もない。そこには人間の考えがない。人間の哲学や神学がない。人間の宗教や観念形態《イデオロギー》がない。人間の言語も人間の理論もない。

だから究極に、本当の現実により近づき始める時、あなたはすべての意味が失われたように感じ始める。そうだ、あなたが持つ意味は失われる。究極にはあなたが持つ意味はない。意味についてのあなたの考えを満たすものは何もない——だが、それには全く意味がない、という意味ではない。それ自体の意味がある。

いったんあなたが、あなたが持つ意味が消えるところに来れば、その時に本当の意味が現われる。実のところ、それを「意味」と呼ぶことさえ正しくない。それはどんな人間の概念も満たさないからだ。それでも他に代用できる言葉がないため、私はそれを意味と呼びたいと思う。それには計り知れない意味があるが、その意味は内在的なものだ。その意味は外面的ではない。

人間の持つ意味は外面的で、決して内面的ではない。何かをしてお金を稼ぐと、誰かが「お金を稼ぐ意味は何だ?」と尋ねる。あなたは「私は自分の家を持ちたい——それが理由だ。だから私はお金を稼いでいる」と言う。自分の家を持つという考えは、お金を稼がなければならない、という努力に意味を与える。お金自体は無意味に思える。意味は別のところからやって来る。すべての人間の活動はそのようなものだ。

人間の活動は手段と目的に分けられる。目的に意味があり、あなたが手段として活動を続けるのは、それなしでは目的が果されないからだ。しかし究極の意味には区分も分割もない。神はいずれにせよ分割されていないし、いずれにせよ精神分裂病ではない。神とは一つの統一体であり、和合だ。意味は内在的だ。手段と目的はそこにはない。手段そのものが目的であり、旅そのものがゴールだ。

たとえば、私はあなたと話している——さて、もし私が話すことから何かを得るためにあなたと話しているなら、それは世俗的な活動だ。それならばそれは宗教と関係がない。それに深く耳を傾けてごらん。私が自分の話すことによって何かを——お金、力、名声、社会的地位……何でもいい——得るためにここで話しているなら、私の活動は世俗的だ。

私がただ自分の愛から話しているとしたら、話すことそのものを楽しんでいるとしたら、私を幸せにする外側の何かが私を待っているのではない。話す間に私が幸せでいるとしたら、私が話している時に私が幸せでいるならば、私の話すことがそれ自体で全一な活動であり、手段と目的が一緒なら、それはスピリチュアルな活動だ。

それが聖職者と聖人との違いだ。聖職者は何かを得るために話す。聖人は分かち合うために話す。聖人は、あなたが彼の話に耳を傾けたことに、あなたが彼の聞き手になったことに、あなたが心を開いたことに、あなたが彼の重荷を降ろさせたことに感謝する。彼は途方もない富と宝物を持っていて、それを分かち合いたいと思っている。彼は花のように、風から何かを得るのではなく花の香りを風に分け与えたいと思っている。

究極には意味があるが、その意味には人間が考えるような意味は含まれていない。それは内在的なものだ。だからヒンドゥー教徒は、それは遊びに満ちた活動だと言うのだ。

朝の散歩に行く時、あなたには何の考えもない。あなたは単純に朝の散歩を楽しむ。あなたは自分の職場へ行く時も、同じ道、同じ方向に行く。だがその時それは、内在的なものではない。あなたが道を行かねばならないのは、職場へ着く必要があるからだ。あなたは急ぎ、駆け足でいる。その時あなたは道端の木を見ないし、空をよぎる雲を見ないし、子供たちが遊ぶのを見ないし、犬が吠えるのを聞かない。ただただ急いでいる。あなたの視野は非常に狭い。それはゴールに焦点を当てている。あなたは正確に十一時に職場に着かなければならない。あなたは周りで起こっているすべてのことに無関心でいる。しかし朝の散歩に行く時、あなたはどこにも行こうとしていない。ただ楽しんでいる。その歩く行動そのものが――そよ風、朝日、鳥、子供、騒音――すべてがとても楽しい！　そしてあなたはどこにも行こうとしていない。

神はどこにも行こうとしていない。彼はただ、ここと今にいる。彼の活動は目的指向ではない。手段と目的は同じものだ。旅がゴールだ。

あなたは尋ねている。「私はすべての意味を失っています……」

素晴らしい！　信じられない！　素敵だ！　できる限り早く失いなさい。しがみついてはいけない。

「あらゆるものの中に目的と感覚を……」

素晴らしい！　すべての感覚、目的、そして意味が失われる時、神は神の目的を送り届け、神の意味が明らかにされる。あなたは準備が——贈り物を受け取る準備ができている。

「世界は光る粒子のきらめく集まりです。私はいて……私はいません……私はいて……私はいません……」

よろしい！　そのようにしてあなたが気づくなら、感じるようになるだろう。息が出る時、あなたは「私はいない」と感じる。息が入る時、あなたは「私はいる」と感じる。そこにはリズムがある。これは生と死のリズムだ。瞬間ごとにあなたは死に、そして再生する。瞬間ごとにあなたは消えて、再び現われる。瞬間ごとに、あなたは無に移動し、再びそこから出てくる。瞬間ごとにあなたは無になり、瞬間ごとにあなたは出現する。これが奇跡であり、存在の魔法だ——これが神秘だ。これはあなたの内的なリズムだ。気づくようになると、それを感じ始めるだろう。それは良い。

ただそれを見守り続けなさい。恐れてはいけないし、それから逃げようとしてはいけない。なぜなら突然あなたが「私はいない」と感じる時、恐怖が生じるからだ。あなたは物事にしがみつき始める。何とかしてあなたは自分はいると感じたい。あなたは消えたくはない。死にたくはない。その恐怖がそこにあると、死があなたの手に入るようになったこの素晴らしい機会を取り逃すだろう。

あなたがいない時、あなたはいないのだ。それなら単純にいなくなりなさい! そしてあなたがいる時は、再びいなさい。そこに矛盾があると思ってはいけない。あなたは矛盾があると思っているに違いない。だからあなたは「……回転、旋回、渦巻き……」と言う。いや、それは単純なリズムだ。ちょうど昼と夜のように、夏と冬のように。それは単純なリズムだ。それを楽しみなさい!

あなたが消える時は消えなさい。あなたが現われる時は現われなさい。そしてもう一方を切望してはいけない。ただそのままでありなさい。

するとすぐにあなたは新しい現象が、決して消えることなく、決して現われないもの——観照者が、あなたに生じているのがわかるだろう。あなたがいない時、その時も観照者はそこにいる。そうでなければ誰が「私はいない」ことを知るのだろう? あなたがいる時、その時も観照者はそこにいる。そうでなければ誰が「私はいる」ことを知るのだろう?

「私はいる、私はいない」は呼吸のようなものだ。吸う息、吐く息。それを許しなさい……。その中で深く休息しなさい。すると回転、旋回、渦巻き、それらすべての感覚は消えて、大きな平和があなたに降りてくる——ある日それが鳩がイエスに降りたように。大きな平和があなたに降りてきて、その平和の中で新しい何かが明らかにされるだろう――それが観照者だ。
あなたはそれではない。その観照者が神であるもの――すべての観照者――だ。

「私は嬉しくもなく、悲しくもありません。理解すべきものさえないように思えます」

これは過渡期だ。あなたが本当に幸せになる前に、本当にアナンダ――至福――に到達する前に、悲しくも嬉しくもないこの瞬間がやって来る。大きな無関心が生じる。あなたはただ何ものにも愛着を持っていないと感じる。幸福、不幸――あなたは両方の傍観者になる。

遅かれ早かれ、機が熟して時節が到来すると、突然、至福があなたの中に生じているのがわかるだろう。その至福は普通の幸福とは何の関係もない。普通の幸福は、常に不幸の種をその中に運んでいる。普通の幸福は常に不幸に変わる。そしてあなたはそれを知っている！　あなたは何千回もそれを体験してきた。不幸は再び幸福の種を運ぶ。あなたの笑いには涙がある。たぶん目には見えないが、それはそこにある。そしてあなたの涙にもまた笑いがある。

私は何度もあなたの涙の中に笑い声を聞いたことがあり、あなたの笑い声の中に何度も涙を見てきた。あなたは二元的だ。

この過渡期は、あなたがその二元性から少し離れて、笑いと涙は別々の物ではないと考え始める時に訪れる。選ぶべきものは何もない。笑いは涙をもたらし、涙は笑いをもたらす。では選ぶことに何の意味があるだろう？　あなたはあまり選り好みをしなくなる。その時あなたは悲しくも嬉しくもない。

これが沈黙と、平和と呼ばれるものだ。それに全面的に調子を合わせると、至福が、エクスタシーが生じる。そのエクスタシーは何かの種ではない。それは純粋だ。二元性がない。それの正反対のものに変わることはできない。それの反対のものがない。それが私たちが至福、アナンダ、エクスタシーと呼ぶものだ。それには反対のものがない。それは完全な純粋さ、無垢さをもって全くの単独でそこにある。

まず人は、二元性の中で生きなければならない――時には悲しみ、時には喜び、再び悲しみ、再び喜び――そして彼は循環し続ける。それから用心深くなり始めると、平和が生じる。平和、それは第二段階だ。二元性はあなたへの支配力を失う。その時エクスタシーが生じる。エクスタシーがゴールだ。

神は沈黙しているだけではない。沈黙で止まった宗教がいくつかある。それらは完全な宗教ではない。たとえばジャイナ教は平和で、沈黙で止まった。私はマハーヴィーラがそこで止まったとは思わない。彼は歓喜に満ち、途方もなく歓喜に満ち、すさまじく歓喜に満ちた人だった。しかしジャイナ教徒は平和で止まった。仏教徒もまたそうだった。彼らは平和で止まった。ブッダは単に平和の人ではなかった――確かに彼は平和の人であったが、それ以上であり、何かを併せ持っていた。

その併せ持つ特質が仏教に欠けている。それはブッダの中にはあったが、仏教には欠けている。だから、人が仏教の道に沿って瞑想し始める時はいつでも、幸福に対して少しばかり無関心に、不幸になる。彼は確かにより平和になるが、彼の平和はその中にある種の悲しみの質が、ある種の活気のない質がある。少し表情が硬く見え、少し死んでいるように見える。彼は躍動していない。生は彼の中で跳ねていない。彼は生気に満ちていない。潤いがなく、乾いていて砂漠のようで、開花していないように見える。それが仏教の瞑想の危険なところだ。人はそれを超えなければならない。

平和はゴールではないことを、常に覚えていなさい。ゴールは歓喜《エクスタシー》だ。あなたが踊ることができない限り、ダンスの中にあなた自身を失うことができない限り、あなたのダンスが深いオーガズムにならない限り、あなたが開花できない限り、旅の途中で自分自身を止めてはならない。

「理解すべきものさえ何もないように思えます」

あなたは「そのように思えます」と言う。実際その通りだ。理解すべきものは何もない。生とは理解を超えた神秘だ。すべての理解は単なる子供の遊びに過ぎない。あなたは遊び回ることができる！　本当に成熟した人は、理解すべきものは何もないことを知るようになる。実際に、理解する者は誰もいないし、理解すべきものも何もない。生とは生きるべき神秘であって、理解すべきものではない。

「それから日常の現実に戻る時、私は生に何らかの実体を与えるために、意味を探していることに気づきます」

そこが間違ってしまうところだ。自分の日常に、普通の生活に沈黙と平和を呼び戻すことだ。あなたが再び、自分の中に生じたゼロを、その空虚さを満たすために何らかの方法と手段を見つけ始めるなら——あなたに生じたその隙間《ギャップ》を埋めるために、何らかの実体を持つために、方法、気晴らし、技法、関係性を見つけ始めると混乱するだろう。一方では重大なプロセスが起こっていて、もう一方ではそのプロセスを壊し始めているからだ。実体のないままでいなさい！　なぜならそれが現実《リアリティ》の姿だからだ。

実体がないこと、それがブッダのメッセージの一つだ。物体は非物質的で、人間に自己はない。実体は存在しない。何らかの実体を持ちたいというすべての欲望は無知からの、恐れからのものだ。あなたは無であり、深遠な無であり、底なしの奈落だ！　だから恐れてはいけない。その中に落ちなさい。その中に落ち続けなさい。どこかの根や木の枝に、または誰かや何らかの気晴らしに、あれやこれやにしがみつこうとしてはいけない。どこかにしがみつこうとしてはいけない。ただこの底なしの奈落に、あなた自身を落としなさい。その中に落ちると……その中に落ちると……あなたは消える。あなたは煙のように消える。

そしてあなたが完全に消えた日が、ニルヴァーナの日だ。その時あなたは、本当の自分とは誰かを知る。

人間はゼロのようなものだ。


ゼロの概念はインドで生まれた。事実、九つの整数とゼロはインド人に発明された。しかしゼロ自体には意味がない。それをある整数に加えて初めて意味を持つ。それを一の後ろに置くと意味を持つ。一は十になる。ゼロは九に相当するという意味になる。それを二の後ろに置くなら二十になる。ゼロは今、十九の意味を持っている。より大きな数字をその前に置き続けると、ゼロはますます大きくなり続けて、非常に実体があるように感じる。

それが私たちが生でしていることだ。人間はゼロのように誕生する。それから彼の前に銀行残高を置いてみると、彼は実体を持つようになる。それから彼に「あなたは私たちの国の大統領になった」と伝えると、彼は非常に実体を持つようになる。ゼロは今や多くの意味を持つ。彼はお金、権力、信望、名声、評判を持っている。それでゼロはますます実体を持つようになる。だから、自分を空っぽだと感じないように何かを加えるために名声、評判、お金、信望を欲しがるのだ。

だが、あなたの行為はすべて無駄になる。なぜならあなたは空っぽだからだ。空虚はあなたの本性だ。欺くことはできるが、現実《リアリティ》を変えることはできない。

そこでこれが私の提案になる。それは、あなたの普通の現実にも、あなたが瞑想状態から離れる時、そのゼロをもたらしなさい、何かでそれを満たそうとしてはいけない、ということだ。なぜならそれは非常に暴力的だからだ。

それは象のようなものだ。インドの聖典には、象は川に行き、気持ち良く沐浴をして、水浴びをしてから川を出てから、塵を自身にふりかける、と言う話がある。インドの聖典では、瞑想に入って無の純粋さに到達した人が、戻って来て塵を自分自身にふりかけることを、そのように描写している。それは馬鹿げていて自殺的だ。それを避けなさい。それは自然な傾向だが、それを避けなさい。象になってはいけない。

「私は生に何らかの実体を与えるために、意味を探し求めていることに気づきます。その意味は愛です。愛は人間の次元に属しているのでしょうか？」

人間の次元に属している愛は、本当の愛ではない。それはあなたが意味深くなるように、他人の存在で自分自身を満たしたい、あなたのゼロの前に他の誰かを置きたいという深い衝動にすぎない。女性一人では何も感じない。夫と一緒に動いている女性を見てごらん。彼女は人物（a figure）と一緒に動いている。ゼロは数字（a figure）と一緒に動いている。男性だけでは空虚さを感じる。女性と動くことで、自分が特別な者であることを感じる。夫は特別な者だ！　独身男性は誰でもない。

私たちはこの無の体験を阻止するために、どうにかして何かを見つけ続ける。

いや、人間の愛は本当の愛ではない。それは欺くための策略にすぎない。本物の愛は人間を超えたものだ。本物の愛は、内なる空間を満たすこととは何の関係もない――まさにその正反対だ。それは内なる空間を分かち合うことに関係がある。あなたは相手のところへ乞食のようには行かず、皇帝のように行く。あなたは請い求めるためには行かず、分かち合うために行く。これらの二つの言葉を覚えておきなさい。

誰かから何かを請い求めるなら、それは愛ではない。あなたが分かち合えば、それは愛だ。分かち合いはある意味で人間を超えているが、それでも人間の能力の内にある。分かち合いは人間を神に繋ぐ橋だ。だからこそ、愛は人間を神に繋ぐ橋なのだ。

だから内なる空間を満たすために、友人やガールフレンド、誰かを見つけようとしてはいけない。いや、分かち合うための人を見つけなさい。数字(a figure)を――一、二、三を見つけてはいけない。人物(a figure)を見つけてはいけない。ゼロのようでもある誰かを見つけなさい。二つのゼロが出会う時、そこには愛がある。二つの虚空が出会う時、そこには愛がある。

そして覚えておきなさい。二つのゼロが出会う時、そこには二つのゼロはない。そこにあるのは一つのゼロだけだ。ゼロ足すゼロ足すゼロ……望むだけ多くのゼロを加え続けられるが、それは常に一つのゼロになる。合計は決して一つのゼロ以上にはならない。

愛とは二人の人物が消えることだ。愛は、愛する者がいなくて愛される者がいない時にある。素晴らしい恋愛関係においても、愛がある時はほんのわずかな稀な瞬間しかない。

このように話してみよう。私は多くの偉大な詩を、多くの偉大な叙事詩を読んだが、シェイクスピア、カリダス、トゥルシダス、ミルトン、ダンテのような偉大な叙事詩の中にさえ、詩的な言葉は稀にしかない。時にはある行のほんの断片しか詩的ではない。時には一つの言葉だけが、ニュアンスだけが詩的だ。素晴らしい恋愛関係においてさえ、そのようなものだ。愛の瞬間はほんのわずかな稀な瞬間にしかない。しかしあなたが完全に消えて、二人が二人ではなくなって非二元性が存在し、個性がもう衝突しなくなり、個性が無くなった時にだけ、愛は起こる。その愛には無時間性の質がある。その愛には祈りの質がある。その愛は神だ。

「愛は人間の次元に属しているのでしょうか?」

それは人間の次元に属することができる——もしあなたがそのために働きかけ、そのための機会を作り、それに対して感じやすくなるならば。当然、それは手に入らない。普通それは手に入らない。普通はただセックスだけが手に入る。セックスはあなた自身を忘れるための方策——ウパヤに過ぎない。

愛とは途方もない想起で大いなる気づきであり、煙のない光り輝く炎だ。しかし、それはあなたの中に種として存在する。それは成長させることができる。愛の真実《リアリティ》へと成長させることができる。あなたには潜在的な力があるが、それを現実のものとすることだ。

「それは私たちが作るものでしょうか？　またはそれはそこにあるすべてであり、私たちが発見するためにここにあるのでしょうか？」

いや、私たちはそれを作らない――愛を作ることはできない。それは製造できない。それは人為的なものではない。製造される愛は偽りの愛だ。それはプラスチック製の花のようなものだ。発見される愛が本物の愛だ。あなたは愛を製造するべきではない――愛に漂わなければならない。愛にくつろがなければならない。

そう、ブッダが「川を流れる木片のようになりなさい。あなたは海に達するだろう」と言う時、彼は正しい。私はあなたが海に達することを保証する。海は既にそこにある。川はそれを発見しなければならない。川はそれを作るべきではない。どうやって川が海を作ることができるだろう？ちょっと馬鹿げたことを考えてごらん！――川が？　どうやって海を作れるだろう？　川が海を作るなら、ただの小さな水たまりでしかない。それは海ではなく無限ではない。そして川が海を作ると汚くなり、腐敗して死ぬだろう。

川は探し求めて発見しなければならない。海は既に存在している。海は川が存在する前に存在している。実際、川は雲を通して海から生じた。私たちは最終的に本来の源泉に達するのであり、他のどこにも達しない。川が海に落ちるのは川が海からやって来たからだ。私たちが神になるのは私たちが神から来ているからだ。

愛は発見されなければならない。それは既にそこにある。では、どうやって発見したらいいだろう？　あなたがいればいるほど、愛を発見する可能性は少なくなる。あなたがいなければいないほど、愛を発見する可能性は大きくなる。川が海の中に消える時、それは海を発見する――それは海になる。

質問四
あなたが家から外出しないのは、あなたがそう決めたからですか？　それとも、単に外に出るということが起こらないからですか？

今や行くべきところはない。すべての行くことは止まった。行っていた者が消えたからだ。どこにいようとも、私はここと今にいる。私の部屋は他のどんな場所とも同じくらい完璧だ。では、どこかに行くことに何の意味があるだろう？　それには意味がない。

あなたは探し続け、行き続ける。時にはクラブへ、時には映画へ、時にはホテルへ、時にはここへ、時にはそこへ。あなたは絶えず行き続ける。どこにいようと満足しないからだ。どこにいても、他のどこかで起こっているはずの何かを取り逃しているに違いないと感じる。

もちろん、あなたは私についても心配する。この男は自分の部屋に座って何をし続けているのだろう？　時にはうんざりしないのだろうか？　なぜ外出しないのだろう？　なぜ私が外出しないのかを私に尋ねるよりも、なぜあなたは外出し続けるのかを尋ね始めてほしい。

ある出来事が起こった。ラビヤ・アル・アダヴィヤは部屋で座って瞑想し、祈っていた。別の神秘家ハッサンが彼女と一緒に住んでいた。早朝、彼は外に出た。太陽はまさに地平線上にあり、美しくて音楽的だった。それは魔法のようだったので、大声で「ラビヤ、なぜ出て来ないのだ？　神が美しい夜明けを創っているぞ」と呼び出した。

するとラビヤは笑って言った。

「ハッサン、あなたはいつ成熟するのですか？　私を呼び出すよりも中に入りなさい！　夜明けは美しいですが、内側のここで私は夜明けの創造者に対面しています」

その通りだ、ラビヤは正しい。外側は美しいが、内側に匹敵するものは何もない。物事について内側の視野を持つなら、誰が外側を気にするだろう？　外側は美しい。それについて何も間違いはないが、一つの場所から別の場所へと動き続けて、決して家に帰らなければ、あなたは惨めなままだろう。

私が行かないのは、私の決定だからではない。この二十二年か二十三年の間、私は何も決めていない。私が一九五三年三月二十一日に死んだその日、決定も死んだ。私はそこにいない。では誰が決めるのだ？　だから何であれ、起こることは起こる——それはとてつもなく美しい。それ以上は期待できない。それは人間が望める以上のものだ。

八十六歳のハリー・ハーシュフィールドは、ラムズ・クラブの外で売春婦に声をかけられた。ハリーは彼女に言った。

「わしがあんたを相手にできない三つの理由がある。まず、わしには金がない——」

女性は遮った。「それなら他の二つの理由はどうでもいいわ」

私にもまた、外出しない三つの理由がある。

一つ目は、私はいない——そして他の二つはどうでもいい。

質問五

ＯＳＨＯ、後世の人々のために、あなたの歴史を書く人と年代記編者のために、そして私のために、どうかあなたの生で一度だけ真実であってください。そして何が真実で何が虚偽かについての長い論説をどうか省いてください。

タオルは、チベットという緩衝国や、ジーザズ・ハウスで特定の部屋から広まっている様々な秘教的意味とは何の関係もないのではないでしょうか？

ジャバルプールからの目に見えない蚊の侵入を追い払うために、タオルを使っているだけなのではありませんか？

まず初めに、言えることはすべて真実ではない。言えないことが真実だ。すべての経典は美しい嘘だ。そして覚者《ブッダ》たちとキリストたちのすべての説教は、美しい飾られた嘘だ。

あなたは私に「どうか、あなたの生で一度だけ真実であってください」と尋ねている。あなたは不可能なことを尋ねている。それは私にはできない。誰もこれまでそうしたことがない。そして誰も決してそれはできない。真実は表現できない。それをあなたにとてもはっきり言うことで、私は可能なまで真実の近くに来ている。それは言うことができない。そして言えることのすべては、ある種の虚偽のままだ。

言葉は真実を破壊する。表現は真実を堕落させる。

あなたは私にタオルについて尋ねている。

「タオルは、チベットという緩衝国とは何の関係もないのではないでしょうか?」

それは緩衝国やチベットとは何の関係もない。少なくとも今日は、それらとは関係がない。私は明日についてはあなたに約束できないし、昨日についてはすべてを忘れてしまった。

それに与えられているすべての秘教的な意味は、全くくだらない。しかし秘教的なでっち上げを、秘教的な理論化を必要とする愚かな人々がいる。

秘教が世界に存在するのは、愚かな人間のマインドのせいだ。そうでなければ、すべては常にあなたの前に開示されてきた。最初から何も隠されていない。どうやって真実を隠せるだろう? たぶん表現することはできないが、それは隠されているという意味ではない。それはまさにあなたの目の前にある。いたるところにある。あらゆるところに、内にも外にもある。

だが、馬鹿げた理論化がどうやって単純な物事から生じるのかを理解するのはよいことだ。それはただのジョークだったが、それさえ信じない人々がいる。彼らは、私がなぜそれをジョークと呼ぶのか、そこに何らかの秘教的な意味を見つけるだろう。ややこしい人々がいる。

それは何とも関係がない。それは私が持っている唯一の物だ。一つの逸話を話してみよう。

あるヒッピーが葉巻きの箱を脇に抱えて通りを歩いていると、別のヒッピーに出会い、「おい、お前、どうしたんだ？　その葉巻きの箱を持ってどこへ行くんだ？」と尋ねられた。

「俺は動いている」と最初のヒッピーは言った。

だからこれは、私が動きたい時はいつでも、少なくとも私が持ち運ぶことのできるものだ。そして私はそれを捨てる準備ができていた。私は既にそれを捨てていた。しかし、マニーシャはそれを許さないだろう。それから彼女はローブについて尋ね始めた。

私はそれも捨てることができるが、私にとってではなく、あなた方にとって多くの困難を引き起こすだろう。ただあなた方のために、私はローブを捨てていない。

六十歳の老人と八十歳の老人が出会った。六十歳の男は「わしにはわからん。わしは妻を全く満足させられないようだ。試してみるが――どうにもならん」と言った。

八十歳の男はこう答えた。「わしには何の問題もない。毎晩わしは家に帰って妻の前で服を脱いで『よく見ろ。満足したか？』と言う。彼女は肩をすくめて『はい』と言う。それでおしまいだ！」

人々は正当化し続ける。さて、これはどんなタイプの満足だろう？　すべての秘教的な説明はこのようなものであり、あなたを満足させない。どうしたら言葉ででっち上げた考えに満足できるだろう？　真実だけが満足できる。そして真実はそれがただのジョークだったということだ。

私はジョークが大好きだ。そしてその中にどんな秘教的な意味も見つける必要はない。ジョークは単純だ。しかし単純なことを受け入れるのは難しい。

ローマ教皇ピウス十二世が天国の扉に到着していた。聖ペテロが開けて彼の名前を尋ねると「聞いたことがない」と頭を振った。

「ならば教父様のところに行ってください。彼なら私を認めるでしょう」と教皇は要求した。

そこを離れて聖ペテロは行った。

「へいボス、ローマ教皇ピウス十二世という男を知っているか?」

「そんなやつ聞いたこともない」と教父は答えた。

ペテロは天国の扉に戻った。「彼はお前など知らん」

「ではイエス様のところに行って尋ねてください」

聖ペテロは既に少しいらいらして、再びそこを離れた。

「へい若いの、ローマ教皇ピウス十二世という男を知っているか?」

若いのは言った。「彼のことなど聞いたこともないし、見たこともない」

聖ペテロはそのメッセージを、絶望的になった教皇に告げるためにそこを離れて行った。

「私の最後の願いを聞いて下さい」と教皇は言った。「聖霊に尋ねてください」

ペテロはため息をついて天国に戻り、聖霊を呼んだ。

「もしもし、煙だらけの人、ローマ教皇ピウス十二世を知っていますか？」

煙だらけの人はぼそぼそと言った。「ピウス教皇、ローマ教皇ピウス十二世か……彼を地獄へ送れ！　そいつはマリアと私について、その汚らわしい話を伝えたやつだ！」

これが、これまでどんな男も愛さなかったマリアがどのようにして妊娠したか、という話をでっち上げた男だった。権威者たちや学者たちがいるが、覚えておきなさい。天国の門では誰も彼らを認めないだろう。

理論は全く無駄だが、マインドは何かの周りで長々と話すことを切望し、そうしたいと思っている！　ちょっと見てごらん……タオルの周りを。あなたはそれについて大騒ぎをしている。チンマヤの部屋で大きな話し合いが行なわれ、人々は彼のもとを訪れ、彼に尋ねて、彼は説明し続ける……。

質問六
マイトレーヤの前に落ち、彼が自分の所有物にしたタオルは不思議なことに消えました。これについて何か言うべきことがありますか？

これらのタオルは非常に気まぐれだ。私はそれらのタオルを知っている。長い恋愛関係だ……女性と一緒に暮らすことさえままならないこの世界で、二十五年は長すぎる。せいぜい三年だ。二十五年間、私はそのタオルと一緒に暮らしてきた。それらは非常に気まぐれだ。

そして私はそのタオルも台無しにした。私はそれらを愛し、尊敬し、崇拝していた。さて、マイトレーヤは率直な男だ。彼はタオルをどこかに置いたに違いない。タオルはそのやり方が好きではなかったのだろう。それは彼の部屋にある。確かだ。しかし彼は少し求愛をしなければならない。彼は優しくささやいて求愛しなければならない。その特別なタオルは婦人用タオルだ。今日私は、少年用タオルを持っているので、それをマイトレーヤに与える。それらを一緒に持っていなさい。それらは気分良く幸せに感じるだろう。

第七章　ピーナッツのために働く

Just Working for Peanuts

ブッダは言った。

おお、僧たちよ、女性を見るべきではない。

（彼女たちを見なければならないなら）

彼女たちと話すことを慎みなさい。

（話さなければならないなら）

次のような正しい精神を示さなければならない。


私は今では家無き托鉢僧だ。

罪の世界では、私は純粋性が泥で汚されていない蓮の花のように振る舞わなければならない。

私は年老いた人を自分の母親とみなし、年上の人を姉と、年下の人を妹と、
小さな子を娘とみなすだろう。

このすべてにおいて、あなたは悪い思考を抱かずに、救いについて考えるべきだ。


ブッダは言った。

道を歩む人々は、干し草を運ぶ者が火に近づくのを避けるように、肉欲を避けるべきだ。

ブッダが建てた壮大な寺院は、三つの階から成る。彼の教えにはそれぞれに応じて三つの次元が、またはは三つの層がある。それら三つの層を理解するには、非常に辛抱強くなければならない。私がそう言うのは、それらが何世紀にもわたって誤解されてきたからだ。

ブッダの教えの一階は、ヒーナヤーナ(小乗)として知られている。二階はマハーヤーナ(大乗)、三階はヴァジュラヤーナ(金剛乗)として知られている。

ヒーナヤーナは「小さな乗り物」、「狭い道」を意味する。

マハーヤーナは「大きな乗り物」、「広い道」を意味する。

そしてヴァジュラヤーナは「至高の乗り物」、「究極の道」、「超越の道」を意味する。

ヒーナヤーナは始まりであり、ヴァジュラヤーナは最高地点、最高潮《クレッシェンド》だ。

ヒーナヤーナは、あなたがいる所から始まる。ヒーナヤーナは、あなたの機械的な習慣を変える手助けをしようとする。それはちょうどハタ・ヨーガのようなものだ。非常に身体指向で、大変な訓練を信じていて、厳格で、ほとんど抑圧的だ。少なくともそれは抑圧的に見える。それは抑圧的ではなく、ヒーナヤーナのワーク全体は、あなたの何世紀にもわたる古い習慣を変えることにある。

綱渡りが右に倒れそうに感じると左に傾き始めるように、バランスを取るためには反対方向に動かなければならない。反対方向に動くことでバランスは生じる。だがそのバランスは、一時的で瞬間的だ。再び新しい方向に転落し始める。それから再びバランスが必要になり、反対方向に動かなければならない。

セックスは非常に基本的な問題だ。人間が作ったすべての習慣は、基本的にセックス指向だ。だから社会は、完全に自由なセックスを許さないのだ。存在したすべての文化は――洗練されたものや洗練されていないもの、東洋や西洋、原始的なものや文明化されたもの――すべての文化は、何らかの方法で人間の性的エネルギーをコントロールしようとしてきた。それは人間を支配する最大の力のようだ。完全に自由なセックスが人間に許されるなら、簡単に自分を破壊するように思える。

スキナーは、ネズミを用いたいくつかの実験について報告している。彼は、電極を人間か動物の脳に入れて、脳の中の特定の中枢に取り付けると、ただボタンを押すだけであなたの内側の中枢が刺激を受ける、という新しい理論を考案した。

脳の中には性の中枢がある。実のところ、あなたは身体にある実際の性の中枢よりも、脳にある性の中枢に支配されている。だから妄想はとても作用するのだ。そのために、ポルノには非常な魅力がある。ポルノは性の中枢自体に刺激を与えることはできない。それは性の中枢に付随した脳の中枢を刺激する。いったんマインドが活発になると、すぐに性の中枢が、生理的な性の中枢が活発になり始める。

彼はネズミの脳に電極を固定し、ネズミがいつでも性的な刺激と内側のオーガズムを欲しい時に、ボタンを押す方法をネズミに教えた。彼は驚いた。これが起ころうとは予想もしていなかった。そのネズミたちはすべてを完全に忘れた。食べ物、睡眠、遊びなど、すべてを忘れた。彼らは絶え間なくボタンを押し続けた！　一匹のネズミは六千回それを押して死んだ。彼はボタンを押しながら死んだ。六千回だ！　彼はすべてを忘れた……その時は、他の何も重要ではない。

遅かれ早かれ、スキナーのような他の誰かが、ポケットに入れておく小さな箱をあなたに与えて、あなたが性欲を感じる時はいつでもボタンを押すだけで、あなたの脳の中枢は活発になってあなたに素晴らしいオーガズムを与える、ということになる。そして何があなたの中で起こっているのか誰にもわからない。しかしあなたは、ほとんどネズミと同様だ。その時他の何かをすることに、何の意味があるだろう？　あなたは自殺するだろう。

セックスは非常に大きな魅力なので、もしそれに制限がなかったら……。まずは身体がそれに課している制限がある。男性は一日にあまり多くのオーガズムを持つことはできない。若ければ三、四回。年を取ったら一回。もっと年を取ると、それさえ難しくなる。一週間に一回、一ヶ月に一回。次第にあなたの身体は、それにとても多くの制限を課していく。

その点では女性の方がより自由だ。身体に制限はない。だから世界中で、女性は完全に抑圧されているのだ。彼女は自由を許されなかった。彼女は過去においてオーガズムを持つ自由さえ与えられなかった。彼女は複数のオーガズムを持つことができるからだ。数秒以内に彼女は多くのオーガズムを、六回も、十二回も持つことができる。それでは男性は女性を満足させられない。男性はどんな女性も満足させられない。その時はグループセックスだけが満足させられる。女性には少なくとも十二人の夫が必要だろう——それはとてつもない複雑さを引き起こす。

そのため何世紀にもわたって、何千年もの間、女性たちはオーガズムを持つことを完全に忘れてしまうように育てられてきた。ほんのこの五十年以内で、女性たちはオーガズムとは何かを再び学び始めた。

彼女たちの学びによって、問題が世界中で生じている。結婚は破綻している。オーガズムの能力を多く持つ女性とでは、結婚は存在できない。そして男性のオーガズムの能力は、たった一つしかない。二人の間に適合はあり得ない。それでは一夫一婦制は存在できない。それは難しくなる。

この社会とそれが今日まで発展させてきたパターンは、運が尽きている。人間は、常に一定の厳しい支配下に保たれてきた何らかのエネルギーを解き放ってしまった。しかし魅惑するものは、抑圧しても制御したり訓練しても、常にそこにあった。それは何の違いにもならない。魅惑するものはそこにあり、二十四時間、土台のように奥深いところにある。性欲は流れる川のように存在し続ける。それは連続体だ。あなたは食べて、お金を稼いで働くかもしれないが、すべてはセックスのためにしている。

どこかで、セックスはゴールに留まっている……このパターンを変えることだ。そうしなければあなたのエネルギーは消耗し続ける。エネルギーは浪費され続け、エネルギーは地中へ入り続け、天へ向かって上昇することはない。それは上方への動きを持たない。

ヒーナヤーナは、まさにあなたがいるところに正確に働きかける。あなたは絶えずセックスに取りつかれている。ヒーナヤーナはこの強迫観念を取り除こうとする。それはあなたにある特定の訓練を、非常に厳しい訓練を、そこから抜け出す方法を与える。

ヒーナヤーナは、セックスから抜け出すための四つの段階があると言う。一つ目は浄化と呼ばれ、二つ目は豊かさ、三つ目は結晶化、四つ目は破壊と呼ばれる。

まずあなたは、多くの生で発達した性的な習慣がもう干渉しないように、自分の全エネルギーをセックスに逆らって動かさなければならない。それは浄化と呼ばれる。あなたは意識を変え、移行する。あなたは性的な強迫観念から反性欲に移行する。

第二段階は豊かさと呼ばれる。非性欲に移った時、あなたは非性欲を楽しまなければならない。禁欲を祝わなければならない。なぜなら禁欲を祝わなければ、再びセックスはあなたを引き戻し始めるからだ。あなたが禁欲を祝い始めると、セックスの引力は完全になくなり、永遠に消え失せるだろう。

あなたがセックスに取りつかれているのは、他のどんな種類の祝福も知らないからだ。だから問題は本当はセックスではない。問題はあなたが他のどんな祝福も知らないことにある。自然があなたに許す唯一の喜び、それはセックスだ。自然があなたに許す唯一の楽しみ、それはセックスだ。自然があなたに許す唯一のスリル、それはセックスだ。

ヒーナヤーナは、あなたが禁欲の方に進むなら、より大きなスリルがあなたを待っていると言う。しかし、禁欲は無理やり強制されるべきではない。それを無理やり強制すると、それを楽しめなくなるだろう。人は性的な習慣にただ気づいていなければならない。そして、気づきを通して徐々に禁欲に移行することだ。

禁欲は、非常にゆっくりともたらされなければならない。あなたを何度も性欲に導くものはすべて、段階的にゆっくりと落とす必要がある。そしてセックスに取りつかれていない時に、手に入るエネルギーを楽しみ始めたら、まさにその純粋なエネルギーはあなたの中でダンスになる。それは豊かさと呼ばれる。今、あなたのエネルギーは浪費されていない。あなたのエネルギーは、あなた自身に降り注ぎ続ける。

覚えておきなさい。二つのタイプの禁欲者がいる。一つはただ単に、禁欲を自分自身に強制した者だ——彼は間違ったタイプで、自分自身に暴力を為している。もう一つは、性欲とは何かを、なぜそれがあるかを理解しようとした者だ。彼は見守り、観察し、それを経験する。やがてその無益さに気づくようになり、次第に毎回の性行為の後に生じる深い欲求不満に、気づくようになった。性行為の中ではある種のスリル、忘却の瞬間、無意識状態の瞬間を持つ。あなたは気分よく感じる。

数秒間、ほんの数秒間だけ、あなたはこの単調な世界から抜け出す。セックスは他の世界へ、緊張のないところへ逃げるための扉を与える。そこに心配はなく、あなたは単にくつろぎ、和らいでいる。だが観察しただろうか？　それぞれの性行為の後、あなたは失望する。

セックスはあまりにも多くを期待させたが、それは満たされなかった。性行為の後に少しも失望したとは感じず、少しも罪悪感を感じない男性や女性を見つけるのは難しい。私は、聖職者があなたに押し付けた罪悪感について話しているのではない。誰もあなたに罪悪感を押し付けなくても、あなたは少し罪悪感を感じるだろう。それは性行為の一部、影だ。あなたはエネルギーを失い、消耗したと感じ、そして何も得られなかった。得たものはあまり内容のあるものではない。自然の催眠によってあなたは馬鹿にされ、騙された。あなたは身体に騙され、欺かれた。そのため欲求不満が生じる。

ヒーナヤーナは、この欲求不満をより深く見守りなさい、と言う。性行為と、あなたのエネルギーが性行為に移行する様子を見守りなさい。それに気づくようになりなさい。すると、その中に何もないのがわかるだろう。そして欲求不満がある。あなたが気づくようになればなるほど、楽しみは少なくなり欲求不満は多くなる。その時、転移が起こり始める。あなたの意識は、自然に、自発的に移行している。あなたはそれを強制していない。

第二段階の豊かさが手に入る。あなた自身のエネルギーが、あなたの存在を養い続ける。あなたは、もうそれを他人の身体の中に投げ入れることも、投げ捨てることもない。それはあなたの中で深い蓄積物になる。あなたは貯水池になる。そのエネルギーの感覚から、あなたは非常に涼しく感じる。セックスは非常に熱い。豊かさの段階は非常に涼しく、穏やかで落ち着いている。そこには祝いがあるが非常に静かだ。そこにはダンスがあるが非常に優美だ。そこには優雅さがある。

それから第三段階である結晶化が訪れる。あなたの中のこのエネルギーが内側のダンスを始めた時、次第にゆっくりと、ますますそれを楽しみ、ますますそれに気づくようになる。すると、ある特定の化学的な結晶化があなたの中で起こる。正確に同じ言葉がグルジェフのワークで使われた。あなたの断片は一つになり、あなたは一つになる。統一があなたの中に生じる。実際、初めてあなたは「私には一人の私がいる」と言うことができる。そうでなければ多数の私がそこにあった。今、あなたには一人の私、すべてを管理する大きな私がいる。あなたは自分の主人になった。

そして第四段階は破壊だ。あなたが一人の私を持つと、それを破壊できる。あなたが多数の私を持つ時、それらを破壊することはできない。あなたのエネルギーが一つになって中心にある時、それを殺すことができる。それは完全に破壊される。それが多数である時、破壊するのは難しい。一つの断片を破壊すると、他の千個の断片が生まれる。それらの他の断片に手を加えると、最初の一つが再び成長する。それはちょうど、木が枝を成長させる方法のようなものだ。一本を切ると、三本の枝がそれから芽を出す。

性欲が結晶化した現象になった時にだけ、それを完全に破壊できる。人が余りある多くのエネルギーを蓄積して一つになった時、もはや断片ではなく分裂せず精神分裂症でない時、それを表わす特別な用語が仏教徒にある。彼らはそれを「マンジュシュリの剣」と呼ぶ。

文殊《マンジュシュリ》がこの第三段階に達した時——彼はブッダの弟子、ブッダの偉大な弟子だった——彼がこの結晶化の段階に達した時、一瞬で彼は剣を取り、それを完全に破壊したと伝えられている。完全に、一瞬だ。その時それは段階的なプロセスではない。それは何世紀にもわたって「マンジュシュリの剣」として知られるようになった。

人が三つ目の状態に達すると、彼はまさに剣を持ち上げて、一撃でそれを完全に破壊できる。なぜなら今、敵がそこにいるからだ。今、敵はもう逃れられない。多くの敵はもういない。一つの敵だけがあなたに立ち向かっている。その剣はまさに完全な気づき、マインドフルネス、自己想起の剣だ。それは非常に鋭い剣だ。

ブッダが自分の性欲を破壊した時、ライオンのように吠えたと言われている。なぜならそのすべての馬鹿らしさが、初めてはっきりしたからだ。浪費されたとても多くの生が、全く愚かなとても多くの生が——永遠に去った。彼はとても喜び、ライオンのように吠えた。

これらが四つの段階で、今日の経文はこれらの四つの段階に関係している。経文に入る前に、さらにいくつかのことが理解されなければならない。

二番目の乗り物はマハーヤーナだ。あなたの性的エネルギーがもう他人の身体に取りつかれていない時、あなたが他人の身体から完全に解放されている時、あなたのエネルギーがそれに対して自由でいる時、ブッダの寺院の二階であるマハーヤーナが可能になる。

マハーヤーナは、あなたが愛することを可能にさせる。普通は、セックスが人々を愛情深くさせるものだと考える。セックスが人々を愛情深くさせることは決してない。実のところ、愛が成長するのを防げているのは性欲だ——それは愛になるべき同じエネルギーだからだ。それはセックスで破壊されている。愛になるためには、同じエネルギーがハート・センターに移らなければならない。

マハーヤーナはハート・センターに属している。

ヒーナヤーナはセックス・センター、ムラダーラで働く。マハーヤーナはハート・センターで働く。それは愛を、祈りを今育てなければならない、と言う。エネルギーがあり、今あなたは愛することができる。エネルギーがあり、今あなたは祈ることができる。

マハーヤーナとは愛する努力だ。人は無条件に愛さなければならない——木々や岩石、太陽や月、そして人々を。だが今、愛には性欲がない。それは非常に冷静で、非常に平穏だ。

エネルギーがハート・センターに動いている人の近くに来れば、あなたは突然、熱いエネルギーにではなく、深く涼しい日陰の下に動いていると感じるだろう。突然、そよ風があなたを取り囲むのを感じるだろう。愛の人やハート・センターで生きる人は、旅人にとって日陰になる木のような、または冷たく流れる水のような、多くの花々の香りを運ぶそよ風のような人だ。

マハーヤーナはセックスを恐れていない。ヒーナヤーナはセックスを恐れている。ヒーナヤーナがセックスを恐れているのは、セックスに取りつかれすぎているからだ。あなたは反対へと移動しなければならない。マハーヤーナはセックスを恐れていない——それはバランスに達した。反対のものに対する恐怖は全くない。マハーヤーナは綱渡りがバランスを取っている状態だ。彼は左にも右にも傾かない。

それから三番目で最後の段階、ブッダの寺院の三階は、ヴァジュラヤーナだ。ヴァジュラとは「ダイヤモンド」という意味だ。それは最も貴重な教えだ。理解することは確かに非常に難しい。ヴァジュラヤーナは仏教タントラだ。

ヴァジュラヤーナが「ヴァジュラ」、ダイヤモンドと呼ばれるのは、ダイヤモンドがすべてを断ち切るからだ。ダイヤモンドの乗り物であり、ダイヤモンドの道であるヴァジュラヤーナはすべてを——すべての物質性、すべての欲望、すべての愛着を——完全に、徹底的に断ち切る。天国に生まれたい、平和な状態でいたい、ブッダになりたい、ニルヴァーナを、光明を得たい、というこれらの美しい欲望さえ完全に断ち切られる。

ヴァジュラヤーナは、世界とニルヴァーナに違いがないことを、無知と知識に違いがないことを知っている。全く違いがなく、全く区別がなく、すべての区別は捨てられることを知っている。男性と女性に違いがないことを知っている。

今それを説明してみよう。

ヒーナヤーナの段階では、男性は男性であり、女性は女性だ。そして男性は女性に惹かれ、女性は男性に惹かれる——彼らは外向的だ。彼らが惹かれるものは、外側のどこかにある。もちろん、彼らは奴隷になる。惹かれるものが外側のどこかにあると、あなたはそれから独り立ちはできない。だから恋人たちはお互いを決して許さないのだ。彼らにはできない。彼らは苛立つ。あなたはある人を愛して、同時にその人にいらいらする。それには理由がある。恋人たちの間には絶え間ない闘いがある。その理由は、あなたは愛する人を許せないからだ。あなたが彼または彼女に依存しているのを知っているからだ。どうしたら自分の隷属状態を許せるだろう？　あなたはあなたの女性が自分を幸福にしてくれるのを知っているが、もし彼女があなたを幸福にしないと決めたら？……その時、突然あなたは不幸になる。あなたの幸福は彼女の手の中にある。彼女の幸福はあなたの手の中にある。他の誰かがあなたの幸福を支配する時はいつでも、あなたはその相手を許すことができない。

ジャン・ポール・サルトルは「他者は地獄だ」と言う。そして彼は正しい。彼にはそれに対する深い洞察がある。他者が地獄なのは、他人に依存しなければならないからだ。セックスはあなたを自由にさせない。どうにかして、それはあなたをあなた自身から引き離そうとする。それはあなたを、ますますあなた自身から遠ざける。そしてゴールは他人だ。

グルジェフはよく、セックスは一本の矢のようなものだ、と言っていた。矢は相手の方に動いていく。ヴァジュラヤーナも全く同じ比喩を使っている。セックスは一本の矢のようなものだ。それは相手の方に行く。愛は一対の矢のようなものだ。それは相手に行って、あなたにも行く。愛にはバランスがある。

一本の矢は相手の方に行く。その時あなたはヒーナヤーナで働きかけなければならない。二本の矢が向かう先は、一本の矢は相手の方に行き、一本の矢はあなたの方に来る。あなたはバランスに達した。その不均衡はもうない。

愛の人は決して相手に怒らない。なぜなら彼は本当に相手に依存していないからだ。彼は一人でも幸福でいられる。彼の矢は一対の矢のようなものだ。彼は一人でも幸福でいられる。もちろん、彼はまだ自分の幸福を他人と分かち合うが、もう相手に依存してはいない。今ではそれはもう依存関係ではなく、相互依存関係だ。それは相互の友情だ。彼らはエネルギーを共有するが、誰も誰かの奴隷ではない。

ヴァジュラヤーナにおいて矢は完全に消える。あなたも相手もいない。私とあなた、両方とも落とされる。その仕組みを理解しなければならない。

あなたが女性または男性を探している時、あなたは一つの非常に重要な要因に気づいていない。それは、あなたの女性はあなたの内側にいて、あなたの男性もそうだ、ということだ。それぞれの男性は男性と女性の両方であり、それぞれの女性は女性と男性の両方だ。そうでなければならない！……なぜならあなたは二人の親から生まれたからだ。一人は男性で一人は女性だった。彼らはそれぞれ五十パーセントずつあなたの存在に寄与した。あなたには父親の何かがあり、母親の何かがある。あなたの半分は男性的エネルギーに属していて、半分は女性的エネルギーに属している。あなたは両方だ。

ヒーナヤーナでは、自分のエネルギーを内なる女性に、または内なる男性にもたらすために懸命に働きかけなければならない。それがそのワークのすべてだ。


つい最近、今世紀になって、カール・グスタフ・ユングはこの事実に、この両性具有《バイセクシュアリティ》という事実に、どの男性も純粋な男性ではなく、どの女性も純粋な女性ではないということに気づいた。それぞれの男性の中に女性は存在していて、実際、すべての男性は外側のどこかでその女性を探している。

だから突然ある日、ある女性に出会って、「そうだ、これが私にふさわしい女性だ」と感じるのだ。どうやってそれを感じるのだろう？　その基準は何だ？　どうやって判断するのだろう？　それは合理的ではない。あなたはそれを論理的に考えない。それはとても突然に、閃光のように起こる。あなたはそれについて考えていなかった。それを論理的に考えていなかった。突然、誰かが「あなたはなぜこの女性に恋をしたのだ?」と尋ねるなら、あなたは肩をすくめて、「わからない――だが私は恋をした。何かが起こったのだ」と言うだろう。

何が起こったのだろう? ユングが言うには、あなたは自分の中に、ある女性のイメージを持っている。そのイメージが、どういうわけかこの女性に合っている。この女性は、どこかそのイメージに似ているようだ。もちろん、どの女性も内側の女性に完全に似ているはずがない。だからどの恋人も全く完全には満足できない。たぶん、少しは似ているだろう。彼女の歩き方が、たぶん彼女の印象や声、たぶん彼女の見た目が、たぶん彼女の青色の目、たぶん彼女の鼻、たぶん彼女の髪の色が……。

あなたは自分の中にひとつのイメージを持っている。それはあなたの母親から来たものであり、母親の母親から、母親の母親の母親から来たものだ。あなたに先んじていたすべての女性たち、彼女たちがそのイメージに寄与してきた。それはあなたの母親とそっくりではない。そうでなければ物事は単純だっただろう。あなたの母親はそれに関わっている。母親の母親もまた関わっている。そしてそれが続いて行く。彼女たちみんなは、ほんの少しだけ寄与してきた。

それはあなたの男性についても同じだ。あなたの父親は寄与してきた。あなたの父親の父親、そしてそれが続いて行く。あなたの父親からアダムへ、あなたの母親からイブへ、そのすべての連続体がそれに寄与してきた。誰も正確には知らない。あなたが探している人を、本当に知る方法はない。男性は女性を探していて、女性は男性を探している。探すことは非常に漠然としている。そこに明確なイメージはないが、自分のハートのどこかにそれがある。自分の魂の暗い片隅にそれを保っている。それはそこにある。

何度も多くの女性や多くの男性が、それの何かを満たすように見えるが、何かだけだ。だからそれぞれの恋人は、あなたに少しの満足と多くの不満を与える。合っている部分は満足するだろうが、合っていない他のすべての部分は決して満足しない。

あなたはそれを見たことがあるだろうか？　男性または女性と恋をする時はいつでも、あなたはすぐにその男性またはその女性を、あなたも何なのか知らないものに従って変え始める……。妻たちは生涯自分の夫を「これをしてはいけない！　こうありなさい。このように振る舞いなさい！」と変え続ける。

つい先日、ムラ・ナスルディンの妻が私に「ＯＳＨＯ、ついに成功しました」と言っていた。

私は「何をだね？」と尋ねた。

彼女は「ムラ・ナスルディンが爪を噛むのを止めさせました」と言った。

私は「彼の爪を噛むのを？　五十年間あなた方は結婚してきた。ムラは七十歳だ。あなたは五十年後になってそれができたのか？」と言った。

彼女は「はい！」と言った。
私は「しかしどうやって成功したのかね？」と尋ねた。
彼女は言った。「今、彼が噛めないように、彼の入れ歯をただ隠しているだけです」

人々は変わろうとし続ける。が、誰も決して変わらない。私はこれまで見たことがない。私は決してそれに出くわしたことがない。人々は「そうだ、私たちは変わったのだ」というふりさえするが、誰も変わることはできない。誰もが自分自身のままだ。そのすべての努力は無益だが、変えようとする衝動がある。なぜ変えようとする衝動があるのだろう？

変えようとする衝動は現実的な必要性のためだ。女性は自分の夫を、彼女の中のある漠然としたイメージに合わせようとしている。酒を飲まないこと、喫煙しないこと、他の女性を追いかけないこと……そして千と一つのことがある……彼は常に寺院に行く、聖人の言うことを聞く、それなら彼女は幸福だろう。彼女は特定のイメージを持っている。彼女は自分の夫が英雄で、聖人で、偉人であってほしいと願っている。普通の男性は彼女を満足させない。

そして夫もまた、千と一つの方法で試みている。美しい衣服やダイヤモンド、ルビー、真珠を持って来て妻を飾り続ける。彼はクレオパトラを見つけようとしている。どこかに彼は美しい女性の、最も美しい女性のイメージを持っている。今、彼はまさに幼年期から試みている。

私は聞いたことがある。

老人は自分の早熟な六歳の男の子に、隣の新しい小さな女の子を気に入ったかと尋ねた。

「そうだね……」と子供は言った。

「彼女は全くエリザベス・テーラーではないけど、でも素敵だよ」

今では小さな子供でさえヘマ・マリーニ（インド映画女優）について考え、エリザベス・テーラーについて考える。そして彼は「彼女は全くエリザベス・テーラーではないけど、でも素敵だよ」と言う。そしてこの葛藤は続く。その理由は、私たちが常に外側にいない誰かを探しているからだ。

ヒーナヤーナは、あなたを外側を見ることから転向させる。それは、外側に対して目を閉じなさい、と言う。

マハーヤーナは、あなたが内側の女性を見ることができるように、より油断なくより気づくようにさせ、より多くの光であなたの内側の部屋を満たす。

そしてヴァジュラヤーナは、自分の内側の男性または内側の女性と内的なオーガズムを持てるようにする。その内的なオーガズムはあなたを満足させるだろう。他に満足させるものは何もない。

これらの三つの段階には、途方もない意味がある。

だから私たちが今日考察するこれらの経文について、心配しないように。

ちょうど二日前に、一人の女性サニヤシンが私に手紙を書いてきた。

「OSHO、私に何が起こっているのでしょうか？　この講話シリーズの前にハシッド（ユダヤ神秘主義）についてあなたが話していた時、私はとても開花していて、それぞれの話に漂っていました。私は幸せになり、踊り、喜びました。そして今、あなたはブッダについて話していて、それ以来、私はとても気分が落ち込んでいます。私には愛する男性がいて、彼は非常に美しい人です。それなのにブッダは、身体の中には何もない——それは汚物で満たされた袋にすぎない、と言います。そのようなことは聞きたくありません」

誰も聞きたくないのはわかるが、それは真実だ。そしてブッダを通過しない限り、あなたは決してハシッドに達しないだろう。ハシディズムはヴァジュラヤーナであり、究極の開花だ。ハシディズムを聞くとあなたは非常に幸せに感じる。私がタントラについて話す時、あなたは非常に幸せに感じる。あなたは自分たちはみんなタントリカだと思っている。それはそんなに簡単ではないし、そんなに安っぽくない。タントリカになることは宗教の究極の開花だ。自分自身を欺いてはいけない。その地点に達することは厳しく、骨が折れる。

ヴァジュラヤーナはタントラであり、仏教タントラ、純粋なタントラだ。だが、ちょっと物事の配列を見てごらん！　ヒーナヤーナは最初の段階であり、ヒーナヤーナは完全に抑圧的に見える。

だがブッダはこう話している。自分の古いパターンを変えない限り、あなたは合理化し続けて、自分の無意識の中でロボットのような生を生き続け、何度も繰り返し続ける。あなたは何度もそれをしてきた。

何度あなたは美しい男性に、または美しい女性に恋をしたことだろう？　そしてどれだけ長くそれは持続するだろう？　ある日、ブッダは正しいことが証明される。あなたの美しい女性は、あなたのエリザベス・テーラーは、ある日突然、汚物で満たされた袋であることに気づく。そして彼はまさに最初からそれを言っている。だがもちろん、あなたが新婚気分にある時は、これらの経文はあなたの心に訴えないだろう。

あなたが新婚気分を続けている時は、決して仏教経典を手に取ってはいけない。しかしあなたが離婚裁判所に近づいている時は、これらの経文は非常に的を得ている！　あなたはすぐに彼が何を言っているかがわかる。ある日、究極の離婚が訪れる。究極の離婚とは、他人を探し求めることのすべての馬鹿らしさを単純に理解する日だ。

離婚は何度もあなたに起こってきたが、あなたは何度も忘れてしまう。一つの離婚が終わったら、たとえそれが終わらなくても、訴訟手続きがまだ行なわれていても、あなたは再び別の恋愛関係に落ちている。事実は、別の恋愛関係に落ちたので離婚を求めている、ということかもしれない。最初の牢獄から出る前に、あなたは既に別の牢獄に入っている。

あなたは鎖に繋がれて生きることにとても慣れてしまったので、自由は苦い味がする。

非常に気分が落ち込んでいるその女性サニヤシンに、私はこう言いたい。ハートの中で何かが深く打っていることを、その気分の落ち込みは示している。ブッダには何らかの真実がある。それを避けることはできない。あなたはそれを避けたいと思っている。誰が真実を望むだろう？　人々は嘘が好きだ。嘘は非常に快適だ。真実は常に破壊的で、打ち砕く。

だが、あまり早く判断をしてはいけない。これはブッダの教えの最初の層だ。二つ目の層はよりリラックスする。最初の層にあるのは大変な奮闘だ。ヒーナヤーナは奮闘であり、完全な意志の力であり、そこから出て来るための全くの奮闘だ。なぜなら、それがとても長い間の混乱からあなたが抜け出せる唯一の方法だからだ。第二段階は完全にリラックスする。マハーヤーナは非常にリラックスして優雅だ。第三段階は途方もない祝いだ。第三段階ですべての訓練を超越する。

これがブッダの道の美しさであり、それは非常に科学的だ。各段階は必須だ。一つの段階を逃すなら、建物全体が崩壊し、寺院全体が消える。

ヒーナヤーナは実に大変な訓練だ。マハーヤーナはリラックスした訓練だ。そしてヴァジュラヤーナは全く訓練ではない。人は、完全な自由を持つことができるような地点に来た。しかしあなたはその完全な自由を獲得しなければならない。

ヒーナヤーナは身体に、あなたの存在の物質的な部分に基づいている。身体の中にいる時、あなたはただ滴の中でしか人生を楽しむことができない。実際、東洋では、精液はビンドゥと呼ばれている。ビンドゥは滴を意味している。あなたはセックスを一滴一滴しか楽しめない。あなたはとても広大なので、この一滴一滴の楽しみは満足よりも失望をもたらす。

私は聞いたことがある。

特別大きな象たちが、動物園を封鎖していた。たまたま通りがかったライオンが尋ねた。

「なぜ封鎖しているのだ?」。象たちの一頭が答えた。

「俺たちはピーナッツのために働くことに飽きたのだ」

ただピーナッツのために働くこと——これがセックスというものだ。

チベットにはそれに関する比喩がある。彼らはそれをプレタと呼ぶ。プレタは、空腹の幽霊を意味している。彼らは空腹の幽霊をある特定の方法で描いている。彼は象のような腹と、糸のようなとても細い首と、針の穴のようなとても小さな口を持っている。もちろん、その針の穴のようなとても小さな口のせいで、彼はいつまでも空腹のままでいなければならない。彼は二十四時間食べ続けるが、象のような腹を持っている。だから彼は食べて、食べて、食べ続けるが、いつも空腹でいる。それが性欲というものだ。あなたは広大だ。あなたには境界もなく、限界もない。あなたの至福もあなたの存在と同じほど広大でない限り、どんな満足も与えられない。そしてセックスは、ただポタリポタリと落ち続ける……あなたは自分自身をちょっと楽しませることができる。あなたは虚しい希望を持ち続けることができる。だが、それはあなたを満たしてくれない。

セックスは神経症を引き起こす。それは神経症的だ。決してあなたを満足させないからだ。今、世界の精神病院に行って、狂った人々をちょっと見てごらん。すると常に、どこかしらに性的な問題があることに気づくだろう。すべての病状は、どういうわけかセックスと繋がっている、それがフロイトが言うことだ。あまりにもセックスに取りつかれすぎると神経症になる。

あなたが身体で生きるなら、必ず神経症になる。あなたは身体よりもう少し深く、もう少し高く進まなければならない。

二番目の層を仏教徒はハートと呼ぶ。それをマインドと呼んでもいいが、ハートの方がよりよい言葉だ。ハートはマインドを含んでいる。それはより大きく、より満足を与えて、より多くの空間が手に入る。あなたはより自由を感じる。愛はセックスより自由だ。愛においてはセックスよりも争いが少ない。それから更に高いものがある……ヴァジュラヤーナという広大な開かれた空だ。ブッダは慈悲という名前を与えている。あなたは熱情で生きて、慈悲に達しなければならない。

熱情とは取りつかれることであり、神経症だ。慈悲はエネルギーが開花した時にある。あなたは自分自身の中でとても満足している。あなたは自分自身にとても満ち足りている。今、あなたは分かち合うことができる。あなたは自分の至福を降り注ぐことができる。今、あなたは与えなければならない。神経症は、あなたは要求し続けるが、誰もあなたに与える用意ができていない時になる。あなたは空腹の幽霊になる。あなたの要求は大きいが、世界が提供するものはすべてピーナッツでしかない。

ヴァジュラヤーナの段階で、あなたが広大でエネルギーに満ち、エネルギーの大きな貯蔵所であり、あなたが貯水池で途方もない貯水池である時、あなたは与えることができる。セックスではあなたは求める。熱情は、要求を意味し物乞いを意味する。

それを見たことはないだろうか？　女性に性的に惹かれる時はいつでも、あなたは彼女の周りを回り、尻尾を振っている——あなたは乞食だ。慈悲においてはあなたは皇帝であり、あなたは分かち合い、与える。あなたが与えるのはあなたが持っているからだ。セックスであなたが求めるのは、あなたが持っていないからだ。

そしてこのセックスは子供時代から最後まで続く。子供はそのための、この馬鹿げた旅の準備をしている。老人は疲れて道端に座り、まだ疲れていない若者たちに非常に嫉妬している。彼らは非常な嫉妬を感じている。嫉妬から彼らは説教し始める。嫉妬から彼らは非難し始める。

覚えておきなさい。聖人は決して非難しない。もし非難するなら、彼は聖人ではない。彼はまだ同じことに興味を持っている。それは単に、今彼は嫉妬している、ということだ。この嫉妬を見たことがあるだろうか？　少年が木に登っていると、あなたはすぐにこう言う。「降りなさい！　怪我をするかもしれないし、落ちるかもしれないぞ」見たことがあるだろうか？　あなたの声には嫉妬がある。あなたは今、木に登ることができない。あなたは年老いていて、手足はよりこわばっている。それらは柔軟性を失った。あなたは嫉妬しているが、嫉妬していると言うことができない。あなたは自分の嫉妬を隠している。

人がセックスを非難し始める時はいつでも、どこかで彼は嫉妬を抱えているに違いない。ブッダは非難していない。彼は単に事実に基づいている。彼は何であれ単に事実を言う。彼はあなたがそれから抜け出てほしいと思っている。それはあなたの運命がより大きく、その潜在可能性がより高いからだ。

ある女性が、ある老婆が保険会社の事務所に到着した。「しかし奥様、あなたはご主人の生命保険金を受け取ることはできません。彼はまだ死んでいないのです」と保険員は言った。

「それはわかっています……けれども彼に残された生はありません」

彼女は保険金を回収するために来た……。

あなたに生が残されていない時、あなたはその事実を隠し始める。あなたは宗教的になり始める。あなたの宗教は単なる装いであるかもしれない。ブッダは、年老いたら宗教的にならなければならない、とは言っていない。ブッダは、熱情が生きている時に、火が生きている時に宗教的にならなければならない、と言っている。なぜなら火が生きている時だけ、それは変容できるからだ。あなたはそのエネルギーに乗ることができる。

ブッダは、何か全く新しいものをインド人の意識に導入した。インドでは、出家《サニヤス》は老人のための、老いて、死んだ者のためのものだった。ほとんど死んでいて、片足を墓に入れている、その時人々はサニヤスを受けたものだった。ヒンドゥー教のサニヤスはそのようなもので、ただ老人のためだけだった。あなたの中に何も残っていない時は、サニヤスを試しなさい——それは最後の項目だった。ブッダは新しい要素を導入した。彼はそれは馬鹿げていると言った。ただ若い人だけが本当に宗教的であることができる。エネルギーがそこにあれば、あなたはそれに乗ることができるからだ。彼はサニヤスを若者に導入した。

そしてもちろん、サニヤスを若者に導入する時、彼らがセックスの方に進み続けないことを確かめなければならない。老人に対してはそれほど気にする必要はない。だからヒンドゥー教のシャストラやヒンドゥー教の経典には、ヒーナヤーナのようなものは何も存在しないのだ。それは必要性がないからだ！　老人は出家僧《サニヤシン》になる。その意味は何だろう？　彼らを心配する必要はない。彼らは望むように生きることができる。だが若い人がサニヤシンになる時、多くの配慮が必要だ。彼にはエネルギーがある。彼は火を持っている。その火は誤って燃えることもあり得る。それは彼を間違った方向に導くことがある。そして彼は非常に新鮮で、未経験だ。彼にとってこれらの経文は非常に役立つ。

ムラ・ナスルディンはこう言っている。

私の義母は未亡人で八十二歳だ。ある夜、ちょっと彼女を家から出すために、私は彼女が八十五歳の男性とデートするように手配した。彼女はその日の夜遅くにデートから帰宅し、少なからず動揺していた。

「どうしたんだい?」と私は尋ねた。

「ふざけているの?」と彼女は怒った。「私は彼の顔を三回ひっぱたかなければならなかったのよ」

「つまり、」と私は答えた。「彼は厚かましかったのか?」

「いいえ、」と彼女は答えた。「私は彼が死んでいるのかと思ったのよ!」

さて、そのような死んだ人々をサニヤスに加入《イニシエート》させるなら、これらの経文は全く必要ない。

ブッダはそれを明確にしなければならなかった。それは彼が大変な危険を冒したからだ。彼は非常に勇敢だった。彼は数千人の若者たちをサニヤスに招き入れた。彼は彼らのエネルギーが身体からハートへ、ハートから魂へ動くことを完全に明確にしなければならなかった。そこであらゆる配慮が必要だった。

最初の経文だ。


ブッダは言った。

おお、僧たちよ、女性を見るべきではない。

（彼女たちを見なければならないなら）

彼女たちと話すことを慎みなさい。

（話さなければならないなら）

次のような正しい精神を示さなければならない。


私は今では家無き托鉢僧だ。

罪の世界では、私は純粋性が泥で汚されていない蓮の花のように振る舞わなければならない。

私は年老いた人を自分の母親とみなし、年上の人を姉と、年下の人を妹と、
小さな子を娘とみなすだろう。

このすべてにおいて、あなたは悪い思考を抱かずに、救いについて考えるべきだ。


ブッダは言った。

道を歩む人々は、干し草を運ぶ者が火に近づくのを避けるように、肉欲を避けるべきだ。

若者を加入《イニシエート》させることは、干し草を持ち運んでいる誰かを加入《イニシエート》させるということだ。彼は火を避けなければならない。

さて、理解しようとしてごらん。これらの単純な言葉はそれほど単純ではない。多くの深みと層がある。

まず、それらは僧たちに話しかけられたものであって、普通の人々にではない。

「おお、僧たちよ」とブッダは言う。「僧」という言葉は非常に美しい。それは一人で生きると決めた人を意味している。僧 monk、まさにその言葉の意味は独りでいることだ。「独占 monopoly」や「一夫一婦制 monogamy」のような言葉は、同じ語源から来ている。「一夫一婦制」は一人の夫を意味している。「独占」は一人の人間の力を意味している。「僧院 monastery」とは僧が生きるところ、一人で生きると決めた人々が生きるところという意味だ。

普通、あなたは他者を求めている。僧とは、他者を探し求めるのは無益だと知り、一人でいることに決めた人だ。彼は充分に関係性を探し求めてきたが、探し求めていたものをそこに見つけることはできなかった。欲求不満が唯一の得たものだった。彼は失敗した。試みたが無駄だった。

今、彼は決心する。「一人でやってみよう。私が他人と一緒で幸せになれないなら、一人で幸せになってみよう。私が関係を持つ中で幸せになれないなら、関係性から外れてみよう、社会構造から外れてみよう。私は今、一人でやってみよう。私は外側で試してきた。今、内側で試してみよう。

たぶん私が望んでいるものはそこにあるだろう」

僧であることは、こう決心することを意味する。

「愛は失敗し、関係性は失敗し、社会は失敗した。今、瞑想を試してみよう。今、自分の最も奥深い核を試してみよう。今、私は私の唯一の世界に、存在する唯一の世界になるつもりだ。私は目を閉じて、自分自身の中に留まるつもりだ」

僧になることは大変な決断だ。僧の道は孤独の、独りでいることの道だ。

いつの日か、誰もがそれを——関係性が失敗した、と感じるようになる。あなたにはそれから抜け出す勇気がないかもしれない。それはまた別の話だ。

あるいは充分知的ではないかもしれない——それは別問題だ。大変な勇気が必要になる。少しのふてぶてしさ CHUTZPAH さえ、ユダヤ人がフツパー CHUTZPAH と呼ぶもの、それさえ必要だ。小さな勇気だけではなく、少しはあえて凶悪であることが……でなければ、人は古いパターンから抜け出ることができない。見慣れているものはとても馴染み深い。そして馴染み深いものは、たぶん心地良くないだろうが、それでもそれは見慣れている。人はそれに慣れるようになっている。

人々は結核があることをよく知りながら、ガンが間近に迫っていることをよく知りながら、喫煙し続ける。彼らは咳き込み続け、苦しみ続けて、それを落とす方法を尋ね続ける。今そこに喜びがなくても、それを手放すことができない。ただの古い習慣、単なる機械的な習慣だ。彼らは知的な人々ではない。喫煙を止める方法を尋ねる時、あなたは自分が愚かであることを宣言している。あなたには何の知性もない。そして新しい生のパターンに移行する勇気がない。そう、少しのふてぶてしさは良いだろう。ふてぶてしさとは何か、それをあなたに説明しよう。

ある男が銃を持って銀行に入った。彼は現金出納係に五万ドルを渡すよう強要した。もちろん、現金出納係に選択肢はなかった。なぜならその男はそこに立ってこう言ったからだ。

「すぐにそれを俺に渡せ。でなければ死ぬ覚悟をしろ！」

現金出納係は彼に五万ドルを渡した。彼は隣の窓口に行き、そのお金で口座を開設しようとした。

これがふてぶてしさだ！

あるいは、さらにいい話がある。

母親と父親を殺した男が現行犯で捕まえられて、彼は哀れみを求めた。

そして治安判事が「哀れみだと？　お前に対して？　その理由は何だ？」と言うと、彼は「今、私は孤児です」と言った。

これがふてぶてしさだ！

勇気が必要だ。大変な勇気が必要になる。そして宗教的であることは、ほとんど狂ったように勇敢であることだ。さもないと、無数の習慣がある。人は完全に巻き込まれている。あなたの身体にある鎖は一つではない。無数の鎖がある。

そして物事がより複雑になるのは、あなたがその鎖を飾って、それらが装飾的だと思うからだ。実際、それらを煌びやかにするので高価に見える。あなたは鎖だとは思わない。その牢獄をあなたは非常に長い間、とても美しく飾ってきたので、それが牢獄であることを忘れ、自分の家だと思っている。

誰の生にも「私が試みてきたことはすべて失敗した」と理解する日が、必ずやって来る。「私は完全に失敗した」と認めるためには勇気が必要だ。繰り返すが、勇気のある人だけが「私は完全に失敗した」と認めることができる。臆病者は常に合理化し続ける。彼らはこう言う。「たぶんこれには失敗したかもしれないが、別のことを試してみよう。もう一度、」と彼らは言う。「それで終わりだ。もう一度結婚したら、それで終わりだ」

それが、心理学者がギャンブラーの心理学と呼ぶものだ。彼は負け続けるが、「あと一回……たぶん今度は勝つことになる」と考える。彼が勝ち始めると、その時も彼は去ることができない。なぜなら彼はこう考えるからだ。「今、私は勝っている。今は幸運だ。今、神は私と共にあり、運命は私と共にある。この機会を失うべきではない。もう一回賭けよう……」

負けていても彼は賭け続ける。勝っていても賭け続ける。そして最終結果は常に失敗だ。中間で勝っても負けても意味がない。最終的に、失敗があなたの手に入る。

「私は失敗した」と認めるためには、勇気が必要だ。僧とは「私の生き方はすべて失敗した」「私の考えはすべて失敗した」「私のマインドは無力であるのがわかった。今、私は自分の人生に徹底的な変化を起こすつもりだ。私は徹底的な変容をもたらすつもりだ。私は内側へ向かう」という事実を認めた人だ。この内側へ向かうことが、人を僧にする。

僧は反逆者だ。彼は社会から、関係性から完全に離脱する。

ブッダはこう言う。あなたが社会に戻れるのは、あなたがヴァジュラヤーニストになる第三段階の時、開花の第三段階に来た時であり、それ以前ではない。

だから覚えておきなさい。これらの言葉は、家を守る者に対して発せられたものではない。これらの言葉はまだ世界にいて、まだ夢を見ている人々に発せられたものではない。これらの言葉は世界から離脱して、彼ら自身の魂を探求し、内側を探求すると決めた特定のグループの人々に発せられている。彼らは他者の身体を探求した――他者に関する限り、身体しか探求できないからだ。それより深く理解することはできない。これらの人々はそれに背を向けた。今、彼らは自分のハートを探求しようとしている。彼らは、超然と観照している自己を探求しようとしている。

おお、僧たちよ、あなたは女性を見るべきではない。

女性を見てはいけない！　あなたは驚くだろう。ブッダは僧たちに、夢の中でもこの経文に従わなければならない、と言っていた――夢の中でも、油断のないままでいなければならない！

この経文は気づきの経文だ。実際にはこのように起こった。ブッダの偉大な弟子の一人、アーナンダは別の町へ説法をしに行こうとしていた。彼はブッダに尋ねた。

「バグワン、もし私が道で女性に出会ったら、どう振る舞えばよいのでしょうか？」

これが、この経文が生まれるきっかけとなった話だ。

ブッダは「あなたは女性を見るべきではない。目を閉じなさい。避けなさい」と言った。なぜなら目は、相手との最初の接触だからだ。女性を見る時、または男性を見る時、あなたは目で相手の身体に触れる。目には独自の接触がある。

だからあなたが誰かをじっと見つめるのは、望ましいことではない。じっと見つめるなら、それはあなたが野蛮であることを、無作法であることを示している。そこには一定の制限時間がある。三秒は見てもいい。それは許される。だがそれ以上になると、あなたは無礼で、無作法で、非紳士的だという意味になる。三秒間、女性を見るなら問題ない。それを越えると女性は不快に感じ始めるだろう。そしてあなたがじっと見つめ続けるなら、彼女は警察に通報する。または悲鳴を上げ始めるか、叫んだり何かをするだろう。見ることは単に見るだけではないからだ。目は触れる。触れるだけでなく、目で他人の身体に侵入する方法もある。目はナイフのように作用できる。そして目は好色であり得る。その時相手は、あなたが彼女または彼を、色欲の対象に引き下げたと感じる。そして誰かを引き下げるあなたは何様なのだろう？　これは侮辱的だ。

ヒンディー語には、そうした人を指す非常に美しい言葉がある。私たちは彼をルチャと呼ぶ。ルチャとは、あなたをじっと見つめ続ける人を意味する。ルチャはじっと見つめ続ける人を、まさにこれを意味している。ルチャはサンスクリット語に語源を持つロチャンから来ている。ロチャンは目を意味している。ルチャとは、あなたを見つめ続ける人、あなたをじっと見つめ続ける人を意味している。その凝視がナイフのようになる人、その凝視が好色になる人、その凝視が暴力的になる人、目を性器のように使う人、その人はルチャだ。

……あなたは女性を見るべきではない。

ブッダがこう言う時、あなたはじっと見つめるべきではないと言っている。もちろん、町で道を歩いている時、時には女性を見なければならないかもしれない。だがそれは要点ではない。あなたは見るべきではないし、見ようとするべきではない。女性を見ようとする意図的な努力をするべきではない。それは故意であってはならない。ただ単に通り過ぎなさい。

ブッダは、よく弟子たちにこう言っていた。本当に、一メートルより前方を見るべきではない。

目はほんの一メートル先で留まるべきだ。それ以上は役に立たず、それ以上は不要で、エネルギーの浪費だ。ただ静かに、一メートル先を見て歩きなさい。それで充分だ。

そしてじっと見つめてはいけない。じっと見つめることは、心の底で色欲が沸騰していることを単に示しているからだ。そしてあなたが何かを見ると、すぐに欲望が生じる。見ないなら、欲望は生じない。あなたは道を歩いている。あなたはダイヤモンドのことなど考えていなかった。何年も考えていなかったかもしれない。そして突然、ただあなたを待っているダイヤモンドが傍らにあることに気づく。突然、それはあなたの目に入る。欲望が生じる。あなたは辺りを見回す。誰かが見ているかどうか？　あなたは泥棒になった。あなたはダイヤモンドについて考えていなかった。欲望は全くなかった。ただ視線を合わすだけで、欲望が無意識から生じた。それは無意識の中にあったに違いない。でなければそれは生じることができない。

ブッダはこう言う。あなたはよく知っている、あなたの無意識は性欲に満ちている、だからじっと見ないほうが良い、と。でなければ、無意識の中にあるものは何度もかき回される。そして何度もかき回されるものは強化される。何度もかき回されて、決して休んだり消えたりさせられないものは、より強くなる。そして僧は関係性から離脱すると決めた人だ。

……あなたは女性を見るべきではない。

アーナンダはこう尋ねたと言われている。

「しかし、女性を見なければならない状況が生じたら、その時はどうするのですか？」

そこでブッダは言った。


（彼女たちを見なければならないなら）

彼女たちと話すことを慎みなさい。


なぜなら女性と話さなければ、彼女と関わることができないからだ。関係性は話すことで生じる。コミュニケーションは話すことで生じる。女性のそばに数時間座ることもできる。そして話さなければそこに橋はない。あなた方は星と同じくらい離れている。あなたはそばに座ることができて、身体が触れさえしても、話さなければ橋は存在しない。あなた方の個性は遠く離れたままだ。

通勤列車の中、車両で混み合っているとても多くの人々を見ることができる。誰もが誰かの身体に触れているが、誰も話していない。彼らはお互いに遠く離れている。話すなら距離は消える。言葉はあなた方を結びつける。

内気な性格の者が、胸元の開いた服を着たブロンド女性が、バーで隣に一人で座っていることに気づいた。彼はありったけの勇気をふるい起こして、飲み物を彼女に届けた。彼女は黙ってうなずいて、感謝の気持ちを示した。彼は六回、同じ行為を繰り返した。ついに、彼の飲み物が話すきっかけとなり、彼はありったけの勇気を奮い起こして呟いた。

「あなたはこれまで、見知らぬ男たちとセックスしたことがありますか？」

「そうね、」と彼女は微笑んだ。「これまでにはなかったわ。でも、あなたは私をその気にさせたと思うわ。あなたは賢くて、口の上手い悪魔ね」

さて、彼は多くを話さなかった。ほんのひと言だ……。コミュニケーションに関しては、たった一つの身振りでさえ関係を作り出せる。話さないなら、あなた方は別々のままだ。だから人々と一緒にいて、あなたが静かに座っているなら、それは何かがうまくいっていないことを示している。夫が黙っていて妻も黙っているなら、何かがうまくいっていないように見える。それは交流が壊れたことを、橋が壊れたことを意味している。彼らが笑って話している時、そこには橋があり、交流がある。

動物にはセックスはあるが性欲はない。人間にはセックスに加えて性欲がある。セックスは肉体的で、性欲は精神的だ。あなたが話す時、あなたの話は性的になり得る。動物はセックスをする。それは生理的行為だ。彼らは話さない。彼らにはどんな言語もない。しかし人間には言語があり、言語は人間の手にある最も強力な道具の一つだ。あなたはそれを通して伝え、それを通して関わる。

あなたは言葉で誘惑し、言葉で侮辱する。あなたは言葉で愛を示し、言葉で憎しみを示す。あなたは言葉で拒絶したり、引き寄せたりする。

ブッダは、言葉には非常に可能性があることを知っている。

聖書には「初めに言葉ありき」と書かれてある――そうかもしれないし、そうでないかもしれない――だがまさに、すべての関係性の始まりには言葉がある。たぶん世界の始まりではそうだったかもしれないし、そうではなかったかもしれないが、すべての関係性において――関係性は言葉で始まる。あなたは言葉なしで関係を始められるだろうか？　それは難しい。非常に、非常に難しい。沈黙は砦のようにあなたを取り囲む。

だからブッダはこう言う。

〈彼女たちを見なければならないなら……〉

もし何らかの状況がそこにあるなら、たとえば、僧が通りがかっていて事故があり、牛車が溝に落ちて女性がそこにいて、傷ついて怪我をしているなら、僧は何をすべきだろう？　彼は助けずに去るべきだろうか？　いや、哀れみが必要だ。ブッダは、助けなさい、だが話してはいけない、見なさい、だが話してはいけない、と言う。

アーナンダは「しかし話さなければならない特定の状況があり得ます」と尋ねた。

（話さなければならないなら）
次のような正しい精神を示さなければならない。

私は今では家無き托鉢僧だ。

あなたが関係性から抜け出たことを、決して忘れてはいけない。古い習慣は根強い。過去の引き寄せる力は強い。だからあなたは托鉢僧であり、僧であり、比丘であることを覚えておきなさい。

罪の世界では、私は純粋性が泥で汚されていない蓮の花のように振る舞わなければならない。

だからブッダはこう言う。もしあなたが見なければならないなら、話さなければならないなら、触れなければならないなら、問題ないが、一つのことを覚えておきなさい、あなたは蓮の花のように泥を超越したままでいるべきだ、ということを。あなたは気づいたままでいなければならない。あなたの気づきが、あなたの唯一の避難所だ。

見守ったことがあるだろうか？　あなたが気づいている時はいつでも、あなたは独りだ。あなたが気づいている時はいつでも、あなたは世界全体から切り離されている。あなたは市場にいるかもしれないが、市場は消える。あなたは店に、工場に、職場にいるかもしれない。気づいているなら、突然あなたは独りになる。

私が高校に入学した時、非常に風変わりな先生が、イスラム教徒の先生がいた。私は彼が大好きだった。私が彼を好んだのは、彼が非常に風変わりだったからだ。彼にはいくつか風変わりな考えがあった。たとえば出席を取る時、彼はどんな生徒にも「はい、先生」と言うことを許さなかった。彼は「『居ます、先生』と言いなさい」と言い張った。私たちは「はい、先生」と言って彼を悩ませたものだったが、彼はそれを許さなかった。「居ます、先生」と言わない限り、彼はあなたがクラスにいることを許さなかっただろう。彼はあなたに外に立つよう強制しただろう。

さて、これは全く風変わりだった。「はい、先生」と言うか「居ます、先生」と言うかはどうでもいいことだ。しかし私は、彼がそこに何らかの意味を持っているのを感じ始めた。それで私はそれについて瞑想し始めた。そして彼が私の名前を呼ぶ時はいつでも、私は「居ます、先生」と言った。私はそれを言うだけではなく、「私はただ居て、気づき、油断なくいる」と感じた。そして私は、ほんの三十秒間だけ美しい瞬間を過ごした。私はまさに存在するようになったので、クラスが消えて、先生が消えた。彼もそれに気づいた。

ある日、彼は私を呼び出して、こう言った。

「何なのだ？　何をしているのだ？　なぜなら君が『居ます、先生』と言う時、私は君の顔が突然変化するのを見るからだ。君の目は虚ろになっている。君は私に何かのいたずらをしているのか？」

というのも、私が学校に入る前に、もしある少年が担任の職員室に呼ばれることになったなら、その少年は困った事になっている、ということが学校で知られていたからだ。私が学校に入った時、その見方は変えなければならなかった。私が担任の職員室に呼ばれた時はいつでも、「担任は困った事になっている！」と学校中がわかっていた。

だから彼は言った。「何だ！　君は何か問題を起こしているのか？　そして君が『居ます、先生』と言う時、私は非常にきまりが悪くなる。そして君はまるで別世界に運ばれたかのように、驚くほど変わる。君は実際に何をしているのだ？　君は私を惑わせる。もし君がこれをやり続けるなら、私は君に『はい、先生』と言うことを許そう」

私は「今ではたいした違いにはなりません――私はそれを学びました。そして私は、生涯それを使うつもりです。私はあなたが言い張ったことに感謝しています。『居ます、先生』という言葉は扉を開けてくれました」と言った。

それを試してごらん！　道を歩いて、突然、居るようになりなさい。ある未知の神に「居ます、先生」と言い、そして本当に居なさい。まさに気づきの炎になりなさい。すると突然、あなたは自分が世界にいないことがわかるだろう。あなたは蓮の花になっている。泥はあなたに触れることができない。あなたは触れられ得ないものになり、超えたものに、腐敗しないものになる。

ブッダはこう言った。もしあなたが見なければならないなら、話さなければならないなら、さらに触れなければならないなら、その時は居て、覚えていて、心に留めていなさい、あなたは托鉢僧であることを、あなたは純粋な気づきであることを。

そして彼は言う。

私は年老いた人を自分の母親とみなし……。

人間の心理を見たことがあるだろうか？　あなたは自分の母親と愛を交わすことなど、考えられるだろうか？　考えることさえ不可能だ。何かが突然、その考え全体を断ち切る。物事全体は醜く見える。あなたの母親と愛を交わす？　またはあなたの姉妹と愛を交わす？　物事全体は不可能に、信じがたいものに見える。しかしあなたの姉妹は、他の誰かの姉妹と同じくらい一人の女性だ。他の誰かは、あなたの姉妹に恋をするだろう――そうなるはずだ――だがあなたは、決して姉妹に恋をしない。誰が自分自身の姉妹を愛するだろう？　あなたが「姉妹」と言う瞬間、ある距離が生じる。そうすると性的な接近は不可能になる。まさにその言葉は、条件付けのように機能する。あなたは条件付けられている。まさに子供時代から、あなたは条件付けられている。姉妹と兄弟の関係は神聖な関係であり、セックスについて考えるなど思いもよらない、ということがしばしば、何度となく繰り返されてきた。

ブッダは、僧になった人は、古い習慣に陥らないように、少なくとも最初にこれらの障壁を作らなければならない、と言う。彼は偉大な心理学者であったに違いない。彼は条件付けの法則を知っていたに違いない。彼は現代でパブロフによって知られていることは、何でも知っていたに違いない。彼は条件反射について、すべてを知っていたに違いない。あなたが「姉妹」と言う瞬間、何かが簡単に消える。それは条件反射だ。セックスは不適切になる。誰かを「母」と呼ぶと、セックスは非実在的になる。

ブッダは言う。

私は年老いた人を自分の母親とみなし、年上の人を姉と、年下の人を妹と、小さな子を娘とみなすだろう。
このすべてにおいて、あなたは悪い思考を抱かずに、救いについて考えるべきだ。

そしてそれぞれの状況をあなたの気づきのための挑戦として、あなたの救済に向かって取り組まなければならない挑戦として、受け取りなさい。

ブッダは言った。

道を歩む人々は、干し草を運ぶ者が火に近づくのを避けるように、肉欲を避けるべきだ。

これは最初の段階だ。第二段階で、あなたは愛することが許される。なぜなら古い習慣が壊されたからだ。今や恐れはない。第三段階で、あなたはすべての訓練から完全に自由になることが許される。あなたの気づきが、あなたの中で永続的な現象になったからだ。今、「この女性は私の母親だ、またはこの女性は私の姉妹だ」と思う必要はない。

ヴァジュラヤーナという第三段階で、あなたは内なる女性と接するようになった。あなたが外側の女性に惹かれることは消えた。あなたが内なる女性と接触したまさにその瞬間、あなたは常に探し求めていたが、決して見つからなかった完全な女性と出会った。あなたは内なる男性と出会った。あなたは完全な男性を見つけた。陰と陽、それらは円になり、それらは結合した。

それはヒンドゥー教の神話にあるアルダーナーリシュワルの理論だ。シヴァでは、半分は男性で半分は女性だ。そしてシヴァは、最も偉大な神であるマハーデヴァだと言われている。他のすべての神は小さな神だ。シヴァは偉大な神だ。なぜ彼は偉大な神と呼ばれるのだろう？　それは彼が内なる女性と出会うようになったからだ。彼は究極の統一体になった。女性と男性は消えた。

同じ現象がブッダに起こった。わかるだろう！……何という優雅さがブッダを取り囲んでいることか、何という女性的な美しさか、そして何という強さ、何という力だろう！　力は男性から来ていて、優雅さは女性から来ている。ブッダは両方だ。とてつもなく力強いが、それにもかかわらず花のように途方もなく脆い。ブッダは嵐に直面することができて、全世界に直面する用意ができている。それでもとても開いていて非常に傷つきやすく、たいへん柔らかでとても繊細で、ほとんど女性的だ。

ブッダの顔を見てごらん。とても女性的だ。インドで私たちは、彼に口髭や顎鬚を付けることさえしなかった――ん？――ただその顔が、完全に女性的になったことを示すために。彼が顎鬚を生やさなかったわけではなく、ある種のホルモンが不足していたわけではなく、私たちがそれを付けなかったということだ。私たちはマハーヴィーラに、二十四人のティルタンカーラたちに、ラーマに、クリシュナに顎鬚を付けなかった。私たちは付けなかった。彼らみんなにホルモンが不足していたわけではない。たとえ一人か二人はたぶん不足していたかもしれなくても、全員が不足することはあり得ない。彼らは顎鬚を生やしていたに違いない。それも美しい顎鬚を生やしていたに違いない。だがそれは、男性が内側で女性と出会うようになり、男性と女性が交わり、溶け合い、一つになったことの象徴だ。

これが、私がこれら四十二章の講話に付けた名前『超越の道』(The Discipline of Transcendence) の意味だ。それはヒーナヤーナの訓練 (the discipline) で始まり、それからマハーヤーナのくつろぎ、そしてヴァジュラヤーナの無訓練に行く。しかし人は、最初から始めなければならない。人は種を蒔くことで始めなければならない。それから木が生じて、そして開花に至る。

第八章

禁断の道

The Forbidden Path

質問一

私はヘビが私の中で動き出すことを、私を燃え立たせることを切に願っています。私は禁断の道にいるのでしょうか？　私は脅えています。

禁断の道が道だ。他に道はない。進化には一定の法則が、一定の原則がある。その原則とは、本当に無垢になる前に、すべての無垢を失わなければならない、というものだ。本当に純粋になる前に、あらゆる種類の不純な物の中に入っていかねばならない。我が家に帰る前に、あなたは放浪し、道に迷わなければならない。

それが、アダムが神の楽園から追放されるというキリスト教の寓話の全体的な意味だ。彼は追放されなければならなかった。追放された責任は、アダムにあるということではない。それはある基本的な生の法則だ。

神はアダムに「知識の木は禁断の木であり、その実を食べてはならない」と言った。たった一つの掟が彼に与えられ、それは知識の木の実を食べてはいけないというものだった。しかし、これは挑発として機能した。

もし神が本当に、アダムが知識の木の実を食べないことを望んだなら、そのことをアダムに決して言わない方がより良かっただろう。楽園は果てしなく広い……無数の木々がある。今でさえ、アダムはそれを、一本の知識の木を発見できなかっただろう。しかし神が「その木に触れてはいけない、近づいてはいけない、それを食べてはいけない」と言った瞬間、その木は最も重要な木になった。それは確かで明らかだ。

アダムはその夢を見始めたに違いない。誘惑――森の中に、庭園の中に入ると、何度も木が彼に呼びかける。彼はそれに近づき、見て、待ち、じっと考え込んでいたに違いない。何度も、彼はまさにその近くにいたに違いない。罪を犯し、背き、反抗的でいるまさに瀬戸際にいたに違いない。

それの基本的な法則がある。アダムは追放されなければならない。追放されない限り、アダムは決してキリストにはならない。彼は我が家に帰るために道に迷わなければならない。非常に矛盾している！　しかし罪の中に入らない限り、聖人とは何かを知ることはない。

すべての子供は聖人だが、その聖人であることは非常に安っぽい。あなたはそれを獲得しなかった。それはただの自然の贈り物だ。そして誰が自然の贈り物を気にするだろう？　あなたはそれを失わなければならない。それを失う時に、あなたは何を失ったかに気づく。それを失う時、あなたは苦しみ始め、それへの大きな渇望を感じる。それを失うと、対照的に、それが何であったかが明らかになる。

美しい夜明けを見たければ、暗夜の中を彷徨わなければならない。暗夜の後にだけ美しい朝がある。本当に豊かでありたければ、貧しくならなければならない。貧困の後にだけ、あなたは豊かさの美しさを感じ始める。

反対のものは単なる見かけに過ぎない。それらは相補的だ。

キリスト教徒には一つの理論がある。彼らはそれをフェリックス・カルパ――幸いなる罪と呼ぶ。アダムの罪は、それが救世主キリストの必要性をもたらしたため、フェリックス・カルパ――幸いなる罪として、キリスト教神学に知られている。アダムの側に不従順がなかったら、キリストはいなかっただろう。

アダムとは、神から遠ざかる人間の意識だ。キリストとは、我が家に帰っている同じ人間の意識だ。アダムとキリストは二人の人物ではない。アダムは立ち去り、キリストは戻って来る。それは同じエネルギーだ。

従順になるためには不従順が必要だ。明け渡しとは何かを知るためには、反逆が必要だ。エゴがなくなるためにはエゴが必要だ。すべての聖人には過去があり、すべての罪人には未来がある。それを覚えておきなさい、そして、禁断のものを決して恐れてはいけない。

禁断のものが道になる。それに入って行きなさい！　勇気を持って行きなさい。全面的に行きなさい。魅力があるものを終わらせるように。あなたはその中に何も見つけることはない。あなたは手ぶらでそこから出て来るだろう。それは素晴らしい体験に、素晴らしい成熟になる。罪は決して満たすことはできない。ではなぜ恐れるのだろう？

罪が誰かを満たす可能性があったなら、それは危険なことになっていた。だが罪は誰も満たしたことがない。その中に入れば入るほど、より不満を感じるだろう。その中に入れば入るほど、それが全く愚かでまるで知性がなく、全く古くて日常の決まりきった型に過ぎず、悪循環であることがわかる。あなたはどこにも動いていないし、どこにも行っていない。あなたは成長していない。

それをより深く理解すればするほど、あなたは後ろ向きの旅を始める可能性が高くなる。あなたは元の源泉に戻り始める。もちろん、私が元の源泉に戻ると言う時、あなたが本当に後退することを意味しているのではない。あなたは更に前方に行くが、旅は源泉の方に向きを変える。戻ることはない。二番目の子供時代が来る。インドでは、人がその二番目の子供時代に入る時、私たちは彼を二度生まれ――ドウィジャ――再び生まれるものと呼ぶ。彼は新しい誕生に達した。彼は再び子供に、再び無垢になった。

だから恐れてはいけない。世界は誘惑だ――あなたが通過しなければならない誘惑であり、苦しまねばならない誘惑だ。そして悪魔は神の相棒だ。彼は敵ではなく、相棒だ。彼はあなたを誘惑し、あなたを禁断の場所に連れて行き、あなたが背くのを手助けする。彼はあなたを挑発し、魅惑して、誘い込む。もしあなたが一途に彼と共に行くなら、遅かれ早かれ、彼が詐欺師であることを理解するだろう。即座に彼は消える。

悪魔は詐欺師であることに気づく瞬間、悪魔は消える。その認識は彼にとって死となる。突然、あなたは笑い出す。大きな笑いがあなたに生じる。あなたはライオンのように大声で吼え始める。今、あなたは真実を見た。なぜ神は、ある特定の木の実を食べてはならないと言ったのだろう――彼はあなたにそれを食べてほしかったのだ。

もちろん、神がそんなに愚かであるはずはない。望んでいなかったら黙っていただろう。彼は木を伐採することができた！　普通の庭師なら、誰でもそうすることができる。彼は木を伐採しなかった。掟をただ与えただけだった。これは非常に心理的だ。その寓話は、本当に最も美しい心理的な寓話の一つだ。

どこであれ、行くことを許されないところにあなたは行きたくなる。もし、ある映画が町で上映されていて「成人向け」という通告があれば、すべての子供たちが殺到するだろう。そこには彼らにとって無視できないものがあるに違いない。それが成人向けなら、挑発されるだろう。

人々に「これをしてはいけない」と言ってごらん。すると彼らはそれをする。あなたは確信できる。そして神は、それを絶対に確かなものにした。彼はアダムに少し疑念を抱いていたに違いないので、イブを創造した。男は女が彼を誘惑しない限り、臆病者でいる。彼は躊躇するかもしれないが、女が誘惑のためにそこにいれば、男は非常に勇敢になる。妻がそこにいる時、夫は非常に勇敢になる。妻が居合わせている時の夫と、決して戦ってはいけない。彼はあなたを殺すだろう。妻がそこにいるので、彼は自分を誇示しなければならない。彼が一人の時、あなたは戦うことができる。彼は気にせず、それはかまわないと言うだろう。

女と一緒にいる時、あなたは命知らずになる。あなたは自分が英雄で、偉大で、勇気のある男性で、勇敢であることをその女に証明しなければならない。その時あなたは無謀になることができ、何でもすることができる。

しかし、その時でさえ神は疑い深かった。たぶん女では充分ではなかったのだろう。彼はヘビを創造した。ヘビは女を誘惑し、女はアダムを誘惑した。そしてもちろん、それは非常にうまく計画された。ん？　それは美しいドラマで、うまく計画された。すべての配役《キャラクター》がそこにある。アダムは常に「私に責任はない。イブに、彼女に責任がある」と言うことができる。彼女は常に「私に責任はない。責任はヘビにある」と言うことができる。そしてもちろん、ヘビは話せないから物語はそこで終わる。もしヘビが話せたなら、彼は「神に責任がある」と言っただろう。誰もヘビに、誰が責任を負うのだ？　と尋ねなかった。ヘビは完全に沈黙している。

見てごらん。あなたが他の誰かに責任があると言う時はいつでも、あなたは何をしているのだろう？　あなたはただ、責任を転嫁しているだけだ。夫は妻に責任があると言う。妻は子供に責任があると言う。そして子供はもちろん物が言えない。彼らは何も言うことができない。だからそれはそこで止る。私たちは互いに責任を負わせ続ける。

あなたが「私に責任がある」と認める日、あなたは宗教的になる。勇気を持ちなさい。あなたの責任を感じなさい。そしてあなたを誘惑するすべての中に入って行き、充分に気づき、意識するようになりなさい。意図的にその中に入って行きなさい。

別の生の法則を話してみたい。あなたが意図的に何かの中に入って行けば、それはあなたにとって決して束縛にはなり得ない。まるで引っぱられているように行ってはいけない。奴隷のように行ってはいけない。主人のように行きなさい。たとえあなたが禁断のもの、すべての宗教に罪だと宣言されたものの中に入って行くとしても、勇敢に、責任を持って行きなさい。

「私は行きたい。私はこの次元を探求したい。そして私は行く」と言いなさい。やましさを感じてはいけない！　やましさを感じると、あなたはしぶしぶ行くからだ。そしてしぶしぶ行く時、あなたは行き詰ってしまう。その時あなたは、決して戻ることができない。全身全霊で行くなら、あなたはすぐにその虚偽が、その馬鹿らしさがわかるだろう。全身全霊で行きなさい！　それを完全に、徹底的に探求しなさい。それが終わるように、その隅々まで探求しなさい。いったんそのゲーム全体を見たら、あなたはそれの外側にいる。

あなたは「私はヘビが私の中で動き出すことを切に願っています……」と尋ねている。ヘビはそこにいる。神が既にそこにいるヘビを用いずに、人間を創造することは決してない。それは組み込まれている。それはそこにいる。それをセックスと呼んでもいいし、クンダリニーと呼んでもいい。それはヘビだ。セックスは下方に動くヘビだ。クンダリニーは上方に動く同じヘビで、同じヘビの力だ。

通常、子供が生まれる時、ヘビはセックス・センターの近くで渦巻状になっている。そこはヨーギたちがムラダーラと呼ぶもので、基本的な、根本のセンターだ。それは渦巻状で存在し、眠っているエネルギーだ。子供が成熟する時、性的に成熟する時、十四歳頃の時点で、ヘビはとぐろを解いて、谷に向かって下がり始める。それが性欲だ。

ある日、性欲を探求して、面倒事、心配、苦悶、苦しみ以外に価値のあるものを何も見つけられなかった時、ヘビは上方に動き始める。それは同じヘビだ！　今、それは頂点に向かって、山に向かって動き始める。

それが上方に動き始める時、素晴しい変容が起こっている。あなたはアダムからキリストになっている。そしてヘビがあなたの中の究極の地点であるサハスラーラを、あなたの存在の七番目のチャクラ、最高峰、エベレスト、グリシャンカールを打った時、それがそのチャクラを打った時、突然あなたは、アダムでもキリストでもなくなる。あなたは神そのものだ。

自分自身をアダムとして感じることは夢であり、悪夢だ。自分自身をキリストとして感じることもまだ夢だ。最初のものよりは良く、全く悪夢のようではなく、非常に甘美で途方もなく美しいが、それでもまだ夢だ。自分自身を神として知るようになることは、真実《リアリティ》に達することであり、我が家に帰ることだ。

ヘビはそこにいて、非常に生き生きしている！　あなたはヘビを恐れているかもしれない。社会はただ反対して、あなたに反対して動いている。社会は、あなたがエネルギーで燃えている個人であってほしくない。社会は、あなたが管理されたままでいることを望んでいる。社会は恐れている。一人の個人でさえ、非常に爆発的になることができる。

ちょうど小さな原子が爆発して、広島のような大都市全体を破壊できるように――それがキリストやブッダが地上を動いた時に起こったことだ。目に見えないほんの小さな原子、誰もこれまで見たことがなく、精密機器にも見えない――目に見えない粒子は爆発し、とても多くのエネルギーを発生できる。人間の意識については何と言うべきだろう？

人間の意識が爆発するなら、社会はそれを制御する方法を知らない。だから社会は、あなたを最も低い段階に押し込んだままにしておく。あなたが動くことを許さず、あなたをただ地上に留める。それは決してあなたに翼を与えない。あなたには翼があるが、社会は翼を持っていることをあなたに気づかせようとさえしない。それはあなたにあらゆることを教えるが、最も根本的なものは教えない。

総合大学で、あなたの頭はがらくたを詰め込まれる。学校で、単科大学で、総合大学で、あなたの頭はゴミ箱として使われる。人々はその中に物を放り込み続ける。彼らは自分の教師たちに復讐をしている。彼らはくだらないもので自分たちの頭を満たして、現在、他人に同じことをしている――それも良心的に、非常に真面目にだ。教授、学長、副学長を見たことがあるだろうか？　まるで彼らは、人類に偉大な奉仕をしているかのように、とても深刻でいる。彼らは単に破壊しているだけだ。

頭が重くなりすぎると、ハートとの接触を失う。頭が重要になりすぎると、ハートを忘れがちになる。そしてハートはあなたの生命エネルギーの源泉だ。ハートからセックス・センターに繋がっていて、ハートからサハスラーラに繋がっている。ハートは、セックスとサハスラーラの間の架け橋だ。ハートは谷と頂上の間の架け橋だ。彼らはあなたの頭に詰め込み続け、あなたの頭をあまりにも訓練しすぎる。あなたはとても賢くなり、頭を用いてとても効率的になるので、ハートを通る経路を簡単に迂回する。

生はハートを通って動く。ヘビは生きているが、あなたのハートは閉ざされている。ヘビは生きていて、その旅に出る準備ができている。あなたはただ、ハートの扉を開けなければならない。それが私が、踊りなさい、歌いなさい、歓喜に溢れていなさい、祝いなさい、愛しなさい、感じなさいと言う意味だ。

未来の本当の大学は、頭のためのではなくハートのためのトレーニング・センターになるだろう。今日存在している大学は、全く時代遅れだ。ただの過去の廃墟にすぎない。それらは博物館の中には存在できるが、現実にはもう存在させるべきではない。

本物の大学はハートのための、感覚のための素晴しいトレーニング場になるべきだ。

あなたのヘビは生きている。ちょっとハートを開いてごらん。あなたのヘビは手探りしている。あなたが私のところに来て、私が個人的にあなたと出会い、あなたの中を見る時、ヘビがハートを手探りしているのが見える。頭の方へは、ハートからの動きがなければ行くことはできない。それ以外にはない。それはハートを通って、頭に行くことしかできない。それがハートを通って行く時、あなたの理性には達せずにあなたの直観に到達する。それがハートを通って行く時は、サハスラーラを打つ。サハスラーラも頭にあるが、それはあなたが気づいている頭ではない。

生物学者や生理学者でさえ、頭の半分は全く無用に見える、と言っている。その機能は何だろう？半分しか働いていないようだ。無用で機能していないように見える他の半分は、サハスラーラの種だ。あなたのエネルギーがハートを通って動く時、それは普段は機能していない頭の別の半分に達する。それは、人がブッダになる時にだけ機能する。

そして再び繰り返そう。禁断の道が唯一の道だ。勇気を持ちなさい！　覚えておきなさい。罪はフェリックス・カルパ――幸いなる罪だ。それが人が聖人になる唯一の道だからだ。

質問二

このドラマは、タオルの転移以来ずっと私の心を占めています。あなたはタオルを、それは神のように降りるだろう、と言ってサニヤシンたちに手渡しましたが、それは床に落ちました。そして昨日、再びあなたはそれを取り戻しました。ブッダはマハーカーシャパに花を渡しました。それはまだ彼の手元にあります。

OSHO、すべてのサニヤシンたちの中で、あなたのタオルを受け取れる人は誰もいないのですか？　どうか何か言って、それをはっきり明らかにしてください。

だがその質問には記名がない……それは臆病者からのものであるに違いない。

私の全体的な感じ《フィーリング》では、それに答える気はない。自分の名前を公表さえできないなら、あなたは恐れているからだ。質問をすることさえ恐れている。あなたは自分自身を露け出したくない、私の前でさえも……。

私の感じ《フィーリング》ではそれに答える気はないが、質問は良い。その人は臆病者かもしれない。だから私は質問者に答えるのではなく、質問に答えるつもりだ。

マインドは、常に二つの方法で物事を見ることができる。それを覚えておきなさい。マインドは否定的に見ることもでき、肯定的に見ることもできる。宗教的な人は、常に肯定的な扉を見つけようとする。否定的なものを通しては、決して本物に達しないからだ。

本物は常に肯定的だ。肯定的な人は、肯定的なものを見つけるために否定的なものさえ使う。だがゴールは肯定のままだ。


たとえば、これが起こった。私はあなた方に、タオルを待っていなさい、それは誰かの頭の上に神のように降りるだろう、と言った。しかしそれは床に落ちた。さて、そこには二つの可能性がある。一つは、誰もそれを受け取る準備ができていない。もう一つは、とても多くの人たちが準備ができているので、タオルは困っている。しかし、否定的なマインドは常に否定から見る。

それが私があなた方に言いたいことだ。私には、ブッダと共にいた彼らよりも多くのマハーカーシャパたちがいるので、タオルは困っていた。心配して、それは梁に当たった――どこに落ちたらいいだろう？　誰の上に？　一人を選んで他の人を選ばないことは不公平だっただろう。

人類の全歴史で、私の周りにあるような笑いがあったことは一度もない。ブッダが手に花を持っていた時、たった一人のサニヤシン、マハーカーシャパだけが微笑んだ。そのため、その花は彼に渡された。すべては陰気な顔をした人々で、悲しげで……「それはどういう意味だろう？」と難しく考えていたに違いない。それは何も意味していない！　それは全く無意味な仕草だ。

その全体のおかしさを見て、マハーカーシャパは笑った。彼は笑ったが、花をではない。彼は笑ったが、ブッダをではない。彼は、自分を取り囲んでいたその愚か者たちみんなを笑った。彼らはただ「それは何だ?」と考えていた。彼らは頭の中であれこれ考え、理論を紡ぎ、経典を調べたり過去の記憶を調べたりしていたに違いない。「前例があるだろうか?」。そして彼らは、その中に隠された意味を見つけようとしていたに違いない。そこには何も隠されていない。

ブッダのような人は、花と同じくらい開いている。そこには何も隠されていない。仏教徒には、存在の中に隠されたものは何もない、というブッダの格言がある。まさにその最初から、何も隠されていない。すべてはまさにあなたの前にある。ただあなたが目を開ける必要があるだけだ。

ブッダを取り囲んでいたいわゆる偉大な学者たち――偉大な賢者たちや論理学者たちの馬鹿馬鹿しさ全体を見て、マハーカーシャパは笑った。ブッダは彼を呼んで花を与えた。そして彼は弟子たちに言った。「話すことのできるものは何であれ、あなた方に話した。話すことのできないものを私はマハーカーシャパに伝えた」

さて、二千五百年間、それらの愚かな学者たちや賢者たちは、再び考えている。

「何が起こったのだ?」。彼らは再び考えている。

「ブッダとマハーカーシャパの間で何が生じたのだ? 何が届けられたのだ?」

禅では、マスターがこれを公案として与える。彼らは弟子たちにこう言う。

「静かに座って答えを見つけ出しなさい。なぜブッダはマハーカーシャパを選んだのか、なぜマハーカーシャパは笑ったのか、なぜ花が彼に与えられたのか、そしてブッダが『話すことのできないもの、私はそれをマハーカーシャパに伝えている。そして話すことのできるものを、私はあなた方に話した』と言う時、彼が何を言わんとしているのかを」

もちろん、真理を話すことはできないので、ブッダは真理をマハーカーシャパに伝えている。そして真理について語ることは、すべて再び美しい嘘になる。だからブッダは他の人たちには嘘を言い、真理をマハーカーシャパに与えたのだ。そしてマハーカーシャパは、最も傑出した弟子の一人ではなかった。全くそうではない。実際、誰もこの話以外に彼の名前を聞かない。

シャーリプトラは偉大な学者だった。マウドガリヤーヤナ（モッガッラーナ、目連）は偉大な学者だった。アーナンダは弟子の頭だった。そこには多くの人たちがいた。マハーカーシャパ？　誰もこれまで彼について聞いたことがなかった。目立たなくて質素で、非常に静かな生を生きていたに違いない。誰でもない人であったに違いない。しかし、誰でもない人だけが笑うことができる。そして彼は、学者の愚かさ全体を見抜いていたに違いない。

禅マスターは弟子に「それについて考えなさい。それに瞑想し、熟考して、答えを持ってきなさい」と言う。そして弟子は立ち去り、瞑想し、答えを持って来る。すべての答えは間違いだ。ある日、数年後にそれは起こる。時には二十年後に。

ある弟子の話が記録されている。彼は二十年間瞑想し、毎月、一年に二回、それから一年に一回と、何度もやって来た。彼は素晴らしい答えを見つけ、その周りに哲学を作り出し、それをマスターのところに持って行くと、マスターはまさに最初から、ただ弟子を見るだけで「間違っている！」と言う。弟子はまだ何も言っていない。それは答えを持ってこれるという問題ではないからだ。あなたの顔がそれを、あなたが深刻であることを示している。そして彼は「間違っている」と言う。

弟子は非常に悩んで「しかし、これはどういう意味ですか？　私は何も言っていません」と言う。するとマスターは「それは言うか言わないかの問題ではない。お前のやって来る姿、姿勢、表情、問題はまだそこにある。お前は私を欺くことはできない」と言う。

それから二十年が過ぎて、ある日彼は、くすくす笑いながら来る。

するとマスターは「で、お前はそれを得たのか？」と言う。

今、深刻さは消えた。彼は要点を理解した。それは哲学の問題ではない。彼はこれらの十九年間、自分がマハーカーシャパではなくシャーリプトラ、マウドガリヤーヤナ、アーナンダに従っていたのを、それらの深刻な顔になっていたのを理解した。今彼は、それが何でもないことを理解している……。それはただのジョークだ。ブッダはゲームをしていた。そしてブッダだけが、そのような美しいゲームをすることができる。

今あなたは、なぜタオルが誰かの頭の上に落ちなかったのか、と尋ねている。私にはとても多くの笑っているマハーカーシャパたちと、非常にわずかのシャーリプトラたちが、非常にわずかの学者や賢者がいる。私のすべての努力は、宗教に笑いをもたらすことだ。私はあなたが笑いを神への道にすることを望んでいる。そして笑いに達しない限り、あなたは許されないし、歓迎されないし、受け入れられないだろう。

私は一つのことをあなたに提案する。もし神のところに行くなら、祈りを持って行くよりもジョークを持って行きなさい。神は常に、良いジョークを話せる人々を待っている。そして神は笑い、神の笑いには恵みがあり、神の笑いには祝福がある。

だが次回からは、質問者に自分の名前を記してほしい。人々はあなたの名前を楽しんだだろうし、彼らは笑っただろう。少なくともここでは欺いてはいけない。あなたは至る所で欺いている。

ある人が一ルピーを盲目の乞食に投げ与え、その乞食はそれを上手く受け取った。

その人はびっくりした。「私はあなたが盲目だと思っていた！」

そして乞食の前には、『私は盲目です』という掲示があった。

「いや、旦那、私はいつもここに座っているその盲目の乞食ではありません。今日は彼の休日で、映画を見に行きました。実は、私は彼の友人です。私はちょっと彼の店番をしているだけです。本当は、私は耳が聞こえなくてモノが言えません」

これが物事の有様だ。あなたは欺き続ける。あなたは他の誰かであるふりをし続ける。あなたには多くの顔がある。あなたの本来の顔は、とても多くの仮面の中に失われている。あなたが自分の本来の顔を認識しない限り、どこにも達することはできない。あなたは自分の生にどんな意味も持たない。あなたはこの機会を取り逃す。

この生は、本物《リアル》である人々のためだけにある。あなたの見せかけや仮面は、落とされなければならない。私のすべての努力は、それが少し緩くなってあなたの本物《リアル》の顔が現れ始めるように、ハンマーで打ち続けることにある。あなたは自分自身に驚くだろう。あなたの本物《リアル》の顔は神自身の顔だからだ。

仮面はあなたのものであり、虚偽はあなたのものだ。普通あなたは、現実《リアル》の人物として存在していない。あなたは架空の人物(myth)だ。あなたは神話であって、現実《リアリティ》ではない。この「神話 mythology」という言葉は美しい。それはラテン語の語根ミス MYTH から来ている。そしてミス MYTH は、サンスクリット語の語根ミティア MITHIA から来ている。ミティアは偽りのもの、非現実的なもの、架空のものを意味している。ミティア MITHIA からミス MYTH が生じる。ミス MYTH から「神話 mythology」が生じる。

あなたは架空の人物（myth）だ。あなたは神話（mythology）だ。あなたはただの虚構に過ぎない、あなたは本物ではない。そしてどうやって、虚構が神と出会えるだろう？　虚構は別の虚構としか出会えない。ただ本物《リアル》だけが本物《リアル》と出会うことができる。類似のものは類似のものと出会うことができる。だからあなたの仮面を落として、表に出てきなさい。

あなたの質問は記名されるべきだと私が要求する時、それは単に、その質問は自分のものであるとあなたが受け入れること、あなたはそれを尋ねる責任を受け入れることを意味している。そして私がその質問を嘲笑するなら、私はその質問が愚かであることを証明している。それを、それがあなたの質問であることを受け入れなさい。そして嘲笑を受け入れなさい。それに傷ついてはいけない。なぜならこれは外科手術だからだ！　あなたが泣いたり涙を流し始めて、私に手術をさせないなら、料金を取り戻すがいい。なぜならその時それは無意味だからだ！　なぜあなたは、手術台に横たわっているのだろう？

あなたがサニヤシンになる日、私があなたの頭を完全に切り離すことに成功するまで、あなたは手術台の上に留まっている。だがあなたは非常に賢く、非常に政治的だ。しかし、政治家は最も愚かな人であることを覚えておきなさい。

あなたにある逸話を話そう。

ムラ・ナスルディンは、自分には新しい脳が必要だと判断して、脳バンクに行った。管理人はほんの六千ルピーだけの、偉大な数学者の瓶詰めの脳を見せた。「高すぎる」とムラは言った。管理人は、九千ルピーする核物理学者の脳のところに案内した。「あまりにも高すぎる」とムラは答えた。最終的に管理人は二万ルピーで政治家の脳を彼に提供した。「なぜ俺は、政治家の脳にそれだけのお金を支払わなければならないのだ?」とムラは抗議した。

「しかし、お客さん、」と管理人は説明した。「この脳はこれまで使われたことがありません」

政治家は決して脳を使わない。欺くために脳は大して必要ではない。真実であるためには脳が大いに必要になる。騙すためには、脳は大して必要ではない。ごく普通の、非常に低い知能指数でいい。しかし正直であるためには、真実であるためには、完全に裸で、開いているためには、優れた知性が必要だ。

質問三

なぜあなたは西洋人により多くの注意を払い、概して、インド人をほとんど無視するのですか?

私は、とりわけあなたがサニヤスを与える時のことを考えています。

この質問は非常に重要で、インド人と非インド人の両方が理解しなければならない。西洋人が私のところに来る時、私は彼の頭を通して、彼に取り組まなければならない。なぜなら他に入る可能性がないからだ。

インド人が私のところに来る時は、ハートを通してより簡単な取り組みが可能になる。インド人が私のところに来る時、彼はサットサングのために来る。彼はただ、私の現存の中にいることだけを望んでいる。彼には質問がない。

そして質問があるインド人は、決して私のところに来ない。私は彼らが来るのを防ぐために、とても多くの障壁を作ってきた。頭がいっぱいになりすぎているインド人たちは、私のところに来ない。私はここで彼らを望んでいない。私は彼らが私のところに来るのを妨げるために、あらん限りの努力をしてきた。私は彼らには興味がない。

私のところに来るインド人は、沈黙して私と一緒にいるために来る。彼らは沈黙の言葉を理解できる。しかし西洋人が来る時、彼は沈黙の言葉を理解できない。彼は論理の言葉しか理解できない。だから私は話さなければならない。私は西洋人に対して、あまりにも多く話さなければならない。やがて、私は彼らに静かになるよう説得する。やがて彼らもまたインド人になる。だがそれは時間がかかる。

傍から見る者にとっては、まるで私がインド人に注意を払っていないかのように見えるかもしれない。そして質問は西洋人からだ。質問はアヌラグからだ。あなたは、インド人がサニヤスを受け取りに来る時、私が彼にサニヤスを単純に与えているのを見るかもしれない。たとえ私が彼に尋ねることがあるかどうかを尋ねても、彼はいいえと言う。時には私は尋ねることさえしない――私は彼が何らかの質問をしに来たのではないことがわかる。彼は私と一緒にいるために来た。それはよりはるかに重要で、よりはるかに深い。彼はただ私に会うためだけに、私と共にあるためだけに来た。彼は沈黙の架橋を望んでいる。

しかし見る者にとっては、私がそれほど注意を払っていないように見えるだろう。なぜならあなたは、私が話す時に私は注意を払っている、と思うからだ。私が三十分間一人の人に話す時、もちろん、あなたは私が彼に非常に注意を払いすぎていると考える。それは単にその人が頭の中にいすぎていることを示しているだけで、私は彼を説得しなければならない。

西洋のマインドはただマインドだけで、ハートを忘れてしまった。東洋のマインドはマインドだけではない。ハートは幸運にもまだ優勢だ。マインドは二次的だ。だからあまり話す必要はない。彼は私の足に触れ、それで彼は幸せだ。彼は途方もなく幸せだ。彼は本物の何かに触れた。彼は未知からの何かに触れた。西洋人にとって、それは単に無意味に見える。ではなぜ来たのだ？　足に触れるためだけに？　静かに座るためだけに？　静かに座るなら自分の家でもできる。それなら、なぜそんなに遠くへ旅をしたのだ？

西洋人は、コミュニケーションについて一つの方法しか知らない。それは言語、論理、理性を通してのものだ。私は彼を納得させなければならない。インド人は納得を必要としない。彼はサニヤスという事実について納得している。彼がサニヤスを取らなかったなら、それは彼が納得していないということではない。それはただ、彼には充分な勇気がないということだ。彼は少しの勇気を望んでいる。

彼は納得している！　彼は何生にもわたって、サニヤスは存在するための、正しく存在するための唯一の道だ、と納得している。サニヤスは神に達するための、真理に達するための唯一の道だ、と彼は納得している。それは血や骨の中にある。インド人は、サニヤシンでありたいという願望を持って生まれる。彼はあえてそうできないかもしれない——それは別のことだ。だから彼が私のところに来る時、彼は納得のために来るのではない。納得は既にある。彼はただ、私の雰囲気を感じるために来る。そうすれば、彼はもう少し勇気を出してジャンプすることができる。

西洋人が来る時、彼は全く納得していない。サニヤス？　ただ風変わりで、奇妙で、常軌を逸しているように見える！　西洋人にとって、サニヤスは何の魅力もない。彼はそれについて一度も考えたことがない。

とても多くの西洋人サニヤシンたちがここにいる。あなたはこれまで、人生で自分がサニヤシンになるという夢を見たことがあるだろうか？　サニヤシンになった今でも、あなたは困惑している。

何があなたに起こったのだろう？　あなたはここで何をしているのだろう？　それほど知性的な人がここで何をしているのだろう？

ヘーレンに尋ねてごらん。彼は絶えず考えている。そのような知性的な人が、ほとんどユダヤ人である彼が、ここで何をしているのだろう？　彼はロンドン市場のどこかで、もっとより多くのお金を稼いで、もっとより大きな家を持っているはずだ。彼はここで何をしているのだ？　馬鹿みたいにただ跳んで踊っているだけか？

西洋人は何の確信もなく、サニヤスとは何かについてどんな考えもなく、私のところに来る。私は彼に話して、その気にさせなければならない。私は彼をその中に引き込まなければならない。そして私は非常に論理的でなければならない。私は西洋人に対してだけ論理を使う。インド人に対して私は魔法を使う。これらは二つの異なるアプローチだ。

質問四

最近、私はあなたが、私たちをますます私たち自身に投げ返していると感じます。

他のどこにあなたを投げるべきだろう？　それが唯一の場所だ！　それがあなたの居場所だ。

マスターのすべての努力は、あなたを我が家に連れ戻すこと、あなた自身に投げ返すこと、あなたを本来あるべき姿にすること、あなた自身であるのを助けることにある。あなたを他の誰かにさせると主張する教師がいたなら、用心しなさい！　彼から逃げなさい。彼は毒のようなものだ。彼はあなたを破壊するだろう。

私はあなたを、あなたではない別の何かにしようとしているのではない。私は単に、あなたが誰であろうと、アラーが望むあなたが誰であろうと、あなたが自分自身でいられるように手助けしているだけだ。私はアラーの意志に協力することしかできない。私は干渉するために、ここにいるのではない。あなたがなろうとしているものが何であっても、あなたの運命が何であっても、私はただ、あなたがその運命へ向かうよう手助けするだけだ。私は干渉しない。

ある日突然、あなたは自分が完全に独立しているのが、完全にあなた独自の真正な存在になっているのがわかるだろう。それは私の喜びの日になるだろうし、あなたの感謝の日になるだろう。あなたは感謝を感じるだろう。その日、あなたはなぜ私が、あなたをあなた自身に投げ返し続けるのかを理解するだろう。私はあなたの松葉杖になりたくない。私はあなた自身の手足が充分に強いものであってほしい。私は松葉杖でありたくない。私はあなたの目になりたくない。なぜならそれは不可能だからだ。あなたは欺かれる。

私はあなたに、私が知っているものを与えたくはない。そもそも、それは与えることができない。

次に、もしそれが与えられたら、それは直ちに汚される。それがあなたに届く瞬間、あなたと混ざり合い、それは腐敗する。

知識はあなたの目が開き、それがあなた自身のビジョンであり、あなたに明晰さがある時にだけ可能になる。私はあなたに答えを与えていない。私は単に質問を取り除こうとしているだけだ。それを覚えておきなさい！　私はあなたにどんな答えも与えていない。だから私の答えは非常につかみどころがなく、回りくどいものになるのだ。私は単に、あなたのハートから質問の棘を取り除きたいだけだ。

私の答えはただの策略だ。いったん質問が消えたら、あなたが答えになる。そこには多くの答えはない。覚えておきなさい。答えは一つしかない。なぜなら生は一つしかなく、質問も一つしかないからだ。あなたはその一つの答えを知らないので、千と一つの質問を尋ね続ける。

私はあなたに、どんな答えも提供していない。実のところ、私はあなたの下にある大地そのものを引き離している。私はあなたを深淵に、底無しの深淵にぶら下げたままにする。あなたは怖がるだろう。

私のワークのすべては、あなたが怖がらないように、あなたが勇気を保つように助けることにある。なぜなら、一度あなたが自分自身を深淵の中に落とすなら……質問の無いマインドは、思考の無いマインドは深淵だ。それはノー・マインドだからだ。質問がない時、マインドはどこにあるだろう？　マインドは消えている。そしてマインドと共にエゴは消える。マインドと共に、私とあなたは消える。マインドと共にマスターと弟子は消える。マインドと共にすべての区別が消える。あなたは落ち始める。

あなたが私を許して私と協力するなら、私はあなたが羽のようにゆっくりと、存在の空虚な深淵の中に落ちるのを手助けするだろう。それが答えだ！

答えはあなたの存在だ。質問はあなたのマインドから来る。マインドはあなたの存在ではない。マインド無しでありなさい。マインドを超えてありなさい。

あなたは私にしがみつきたいと思っている。それは非常に安くついて簡単だからだ。あなたは自分のすべての責任を、私に負わせることができる。あなたは「さあ、面倒を見てください」と言うことができる。そしてあなたは、自分が生きていた方法で人生を生き続けることができる。

それが人々が世界でしていることだ。彼らはマスターを選び、明け渡し、そして「さて、私は終わりました――さあ私の面倒を見てください」と言う。そして彼らは同じように生き続ける！　同じ不正直、同じ不信頼、同じ虚偽、同じ神話を彼らは続ける。まるでそうする必要があったすべてをしたかのように。これでは助けにはならない。

明け渡しは責任の放棄ではない。明け渡しは単に信頼の、あなたはこの人を信頼するということの表われだ。今、彼が言おうとしていることは何でもあなたはしようとする。明け渡しは大きな努力の始まりだ！　明け渡しは大きな旅の始まりだ。明け渡しは流れの中に入ることだ。

私に明け渡す時は、私があなたをあなた自身にすることができるように、ただ単に私に明け渡しなさい。あなたは自分のやり方で試してきて、そして失敗した。あなたは多くの人々に従って試してきたが、失敗した。それらの人々は、あなたに本当に興味を持っていなかったからだ。彼らは彼ら自身の考えに興味を持っていた。ある人はあなたをキリスト教徒にしようとしていた。ある人はあなたをヒンドゥー教徒にしようとしていた。ある人はあなたをイスラム教徒に変えようとしていた。彼らは彼ら自身の道に興味をもっていた。彼らは、あなたに押し付ける彼ら独自の考えを持っていた。あなたは犠牲者だった。私に関しては、私はあなたをキリスト教徒やヒンドゥー教徒に、ジャイナ教徒や仏教徒にしようとしているのではない——私は単にあなたを、ただあなたであるものに、あなたが本来そうあるべきものに、神があなたにそうあるよう望んでいるものにしようとしているだけだ。

だから私は、違う人々には違う方法で答え続けるのだ。後になってあなたはＯＳＨＯがどんなタイプの人間だったのか、どんな種類の人間だったのか理解できないだろう。もし私のすべての本に目を通しても、それを整理することはできない。どんな体系なのだね？　そこに体系はない。私のアプローチは個人的なものだからだ。私はある人にある事を言い、そしてすぐに別の人にはまさに正反対の事を言う。

ちょうど昨夜、ある人に私は「仏教の僧になりなさい。あなたの性欲から完全に抜け出しなさい。それを忘れなさい」と言った。そして彼のすぐ後に、別の人に私は「好きなようにやりなさい。関係性の中に入りなさい」と言った。さて、これがどんなタイプの体系かに整理することは誰にとっても困難だろう。

私のアプローチは個人にある。私は一人の人と話す、その時、私は全世界を忘れる。そして私がその人と話す時、私は重要ではない。その人が重要だ。私がある人と話す時、私は一つの観念形態《イデオロギー》から話すのではない。私には既製の体系はない。私はその人を、その体系に当てはめようとしてはいない。それは非人間的だからだ。それは暴力だ。

そして聖人があなたを何かの体系に当てはめようと、あなたを何かの体系に押し込めようとしていることに気づく時はいつでも、覚えておきなさい。彼は殺人者であり、非常に暴力的だ。彼の暴力は、それに砂糖を上塗りしているかもしれない。いわゆる大聖《マハトマ》たちはみんなそのような、非常に暴力的な、途方もなく暴力的な人々だ。彼らはあなたを型に当てはめようとする。その型は前もって作られている。あなたがそこにいなかった時、その型は既にそこにあった。あなたが来る時、型はそこにある。あなたは型に適合しなければならない。

あなたが私のところに来る時、私には型はない。私はあなたを何かに当てはめたりしない。私はただあなたの内側を覗き込んで、あなたの最も奥深いエネルギーがどこに動いているのかを見ようとし、その方向に進むように助ける。それがあなたの道だ。そこがあなたのいるべきところだ。あなたにはその中に入る勇気がない。私はあなたを助けて、あなたに勇気を与える。私はあなたに約束をする、「私はあなたと一緒にいる。行きなさい――心配しなくていい」と。しかし私があなたを助けるのは、あなた自身であるためにだ。

そして私にとって宗教とは、各個人が自由でいることを、各個人が絶対的に自由でいることを意味している。もちろん、その自由には大きな規律が暗に含まれている――しかし、その規律はあなた自身の意識から生じなければならない。他の誰かによって課されるべきではない。しかしまさに今、あなたがその過程にいる時、あなたは完全には理解できない。あなたが到達する日、あなたはこの男があなたにしていたことを理解するだろう。あなたは感謝するだろう。

ある中国の僧侶がお祝いをしていたという話がある。誰かが「なぜ祝っているのですか？　どうしたというのですか？」と尋ねた。

彼は「これは私のマスターの誕生祝いだ」と言った。

マスターは死んでいたので、質問者は心配した。彼はこう言った。

「しかし私が覚えている限り、あなたは何度もそのマスターに近づきましたが、彼はいつもあなたのマスターになることを拒否しました。では、なぜ祝っているのですか？　この儀式は、マスターに受け入れられた弟子だけが行なうものだからです。それなのに、なぜわざわざそうするのですか？　実際、彼は何度もあなたを拒絶しましたよ！」

その男は笑い始め、そして言った。

「彼が私を拒絶したので、私は自分自身と向きあった。そして私が自分の存在をはっきりと理解した日、私は彼に感謝した。彼は私のマスターだ。彼が私を拒絶しなかったなら、私は到達しなかったかもしれない。なぜなら実際、私は何らかの支えを、頼れる誰かを見つけようとしていたからだ。私は、絶対的に個人でいて自由になることにあまり興味がなかった」

「私は解放について話していたが、私は本当に解放されようとしていなかった。私は美しい檻を、美しい牢獄を、ある神聖な牢獄を、ある宗教的な様式を見つけようとしていた。しかしこの人は、ただただ信じられなかった！　何度私は彼に近づいたことだろう！　彼はただ私を追い出して『帰りなさい！　わしはお前のマスターではない』と言った。そして今、私は彼が私のマスターであり、これが彼の教えであったのを知っている。彼の拒絶は彼の受容だった。なぜなら彼は、これが私が成長できる唯一の方法であると、私を通して見ることができたからだ。だから彼は私を拒絶したのだ。しかし、私を拒絶することで彼は私を受け入れてくれたのだ」

その要点がわかるかな？　私はあなたをあなた自身に投じ続ける。時にはあなたは傷つくだろう。時には大変な苦痛があなたの中に生じるだろう。しかしある日、最終的にあなたが我が家に帰る時、私が決してあなたの松葉杖にならなかったことに、感謝するだろう。

質問五

あなたは私が臆病者だったことを気づかせてくれ、私はそれを受け入れたことで幸せでした。今、私は自分が勇敢になっていると感じ、そして脅えています。

質問はラジ・バルティからだ。彼は軍人であり、もちろん彼は自分が勇敢な男だと信じていた。しかし彼は、勇敢な男だというこの感覚を持つためだけに、軍隊に入ったのかもしれない。彼は大佐なのでその資質がある。彼は自分が勇敢であることを証明できる。しかし私は彼を覗き込み、彼が臆病者であることがわかった。彼はそれを受け入れるのに充分な勇気があった。彼はどんな不平もなく、どんな恨みもなくそれを受け入れた。彼はそれを完全に受け入れた。それは美しかった。

彼が受け入れた時、まさにその瞬間、私は今こそ彼が勇敢になるだろうとわかっていた。なぜならこれが勇敢さの始まりだからだ。勇敢な人だけが、臆病者であることを受け入れられる。臆病者は決してそれを受け入れられない。臆病者は、自分が勇敢であることを証明しようとする。

私には、自分が非常に勇敢な人物であると絶えず証明しようとした教師がいた。私は彼に近づいてこう言った。「この馬鹿げたことを止めてください。あなたがあまりにも勇敢さについて話すので、僕はあなたが臆病者ではないかと疑っています。あなたが止めなければ、僕は面倒な事を引き起こすでしょう」

彼は「どういう意味だ？」と言った。

私は「それは僕に任せてください。でもあなたはすぐに止めるべきです。僕はあなたが臆病者であることを知っているからです。あなたがクラスの中で震えているのを見ました。あなたがクラスに入る時、あなたは汗をかいています。そしてあなたは勇敢さについて話すのですか？　すぐにそれを止めてください！　さもないと、あなたは自分が勇敢な人だと証明しなければならないし、それは難しくなります」と言った。

彼は止めただけでなく、事実上姿を消した。彼は辞職した。数年後、私が大学にいた頃、駅で彼に出会った。私は「あなたはどこにいたのですか？」と言った。

彼は「君は危険だ。私は本当に臆病者なのだ——だが、私が勇敢さを証明しなければならない、と君が言って、私がそれを考え始めた時、ここから出て行ったほうが良いと思ったのだ」と言った。

ラジ大佐はとても簡単に、とても純真にそれを受け入れた。まさにその瞬間、彼は勇敢になり始めた。これが生の論理だ。それは非常に不合理な論理だ。臆病者は、自分が勇敢であることを証明しようとし続ける。勇敢な人は、自分の臆病ささえも受け入れる。暴力的な人は非暴力的になろうとする。本当に非暴力的な人は、自分の内側にあるすべての暴力を受け入れる。

非常に性的な人は禁欲者になろうと試み続ける。本物の禁欲者は、自分の中にあるすべての性欲を受け入れる。罪人は聖人であるふりをし続ける。本物の聖人は、罪に陥る可能性が自分の中にまだどれだけ多く生きているかを知っている人だ。

今、彼は「今、私は自分が勇敢になっていると感じ、そして脅えています」と言っている。再びあなたは古い轍の中に入っている。あなたが臆病者だった頃は臆病者であることを受け入れ、そして勇敢になり始めた。今あなたは自分が勇敢で、そして自分は臆病になっていると感じ始めた。あなたは脅えている。その論理を見てごらん。

自分は勇敢であり、勇敢なままでいるだろう、と決して主張してはいけない。自分は美しいし、美しいままでいるだろう、と決して主張してはいけない。自分は賢明で、賢明なままでいるだろう、と決して主張してはいけない。主張する瞬間、あなたは再び罠に落ちてしまった。

ウパニシャッドは、知っている人は決して知っているとは言わない、と言う。知っていると言う人は知らない人だ。

だからマインドのゲームを見てごらん。ちょっと見守りなさい。自分は勇敢だと信じ始めてはいけない。さもなければ再び臆病者になるだろう。しかしあなたがこのゲーム全体を見守ることができて、単に目撃者のままでいられるなら、臆病さも勇敢さもすべて消える。そして残されたものは本物のあなただ。それはどちらでもない。それは超越している。

質問六

あなたは毎日、私たちに明け渡すように言われますが、それでもそれはまだ起こりません。なぜ起こらないのでしょうか？　私は本当に手放したいのですが、試してみてもうまくいきませんし、試さなければなおさらです。何をすればいいのですか？　そして起こるとしたら、それはいつ起こるのですか？

それは、あなたがするかしないかの問題ではない。しないこともまた、あなたのすることだからだ。肯定的にせよ否定的にせよ、それは全く行なうという問題ではない！　あなたがしているのでもなく、していないのでもない時、それは起こる。

あなたは一方の極性から他方の極性に移動する。まずあなたはしようとする。それが起こらない時、あなたはこう言う。「わかった、では今はしない。それが起こるかどうかを見てみよう」だがその期待は同じだ。期待はすることの背後にあった。今それは、しないことの背後にある。あなたはそれが起こることを期待している。それが起こることを求め、起こることを望んでいる。願望が消えない限り、希望が捨てられない限り、それは起こらない。明け渡しは願望が、希望が消える時にだけ起こる。完全な放棄においてそれは起こる。

だから、することもしないことも必要ない。両方とも基本的には違わないからだ。両方の背後に同じ願望がある。

一つの逸話を話そう。


ムラ・ナスルディンは、妻と義母をムンバイからプネーまで、車で送らなければならなかった。その道中ずっと、二人の女性は運転の仕方についてアドバイスをしていた。ついにナスルディンは、もう我慢できなくなって車を道の端に寄せ、怒り狂って後部座席の妻の方を振り向いて愚痴を言った。

「わかった。今これを一度はっきりさせよう。誰がこの車を運転するのだ？　君か？……それとも君のお母さんか？」


しかし、母親が決めるか妻が決めるかはどちらにしても同じことで、他の誰かが決めている。することによってそれを起こらせても、しないことによってそれが起こるようにさせても、あなたは神にどんなチャンスも与えていない。

明け渡しは神からの贈り物だ。あなたが完全に不在で、することもしないこともない時、それは起こる。しかしそれはあなたとは何の関係もないので、あなたはそれを完全に忘れることができる。ただ単に普通の事をすればいい。食べ、眠り、歩き、踊り、歌い、愛する。あなたは普通の事をして、明け渡しをただすべて忘れる。ある日突然、それはそこにある。

普通の生活の事をして、特別な出来事を待たず、奇跡を待たなければ、ある日、それはそこにある。それは単にそこにある。ある朝、あなたが起きるとそれはそこにある。あなたの部屋全体は祝福で満たされている。それ以降、それを失うことはできない。それを失う方法はない。なぜなら、本当は、明け渡しにおいて実際に起こることは、あなた自身の本性が開花することだからだ。しかしそれは神からの贈り物だ。そのために祈ることさえしてはならない。あなたの祈りにも願望があるからだ。

質問七

愛するOSHO、私はムラ・ナスルディンを探しに行きましたが、見つけられませんでした。そこであなたの提案で、スワミ・ヨガ・チンマヤを訪ねて、あなたがタオルを放り投げた理由を尋ねました。彼は深く象徴的で非常に秘教的な理由についての講演を、三十分も長く話しました。私は笑いながら立ち去りました。

OSHO、あなたはまたもや私たちを騙しました！　スワミ・ヨガ・チンマヤはムラ・ナスルディンです。

彼は熱心に試みているが、まだそうではない。ムラ・ナスルディンであることは非常に難しい事だ。ムラ・ナスルディンであることには、二つの意味がある。知恵において愚かであり、愚かさにおいて賢明であることだ。それは非常に大きな矛盾だ。愚かさにおいて賢明であり、知恵において愚かでありなさい。ヨガ・チンマヤは熱心に試みている。しかし彼は今まで二番目の部分しかできなかった。最初の部分はより難しい。それに熱心に取り組み続けるなら、彼は成功するかもしれない。ムラ・ナスルディンは、スーフィーの考案物だという事実に気づいているべきだ。それは、生は愚かさの中に賢さがあることをはっきりさせるためのものだ。あなたが賢くあろうとする時、あなたは愚かになる。最も賢い人々は愚か者のようだ。そして最も愚かな人々は賢いふりをする人々だ。

ソクラテスは言った。「私が気づいていなかった時、無知だった時、私は自分が知っていると思っていた。無知だった時、私は自分が知っていると思っていた！　知っている今、私はたったひとつのことしか知らない。それは、私は知らない、ということだ」

知恵の途方もない開花の中で、人は愚かになる。イエスは愚かだ！　聖フランシスは愚かだ！　ブッダは愚かだ！　彼らの無知は深遠で、彼らの無知は究極だ。彼らの無知でもって、彼らは生が神秘的で果てしなく無限であることを宣言する。それを解答する者は誰もいない。それは解答すべき問題ではない。それは生きられるべき神秘だ。彼らの無知でもって彼らは完全に無垢になった。それが彼らの知恵だ。

それからあなたは、偉大な哲学者――ヘーゲル、カント、アリストテレス、プラトン――に行く。

彼らは自分が非常に賢いことを証明する。それは彼らの愚かさだ。

あなたが選ばなければならないなら、愚かさを選びなさい。するとあなたは賢くなるだろう。知恵を装うことを選んではいけない。さもなければあなたは愚かになるだろう。


ある日、私はムラ・ナスルディンと道を歩いていた。突然雨が降り出した。私はムラ・ナスルディンに言った。「ムラ、雨だ。傘を開いてくれ！」

彼は「何の役にも立たないだろう。穴だらけなんだ」と言った。

それで私は驚いて、こう言った。「ではどうして、なぜ君はそれを持ち運んでいるのだ？　そもそも、なぜそれを持って来たのだ？」

彼は「雨が降るとは思わなかったのだ」と言った。


忙しい病院の診療所があって、そこでは患者が無料で治療を受けることができた。何もすることがない多くの高齢者たちが、医師に悩みを打ち明けるために来ていた。ムラ・ナスルディンは毎日行った。彼に何も悪いところはなかった。しかし医師は彼を気遣い、辛抱強く耳を傾け、実際に彼の訪問を楽しみにしていた。ある日、彼は現れなかった。次の日、彼の主治医は「昨日あなたはどこにいたのですか？　私たちはあなたがいなくて寂しかったですよ」と尋ねた。

「真実を話そう」と彼は答えた。「俺は病気だったのだ」

ムラ・ナスルディンはとても満足してとても幸せでいたので、ある日私は「君の哲学は何だい、ナスルディン？　君はどうやって心配を避けているのだ？」と尋ねた。

彼はこう言った。「要するにこれが俺の哲学だ。生は非常に単純だ。生について最初に覚えておくべきことは、心配しないことだ。本当に、心配すべきことは二つしかない。成功しているかしていないかだ。成功しているなら何も心配はない。成功していないなら、心配すべきことは二つしかない。健康か不健康かだ。健康なら何も心配ない。健康状態が悪いなら、心配すべきことは二つしかない。生きようとしているのか、生きようとしていないのかだ。生きようとしているなら何も心配はない。そして生きようとしていないなら、心配すべきことは二つしかない。天国に行こうとしているのか、行こうとしていないのかだ。天国に行くなら何も心配はない。そして君が別の場所に行くなら、すべての旧友たちと握手するのにとても忙しいだろう。君には心配する時間はない」

私はスワミ・ヨガ・チンマヤを祝福し、いつか彼がムラ・ナスルディンになることを願っている。人がムラ・ナスルディンになる日、人は我が家に到着している。

酔っぱらっていたムラ・ナスルディンは、朝の三時に通りをよろめいていた時に、警察官に呼び止められた。

「なぜこんな時間に外出しているのか説明してくれるかな？」と警察官は尋ねた。
「もし説明できたなら、」とムラは言った。「俺は今ごろ家に帰っているだろう」

あなたが生とは何かを知っていたなら、今頃は我が家に帰っているだろう。すべての秘教的な説明は、すべてのそのような説明は馬鹿げている。

ムラ・ナスルディンの五十パーセントに関する限り、チンマヤはうまくやっている。すべての説明は馬鹿げている。いわゆる知恵はすべて馬鹿げているからだ。しかしこれが人が成長する方法だ。愚かさが知恵になる時、他の五十パーセントも生じるだろう。

質問八
愛するOSHO、非常に神秘的なことが起こっています……。タオルは質問箱の中に見つかりましたが、それがどこから来たのかわかりません！
どうか教えていただけないでしょうか。

確かに、神秘的なことが起こっている。それがちょうど二日前、スワミ・ヨガ・チンマヤが彼の主弟子であるプリヤに言ったことだ——多くの神秘的なことが起こっている、と。そして彼は一昨日に「明後日、より多くの神秘的なことが起こりそうだ」と言った。今日がその明後日で、そして今、これが起こった。

さて論理を使うことは全く難しい。私は魔法を使わなければならない。ちょっと待ってほしい。私の魔法を使うために、時間を少し私に与えてほしい……。

そのタオルは女性からのものだ。インド人であって西洋人ではない。結婚していて未婚ではない。サニヤシンだ。彼女の名前は「u」で始まる。彼女についてもっと多くの情報を望むなら、ラジ・バルティ大佐方に尋ねればいい。

第九章

熱情を追い払いなさい！

Away with the Passions!

ブッダは言った。

以前、自分の熱情を制御できないことに絶望して、自分自身の手足を切断したいと思った男がいた。

ブッダは彼に言った。

あなた自身の身体に害を為すよりも、あなた自身の邪悪な考えを破壊するほうが良い。

マインドは君主だ。君主自身が静まる時、下僕は自ら従う。

あなたのマインドの悪い熱情が浄化されていなければ、
あなた自身を不具にすることがどんな役に立つのだろう?


そのうえで、ブッダは偈《ガータ》（仏の教えを讃える韻文）を唱えた。


熱情は意志から生まれ、意志は思考と想像から生まれる。

両方が静められる時、官能に耽ることも転生もない。


ブッダは言った。

このガータは、以前にカーシャパブッダから教えられた。

ブッダは言った。

熱情から心配が生じて、心配から恐れが生じる。
熱情を追い払いなさい。そうすれば恐れも心配もない。

人間は苦悩している。人間は何世紀にもわたって不幸なままだった。不幸でない人間を見つけることはめったにない。それはほとんど、信じ難く思えるほど稀なことだ。だから覚者《ブッダ》たちは決して信じてもらえないのだ。人々は、彼らが存在していたことを信じない。人々はそれを信じることができない。彼らは自身の苦悩のために、それを信じることができない。苦悩はそれほど大きく、彼らはそれにとても深く巻き込まれているので、逃れることが可能だとは思えない。

ブッダとは想像上のものに違いない。人々は、ブッダは人類の夢だ、と考える。それこそがジークムント・フロイトが、ブッダとは願望成就だ、と語ることだ。人はそのようにありたいと思っている。人は苦境から抜け出そうと望んでいる。人はその沈黙を、その平和を、その祝福を得たいと思っている。しかしそれは起こっていない。そしてフロイトは、望みはない、それは物事の性質上起こり得ない、と言う。人間は幸福になることができない。

フロイトの言うことに対して、非常に鋭く、非常に深く耳を傾けなければならない。彼を公然と単純に拒絶することはできない。彼は、これまでで最も鋭いマインドを持つ一人だ。そして彼が、幸福はありえない、幸福を望むことは不可能なものを望むことだと言う時、彼は本気で言っている。彼自身が人間の苦悩を観察した結果、彼はこの結論に至った。この結論は哲学者が出した結論ではない。フロイトは悲観主義者ではない。しかし、何千人もの人間を観察して、彼らの存在の中へより深く入っていくことで、人間は苦悩するという内蔵プロセスを持つように作られていることに気づいた。せいぜい、快適に過すことはできるが、決して歓喜を味わうことはできない。せいぜい私たちは生活を、科学的技術、社会の変革、よりよい経済などによって、もう少し便利にすることはできるが、それでも人間は不幸なままだ。

どうしたら、フロイトはブッダが存在したことを信じられるだろう？　そのような静けさは単なる夢のように見える。人類はブッダの夢を見てきた。

この考えが生じるのは、ブッダがそれほどまで稀で、それほどまで例外的だからだ。彼は普通ではない。なぜ人は、それほど不幸なままでいたのだろう？　そして奇跡的なのは、誰もが幸せでありたいということだ。不幸になりたい人を見つけることはできないが、それでも誰もが惨めな状況にある。誰もが幸せで、喜びに満ちていて、平和で静かでいたいと思っている。誰もが喜びの中にいたい。誰もが祝いたい。だがそれは不可能なようだ。さあ、そこには何らかの非常に深い原因が、フロイト派の精神分析が到達できないほど深く、論理が見通すことができないほど、深い原因があるに違いない。

経文に入る前に、その基本的なことを理解しなければならない。つまり、人は幸せを望むからこそ惨めなのだ、ということを。幸せでいたいと思えば思うほど、より不幸になる。さてこれは非常に不合理だが、これが根本的な原因だ。人のマインドがどのように機能するか、そのプロセスを理解すると、それを実感できるだろう。

人は幸せでありたい、ゆえに惨めさを生み出す。苦悩から抜け出したければ、幸福への欲求から抜け出なければならない。そうすれば、誰もあなたを不幸にすることはできない。フロイトが取り逃したものがここにある。彼は、幸福への欲求そのものが苦悩の原因になることを理解できなかった。それはどのようにして起こるのだろう？　そもそも、なぜ幸福を望んでいるのだろう？　そして幸福への欲求は、あなたに対して何をするのだろう？

幸福を望む瞬間、あなたは現在から離れ、実存的なものから離れ、どこにもなくてまだ来ていない未来に既に移っている。あなたは夢の中に向かっている。さて、夢は決して満たされ得ない。あなたの幸福への欲求は夢だ。夢は非現実的だ。誰もこれまで、非現実的なものを通して現実《リアル》に達することはできなかった。あなたは間違った列車に乗ってしまった。

幸福への欲求は、あなたがまさにこの瞬間、幸福ではないことを示している。幸福への欲求は、あなたが惨めな存在であることを単純に示している。そして不幸な存在は、いつか、いつの日か、何らかの形で幸福になるだろう、と未来に投影している。苦悩からあなたの投影が生じる。それはまさに苦悩の種を運んでいる。それはあなたから来ている。それはあなたと異なることはできない。

それはあなたの子供だ。その顔はあなたのようになる。その身体の中にあなたの血は循環している。それはあなたの継続になる。

あなたは今日不幸でいる。あなたは幸せでいることを明日に投影するが、明日とは、あなたの、今日のあなたの、何であれあなたであるものの投影だ。あなたは不幸だ。明日はこの不幸から生じて、あなたはもっと不幸でいるだろう。もちろん、より不幸な状態から、あなたは再び未来ではより幸せでいたいと思うだろう。そうやってあなたは悪循環に陥る。不幸になればなるほど、あなたは幸福を求める。幸福を望めば望むほど、あなたは不幸になる。今ではそれは、自分の尾を追いかける犬のようだ。

禅では、それを表す特定の言い方がある。彼らは、荷車を鞭打つ、と言う。馬が動いていないのに荷車を鞭打ち続けても、役に立たない。あなたは悲惨な状態でいる。そしてあなたが夢見ることができるものや投影できるものは何でも、より多くの苦悩をもたらす。

だからまず第一に夢を見ないこと、投影しないことだ。まずは、ここと今にいることだ。それが何であっても、ただここと今にいなさい。途方もない啓示があなたを待っている。その啓示とは、誰も今ここで不幸になることはできない、ということだ。

あなたはこれまで、今ここで不幸だったことがあるだろうか？　まさにこの瞬間、あなたは私と向き合っている。今、不幸になる可能性があるだろうか？　あなたは昨日について考えることができて、不幸になることができる。明日について考えることができて、不幸になることができる。しかしまさにこの瞬間に、この脈動して鼓動している現実の瞬間に、あなたはまさに今、不幸でいられるだろうか？　どんな過去もなしに、どんな未来もなしに？

あなたは過去から、記憶から苦悩を持ち込むことができる。誰かが昨日あなたを侮辱して、あなたはまだその痛手を持ち運ぶことができる。まだその傷を抱えることができ、まだそれを不満に思うことができる。なぜだろう？　なぜそれはあなたに起こったのだろう？　なぜその人はあなたを侮辱したのだろう？　そしてあなたは、彼のためにとても多くの良いことをしてきた。あなたはいつも助けてきて、いつも友人だった。それなのに彼はあなたを侮辱した！　あなたはもはや存在しないものと戯れている。昨日は過ぎ去った。

または、明日のために不幸になるかもしれない。明日あなたのお金は無くなる。その時あなたはどこに居るつもりなのだろう？　どこで食べるつもりだろう？　明日あなたのお金は無くなる！その時、不幸がやって来る。

それは昨日から来るか明日から来るかのどちらかで、決してここと今ではない。まさにこの瞬間、現在において、不幸はありえない。これだけでも学んだなら、あなたはブッダになることができる。その時、あなたの道を邪魔する者は誰もいない。あなたは、すべてのフロイトたちを忘れることができる。そうなると幸福は可能であるだけでなく、それは既に起こっている。それはまさにあなたの目の前にある。あなたがそれを見逃しているのは、横を向き続けているからだ。

幸福はあなたがいるところにある。あなたがどこにいようと、幸福はそこにある。それはあなたを取り囲んでいる。それは自然な現象で、ちょうど空気のようなもの、空のようなものだ。幸福は探すべきものではない。それは宇宙が作られている素材そのものだ。喜びは宇宙が作られている材料そのものだ。しかし、あなたは直接見なければならないし、即時に見なければならない。横を向くならあなたは見逃す。

あなたが見逃すのは、あなたのせいだ。見逃すのは間違ったアプローチをしているからだ。

これは、ブッダが世界にもたらした最も根本的な真実だ。これが彼の貢献だ。彼は、過去に対して死に続けなさい、決して未来について考えてはいけない、と言う。そして不幸であろうとしてごらん。あなたは失敗するだろう。あなたは不幸でいることはできない。

あなたの失敗は絶対に確実だ。それは予測できる。あなたにはどうしようもない。不幸であることにあなたがどれほど有能であっても、どれほど訓練しても、まさにこの瞬間に不幸を生み出すことはできない。

幸福を求めることは他のどこかを見ることになり、ゆえにあなたは見逃し続ける。幸福は作るべきものではなく、ただ見るべきものだ。それは既に存在している。まさにこの瞬間、あなたは幸福に、途方もなく幸福になることができる。

これがブッダに起こったことだ。彼は王の息子だった。彼はすべてを持っていたが、幸せではなかった。彼はますます不幸になった。持てば持つほど不幸になる。それが金持ちの苦悩だ。それが今日アメリカで起こっていることだ。金持ちになればなるほど、より不幸になっている。金持ちになればなるほど、どうしたらいいか完全に途方に暮れる。

貧しい人々は、何をしたらいいか常によくわかっている。お金を稼がなければならず、良い家を建てなければならず、車を買わなければならない。子供たちを大学に行かせなければならない。彼らには常に、彼らを待っている予定がある。彼らは手一杯だ。彼らにはいつの日か……という未来があり、希望がある。彼らは困窮したままだが、希望がそこにある。

金持ちは不幸でいて、希望も消えてしまった。彼の不幸は二倍になる。金持ちよりも貧しい人を見つけることはできない。彼は二倍貧しい。彼は未来に投影したままでいる。そして今、彼は未来が何も提供しそうではないことを知っている。なぜなら必要なものは何でも持っているからだ。彼は困難に陥っている。彼のマインドはますます心配するようになり、不安になる。彼は苦悩する。それがブッダに起こったことだ。

彼は裕福だった。彼は持ち得るものすべてを持っていた。彼は非常に不幸だった。ある日彼は宮殿から逃げ出した。すべての富、美しい妻、新しく生まれてくる子供を残して、彼は逃げ出した。彼は乞食になり、幸福を探し求め始めた。あっちの導師《グル》やこっちの導師《グル》のところに行った。幸福でいるためには何をすべきかをあらゆる人に尋ねた。もちろん、彼に助言する用意ができている人々は何千人もいて、彼はあらゆる助言に従った。彼らの助言に従えば従うほど、彼はより混乱するようになった。

ブッダは自分に言われたことは何でも試みた。誰かが「ハタ・ヨーガをやりなさい」と言うと、ハタ・ヨーギになった。彼はヨーガの姿勢をとり、まさに極限までそれを行なった。それからは何も起こらなかった。たぶんハタ・ヨーガではよりよい身体を持てるだろうが、幸福になることはできない。ただより良い身体やより健康な身体では、何の違いも生じない。より多くのエネルギーによって、あなたは不幸になるための多くのエネルギーを自由に持つことになる。だがあなたは不幸になる。それで何をするのだろう？　より多くのお金があるなら、それで何をするつもりなのだろう？　あなたは自分にできることをする。そして少しのお金があなたをとても不幸にするなら、多くのお金はあなたをより不幸にする。それは単純な算数だ。

ブッダはすべてのヨーガを落とした。彼は、身体の姿勢を教えずに、マントラ、詠唱、瞑想だけを教える他の教師の、ラージャ・ヨーギたちのところへ行った。彼はそれも行なったが、何も起こらなかった。彼は本当に探し求めていた。あなたが本当に探し求めていて、何も助けることができないなら、救済法はない。

平凡な人々は途中のどこかで止まる。彼らは本物の探求者ではない。本物の探求者は探求のまさに最後まで行き、すべての探求がナンセンスであることに気づく人だ。探求すること自体が欲望の道だ。彼はある日、それを認識した。ある日、彼は宮殿を去り、自分の財産を後に残した。六年ものスピリチュアルな探求の後、彼はすべての探求を落とした。物質的な探求は以前に落ちていて、今はスピリチュアルな探求を落とした。この世界は以前に落とされていて、今彼は、別の世界も落とした。

彼は欲望を完全に取り除いた……そしてまさにその瞬間、それは起こった。まさにその瞬間、祝福があった。彼が欲望を完全に取り除いた時、すべての希望を失った時、未来は消えた。なぜなら未来は、あなたの希望が理由で存在しているからだ。未来は時間の一部ではない。覚えておきなさい。未来はあなたの希望の、欲望の一部だ。未来はあなたの貪欲の一部だ。未来は時間の一部ではない。

時間は常に現在だ。時間は決して過去ではないし、決して未来ではない。時間は常にここだ。今は無限だ。時間は決してどこにも行かず、決してどこからも来ない。それは既にここにあり、常にここにある。ある方法で、ある状況で、あなたは幸福であろうとする。それはあなたの貪欲、あなたの欲望、あなたの希望だ。

すべての欲望が落ち、すべての希望が落ちた。すべての希望が捨てられて、突然ゴータマ・シッダールタは覚者《ブッダ》になった。それは常にそこにあったが、彼はどこか別のところを見ていた。それはそこに、内側に、外側にあった。そのように宇宙は創られている。それは至福であり、真理であり、神だ。

人間が不幸なままでいるのは、自分の欲望に関するこの根本的な真理を見逃し続けるからだ。これを理解しなければならない。そうすれば、これらの経文は非常に単純になる。


ブッダは言った。

以前、自分の熱情を制御できないことに絶望して、自分自身の手足を切断したいと思った男がいた。

ブッダは彼に言った。

あなた自身の身体に害を為すよりも、あなた自身の邪悪な考えを破壊するほうが良い。

マインドは君主だ。君主自身が静まる時、下僕は自ら従う。

あなたのマインドの悪い熱情が浄化されていなければ、
あなた自身を不具にすることがどんな役に立つのだろう?


理解すべき多くのことがある。まず最初に、ブッダについて、彼は反-身体であったという大変な誤解が存在している。それは絶対に間違っている。彼は決して反-身体ではなかった。身体を支持してはいなかったのは真実だ。だが、決して反-身体ではなかった。この経文はそれをはっきりさせるだろう。彼は言う。

自分の熱情を制御できないことに絶望して、自分自身の手足を切断したいと思った男がいた。

そのような人たちは一人だけではなく、たくさんいた。数多くの人々が、真理、神、エクスタシー、またはそれを何と呼ぼうが、その探求において自らの身体を破壊した。数多くの人々が、身体は敵だと結論付けた。そこには特定の論理がある。

人々は、自分が苦境にいるのは身体のせいだと考える。人々は、性欲があるのは身体のせいだ、貪欲さがあるのは身体のせいだ、お金が必要なのは身体のせいだ、関係性が必要なのは身体のせいだと考える。人々はすべての問題が生じるのは、身体のせいだと考える。では、なぜ身体を破壊しないのだ？　なぜ自殺しないのだ？

自殺的な、本当に自殺を教える宗派が多くあった。それは「この身体は落とすべきだ。あなたに充分な勇気があるなら、一気にこの身体を落としなさい。勇気がないなら、ゆっくりと部分的に身体を切断して、身体を落としなさい」と言う。

革命前のロシアに、非常に流行した宗派があった。それはとても人気があった。それは人々に性器を切ることを教えていた。無数の人々がそれに――ただ性器を切断することに――従った。性器を切ればあなたはセックスを超える、というわけだ。これは全く馬鹿げている。なぜならセックスは性器の中には存在しないからだ。それはマインドの中に存在する。性器を切ることはできるが、セックスは実際にはまだ存在する。それを満たす方法がないため、今やそれはより神経症的になる。

断食を教える宗派が世界中にある。時たま、月に一度なら、断食は役に立ち、非常に健康になり、浄化の過程となる。だが長く断食し続けることは、身体を破壊する。それでもブッダの時代には、ジャイナ教徒でこうした断食の考えに取りつかれていた宗派があった。

「一ヶ月、二ヶ月、三ヶ月と断食し続けて、もし断食中に死ぬなら、最高の天国に達するだろう」なぜ、この断食という考えはそんなに根深くなったのだろう？ 食物とセックスは、人間の二つの強迫観念のようだ。そして「どうやって苦境から抜け出したらいいだろう？」と考える人々は、これら二つのものが、自分が苦境にいる原因だと考える。実際は、まさにその逆が真相だ。

私は聞いたことがある。

ある航空会社が、こんな手紙を受け取った。

「拝啓、貴社のパイロットが『シートベルト着用』と言う小さな灯りを点けないように提案してもよろしいでしょうか。というのも彼らがそうするたびに、揺れがひどくなるからです」

さてあなたは原因を結果と、結果を原因と誤解することがあり得るし、それは論理的に思える！その手紙を書いたこの人は、何度も見てきたに違いない。シートベルトを着用しなければならないとアナウンスされる時はいつでも、突然座席は飛び跳ね、激しく揺れて、荒々しくなる。彼は何度もそれを見てきた。彼は論理学の教授であったに違いない。何度もそれを見守ってごらん。灯りがついてアナウンスがあるたびに、すぐに異常事態になる。彼の提案は非常に論理的だが、それでも馬鹿げている。アナウンスがあるのは、ただ座席が激しく揺れるという理由からだ。アナウンスがその原因ではない。アナウンスがそれを引き起こすのではない。それは激しく揺れようとしている。アナウンスはあなたを助けようとしている。

しかし、それは普通の生でも起こる。あなたのマインドは性的だ。原因はマインドにあり、身体は簡単にマインドに従う。だが、あなたは身体が従う時に気づく。あなたはまだ、性的な観念がマインドにある時にそれを見ることができるほど気づいてはいない。それが身体に入る時、非常に確かなものになる。その時あなたは気づくようになる。あなたの気づきは鋭くない。あなたはその原因を把握できない。それが既に結果に移った時、あなたはそれを把握する。

あなたはそれが既に制御できなくなった頃にそれを把握する。それが既に固まった時にだけ、あなたはそれを把握し、それについて油断しなくなる。

あなたの中に生じる観念には三つの状態がある。第一に、観念は無言だ。それは思考では明確に表現されない。それは最も微妙なものだ。そこで観念を捕まえることができるなら、あなたは解放されるだろう。第二段階は、観念が言葉の中に入った時で、それは明確に表現される。そこにはあなたの中に生じている思考がある。人々はすっかり眠気に陥っているので、第二段階でさえ気づかない。思考が具体的になった時、それが既に粗大な身体の中に入り込み、身体がそれに所有されるようになった時、その時にあなたは気づくようになる。それは単に、あなたの気づきのなさを示している。

そのためブッダは、惨めさや苦痛、ほとんど地獄のようなその生を本当に取り除きたいなら、ますます気づくようにならねばならない、と言う。気づくようになればなるほど、原因をより深く見ることができる。原因を深く知れば知るほど、それから抜け出られるようになる。

もしあなたがある欲望を、それが意識的なマインドにさえなく、まだ言葉のない単なる感覚で、まさに意識的になろうとする無意識の努力の中にある時に把握できるなら——それを止めるのは非常に簡単だ。

それはちょうど、小さな種を非常に簡単に投げられるようなものだ。それについて問題はない。しかし、それが根を下ろして大木になったら、根こそぎにするのは難しい。

まず観念は、最も奥深い核で生じる。それからマインドに入り、身体に入る。あなたはそれが身体に入った時にだけ、それを感じる。さらにもっと眠気に陥っている人々がいて、彼らはそれを感じさえしない。それが世界に入った時、彼らはそれを感じる。

たとえば、怒りは最初に、言葉が無く曖昧な、あなたの最も深い核に生じる。それから思考になり、身体に入る。アドレナリンや他の毒が血流の中に放出される。あなたは誰かを殺したり、殴ったり、噛みついたりする準備ができている。あなたは狂ってしまう。しかし、あなたは気づいていないかもしれない。あなたが誰かを殴る時、それは世界に入ったのだ。それが第四段階だ。それからあなたは「私は何をしたのだろう？」と気づく。

何度もそれを観察したことはないだろうか？　あなたが誰かを——あなたの子供、友人、妻を殴った時、突然あなたは気づくようになる。「何をしてしまったのだろう？　私は決してそうしたくはなかった！　それはどうしようもなく起こってしまった」とあなたは言う。これは単に、あなたの気づきのなさを示している。

より深く進んで、最初の段階で生じるものすべてをつかみなさい。それはとても簡単で、種は粉々に破壊できるが、木を破壊するのは難しくなるようなものだ。そして木が空気中にその無数の種を放ったら、ほとんどあなたの手に負えないものになる。風は種を遠い場所に運んだ。今、それらが落ちたところを見つけるのは不可能だ。今や木は一本ではない。それ自身の存在の可能性を多数作り出した。それは多くの場所で模造される。

ブッダは、身体を破壊することは助けにならないと言う。あなたの目が美しい女性や美しい男性をあなたに求めさせるとしても、目を破壊することは何の助けにもならない。

インドに聖人スルダスについての話がある。

私はそれが真実だとは思わない。それが真実なら、スルダスは聖人ではない。その話が本当でなければ、スルダスは聖人であり得る。私はその話が真実ではないと、いつでも表明する用意がある。

スルダスが真実ではないと言うことはできない。彼はとても真正で、彼の洞察はとても純粋だ。そのため、その話は間違っているに違いない。

その話とは……。

スルダスは世界から去った。彼は町中を歩いていて、美しい女性を見た。彼はまるで、磁石に引き寄せられるかのように後をついて行った。罪悪感も感じ始めていた！　彼は出家僧であり、世界を放棄していた。彼は何をしているのだろう？　しかし、彼は自分自身を抑えられなかったので、話は先に進む。

彼は女性のところに行き、食べ物を求めた。だが、単なる口実だった。それから彼は毎日同じ女性のところに行くようになった。ただ彼女の顔を見て、彼女の目を見て、少し触れ合うために。彼は彼女の夢を見るようになった。一日中、彼は絶えず考えたり空想に耽って、次に再びその女性のところに行ける日を待っていた。

それからやがて、自分が罠にはまっていることに気づくようになった。その話が伝えるには、その女性の美しさに気づかせたのは彼の目だったので、彼は自分の目を潰して盲人になった。

私は断言するが、この話はただの作り話だ。なぜならとても馬鹿げているからだ！　スルダスはそうすることができない。それは他の盲人によって捏造された話に違いない。それは常に愚かなことを捏造し続ける別の愚かな人々によって捏造された話に違いない。それが愚かなのは、目は何もできないからだ。何かをできるのはマインドだ。目を通してアプローチするのはマインドだ。手を通してアプローチするのはマインドだ。

あなたが誰かを殴ったり殺したりする時、殺人者は手ではない。それはあなただ。そしてあなたが自分の手を切っても、それは何の役にも立たない。そして法廷に行って治安判事に「それは私の手でした」と言うことはできない。


かつて法廷で、ある人がこのように主張したことがあった。彼は「殺したのは私の手です」と言った。治安判事も非常に賢くて狡猾だった。彼らが賢くて狡猾でなければならないのは、賢くて狡猾な人々に対処する必要があるからだ。彼らは同じ論理を持っている。

治安判事は言った。「あなたは正しい。全く論理的だ。あなたは殺さなかった。あなたの手が殺したのだ。だからあなたの手は刑務所に留まるだろう。あなたは家に帰れるが、手は帰ることができない」。そこで手は鎖で繋がれ、治安判事は「さあ帰ったらどうかね？」と言った。

彼は「どうやって、手なしで帰れるのだ？」と言った。

すると治安判事はこう言った。「あなたが手なしで帰れないなら、どうやって手はあなたなしで何かができるだろう？　あなたと手は仲間だ。そして実際、手は単なる使用人で、あなたが主人だ」


……自分の熱情を制御できないことに絶望して、自分自身の手足を切断したいと思った男がいた。

ブッダは身体に反対してはいない。彼は反‐身体ではない。彼はそうあることはできない！　身体はとても無垢だからだ。それは決して間違ったことをしたことがない。それはとても純粋だ。存在の中に、それより純粋なものを見つけることはできない。

そう、確かなことが一つある。それは、あなたが何をしたいと思っても、身体はあなたに従う、ということだ。それは使用人であり、非常に従順だ。たとえ誰かを殺そうとしていても、身体は従う。それは決して嫌だとは言わない。祈るために寺院に行こうとするなら、身体は従う。それは決して嫌だとは言わない。あなたが犯罪を犯そうとしようと、寺院で祈ろうとしようと、身体はとても従順に、影のようにあなたに従う。

いや、決して身体に責任はない。

身体について、一つのことが理解されなければならない。身体は世界で唯一無二のものだ。それに匹敵するものは何もない。それには一つの独特な状況があり、外側と内側の両方から見ることができる世界で唯一の物体だ、ということだ。岩石を見るなら、外側から見る。月を見るなら、外側から見る。身体を、あなたの身体を除いて、他のすべてをあなたは外側から見る。あなたの身体は、外側から見ることができ、内側から見ることもできる世界で唯一の物体だ。

そのため、身体は内側への扉であり、身体は内なる旅への扉になる。ブッダはどうしたらそれに反対できるだろう？　あなたはブッダの身体を見ることができる――とても美しく、とても優美だ

——どうしたら彼は反対できるだろう？　ブッダの彫像を見てごらん。彼は自分の身体を愛していたに違いない。彼は自分の身体に多大な思いやりを持っていたに違いない。彼の身体は花のようだ。それはバラの花か蓮の花だ。いや、彼は身体に反対することはできない。

もし人々が、ブッダは身体に反対していると解釈するなら、それらの人々はブッダに彼ら独自の解釈を押し付けている。

ブッダは彼に言った。

あなた自身の身体に害を為すよりも、あなた自身の邪悪な考えを破壊するほうが良い。マインドは君主だ。君主自身が静まる時、下僕は自ら従う。

ブッダのすべての努力は、あなたが何であろうと、その原因はあなたのマインドにある、と気づかせることだ。あなたが不幸なら、マインドは間違ったパターンで機能している。あなたが幸福なら、マインドは正しいパターンで機能している。

幸福とは、マインドの仕組みが完全に機能する時のハミングに他ならない。マインドが宇宙と完全に調和する時、あなたは幸福だ。マインドが自然に、自然の法則に、ブッダがダンマと呼ぶものに逆らう時、マインドがタオに逆らう時、流れに逆らう時、上流へ向かって泳ごうとする時、そこには問題があり、苦悩がある。マインドが単に流木のように流れに従う時、流れがどこに行こうともただそれと共に行く時、それは幸福になる。そしてある日、それは究極に、大海の至福に達する。それに達する必要はなく、どんな努力も必要ない。努力なしにそれは起こる。

だからブッダは、基本的な問題は身体に関するものではなく、魂に関するものでもないと言う。魂には問題はなく、身体にも問題はない。問題はまさにその二つの間にある。身体と魂を繋ぐこのマインドが問題になる。未知のものを既知のものに、不可視のものを可視のものに、無形のものを形に橋渡しするこのマインド、この橋が唯一の問題だ。あなたがマインドを解決できるなら、突然あなたは我が家《ホーム》にいる。

マインドが問題になる。マインドを変えるために何ができるだろう？　よりよく機能するマインドを持つために、何ができるだろう？　再び欲望が生じて、再びあなたはマインドの罠に陥る。

無欲になるなら幸福になれると私が教えたら、すぐさま欲望がマインドの中に生じる。どうやって無欲になればいいのだろう？　早速あなたは手掛かりを、技法を、テクニックを、無欲になる方法を探し始める。さて、無欲になることもまた欲望になる。マインドが問題だと私が言うと、あなたはすぐにそれを解決する方法、それを消す方法、それを取り除く方法を尋ねる。しかし、質問をしているのはマインドそのものであり、しようとするのはマインドそのものだ。だからあなたが何をしようと、何かをすることによってはマインドから決して抜け出せないだろう。それでもあなたの質問は適切だ。それなら私たちはどうしたらいいのだろう？

私たちはマインドの性質を調べるべきであって、何かをしようとしてはいけない。必要なことのすべては、ただマインドの性質を見抜く卓越した洞察力だけだ。それを説明してみよう。

ブッダは、求めるとあなたは悲惨になると言う。

突然、欲望が生じる。「どうすれば無欲でいられるのだ？　なぜなら幸福になりたいし、不幸になりたくないからだ」

すると欲望が生じて、新たな悩みが生じる。欲望が悩みを生み出すとブッダが言う意味は、ただどのように欲望が生じるか、どのようにそれが悩みを生み出すかを見守るということだ。ただ見守り続けなさい。それぞれの欲望は、独自の悩みをもたらす。

あなたは道を通り過ぎている。ちょうど通り過ぎる美しい車をちらっと見る。すると、この車を所有したいという欲望が生じる。今、あなたは悩む。ちょっと前には、あなたは完全に申し分なかった。悩みはなかった。そして、ここでこの車が通過すると悩みが生じる。

ブッダは「見守りなさい」と言う。

あなたは、少し前には歌を口ずさんで朝の散歩をしていた。すべては美しく、鳥は歌っていて、木は緑色で朝のそよ風は涼しく、太陽は幻想的だった――すべては美しかった。あなたは喜びと活気と、心からの楽しみに満ちた詩的な世界の中にいた。そしてあなたは瑞々しくて、この美しい朝の一部だった。すべてはただ全く申し分なかった……そこを車が通過する。

あなたを妨害するために、車の持ち主が来たわけではない。彼はあなたに気づいていないかもしれない。彼はあなたを不幸にしようとしているわけではない。彼に怒ってはいけない。車があなたの中に苦悩を生み出しているわけではない。というのも、どうやって車があなたの苦悩を生み出せるだろう？　苦悩を生み出しているのは、あなたの欲望だ。

車を見ることで欲望が生じる。

「私は車の所有者になるべきだ。この車は私の車庫に存在しなければならない」

すると突然、木はもう緑色ではなく、鳥はもう歌わず、太陽はもうない。それは既に日没だ。朝から日の出は消えてしまった。すべては陰鬱で暗い。あなたは欲望でいっぱいだ。あなたは煙に包まれている。あなたはたちまち生との接触を失った！　欲望のほんのちょっとしたちらつきで、あなたは美から、真実から、喜びから何百万マイルも離れてしまう。

ただ見守ってごらん。ブッダは単純に見守りなさいと言う。道の端に立って、見守りなさい。何が起こったのだろう？　ほんの小さな欲望が生じると、あなたは地獄に投げ込まれる。あなたはほとんど天国にいた。あなたは二十四時間で何度も天国から地獄に変わる。あなたは見守っていない。

人々は私のところに来て「天国はありますか？　地獄はありますか？」と尋ねる。そして私が驚くのは、彼らが天国と地獄の間を貨物列車のように出入り続けるからだ。絶え間なくだ！　必要なのはほんの一秒、ほんの一瞬で、彼らはすぐさま地獄に、すぐさま天国にいる。

どのように欲望は地獄をもたらすのか、どのように欲望は地獄になるのかを、ちょっと見守ってごらん。そして、どのように無欲に達するかを尋ねてはいけない。その必要はない。あなたが欲望の性質を調べて、それが苦悩をもたらしていると感じたなら、その理解そのものが欲望の脱落になる。ただ見守り続けてごらん。それが落ちていなければ、単にあなたの洞察がまだ充分深くないことを示している。だからあなたの洞察を深めなさい。

それは、他の誰かがあなたを啓発できるという問題ではない。それはあなたの欲望であり、あなたしか見守ることはできない。私はあなたの欲望を見ることができない。あなたは他の誰かの欲望を見ることができない。それはあなたの私的な世界だ。地獄や天国は私的なものだ。そして一瞬の内に、あなたはひとつのことから別のものへと移ることができる。

ただ見守りなさい……。

ブッダの言葉は「見守る watch」だ。用心深く watchful ありなさい。無欲状態への望みを生み出してはいけない。さもなければ、非常に愚かな方法で振る舞うことになる。今、あなたは新しい欲望を生み出している。これが苦悩を生み出す。ただ欲望の性質の中へ入って、それを深く調べなさい。見守りなさい……それがどのように暗闇を作るのか、どのように苦悩をもたらすのか、どのようにして突然あなたをつかまえるのか、どのようにあなたを圧倒するのか。ただ見守り続けてごらん。ある日それは起こる。車は通り過ぎるが、欲望が生じる前にあなたは用心深くなり、突然、笑いがあなたに生じるだろう。あなたは用心深くなり、欲望は生じなかった。欲望はまさに現れようとしていた。それはまさに、あなたに跳びかかって地獄に連れて行く用意ができていた。だが、あなたは用心深かった。そしてあなたはとても幸せに感じるだろう。

初めて、あなたは鍵を持つ。あなたは、ただ用心深くあることで、欲望は生じず、車は通過したことを知る。車は欲望とは関係がない。欲望が生じるのはあなたが無意識で、気づいていなくて、眠気に陥っているからだ。あなたは夢遊病者の、酔っ払いの生を生きている。

気づいていることは無欲でいることだ。欲望に気づくことは、無欲でいることをもたらす。そしてこの鍵は、多くの錠を開けるために使われなければならない。


あなたが貪欲なら、それを取り除く方法を尋ねてはいけない。それはまたもや別の名前での、別の形での貪欲だからだ。あなたは聖人たちや大聖《マハトマ》たちに耳を傾け、経典を読んできた。そして彼らは、あなたが貪欲なら地獄に行くだろう、と言う。今、天国に行きたいという貪欲が生じる。それらの経典は、天国ではすべてが全く美しくて素晴らしいと言い続ける。それらは貪欲を生み出す。それから今あなたは、新しい貪欲があなたの中に生じたため、貪欲を取り除く方法を尋ねている。どうやって天国に達するのだろう？　どうやって楽園に入るのだろう？　どうやってそこでいつまでも、永遠に、恍惚として、喜びに満ちて生きられるのだろう？　さてこれは新しい貪欲だ。

これは道ではない。ブッダの道は、これまで地球にもたらされた本当に最高のものだ。ブッダの道は、可能な限り最も洞察力があり最も革命的な道だ。彼は、貪欲を見守りなさい、と言う。ちょっと貪欲を見守って、それが何であるか、どのようにそれが苦悩を生み出すのかを見てごらん。見守ることで、光があなたの中に生じ始める。あなたの内なる炎は明るく燃え上がり、貪欲の暗闇は消える。

そして暴力や怒りも、所有することも、あなたを惨めにさせるあらゆるものもまた同様だ。

女中がたまたま主人の前でげっぷをした。もちろん、主人は西洋人であったに違いない。インドでは、げっぷをすることに誰も何の注意も払わないからだ。主人は非常に怒って彼女を殴ろうとしたが、彼女の若くて美しい身体を見て怒りは突然やわらぎ、彼女と楽しんだ。

次の日、彼が書斎にいた時、扉を叩く音があった。それは女中だった。

「どうした？　何がしたいのだ？」

「お願いします、御主人様、少し前にまたげっぷしました」

さて、一度何かを味わったら、それが何であれ、欲望はそれを繰り返すために何度も生じる。あなたが過去に知っていたものは何でも、未来に何度も求め続ける。あなたの未来は修正されたあなたの過去に他ならない。あなたの未来は、あなたの過去を繰り返したいという欲望に他ならない。そしてもちろん、あなたが退屈な生を生きているなら、その責任はあなた以外の他の誰にもない。

あなたは退屈を求めている。そして退屈は惨めなものだ。退屈を求めるのは、繰り返しを求めるからだ。何かが起こった。たとえば、あなたが座っていると、夕方の一番星が見えるようになった。そしてあなたは見守った。静かな夕方だった。その時は涼しくて、鳥たちは巣に戻っていた。それは静かで、非常に音楽的で、あなたは調和していた。目に見えるようになった星をただ見て、あなたは美しいと感じた。今、あなたは何かを味わった。あなたはそれを宝物のように集める。この宝物はあなたを惨めにする。

まず、あなたはそれを何度も望む。その望みが惨めさを生み出す。そして覚えておきなさい。それは、あなたの望みによって繰り返されることはない。なぜならそれはあなたに望みがなかったために起こったからだ。あなたは何が起こるのか知らず、ただそこに座っていた。それは無垢な状態で起こった。それは期待していない状態で起こった。それが起こったのは、あなたがそれを求めていなかったからだ。それが基本的な要因だ。あなたは見ていなかったし、求めていなかった。実際にあなたは望んでいなかった。ただ、そこにいただけだ。突然あなたは、最初の星に気づいた。そして最初の星に気づいたその瞬間、それが幸せだとは思っていなかった。それもまた覚えておきなさい。それは後になって生じる。それは要約だ。その瞬間、あなたは単純にそこにいた。幸せでも不幸でもなく、無だった。これらの言葉には何の意味もない。存在はとても広大なので、どの言葉にもその意味はない。

だがそれは消え去り、記憶が残る。あなたは何度も「それは美しかった——何と美しいことだろう！　何と神々しいことだろう！」と言う。今、毎晩それを繰り返したいという欲望が生じる。次の日あなたは再び待っているが、今、すべての状況は変わった。あなたはそれを待ち、それを探している。古い経験を繰り返したいと思っている。さて、これは以前の経験にはなかった新しいものだ。それがあなたに繰り返すことはないだろう。あなたはあまりにも見過ぎていて、くつろいでいない。あなたは緊張している。最初の星を見逃すかもしれないと恐れている。あなたは不安で、それが再び起こるかどうかを心配している。それは起こらない。

まず、それが今あり得ないのは、記憶が存在せず過去も未来もないその無垢を、その未経験の状態をあなたが失ったからだ。次に、いつかそれが繰り返されるなら、繰り返しのせいで退屈になるだろう。あなたは既にそれを知っている。美しさは新しさの中にあり、決して古いものの中にはない。美しさは新鮮なものの中にあり、決して死んだものの中にはない。美しさは原初《オリジナル》のものに属していて、決して複製のものにはない。美しさは、体験が間接的ではなく直接的な時にある。今、たとえそれが起こっても、あなたを幸せにしないだろう。それは間接的な体験になる。そして覚えておきなさい。神は決して間接的ではない。神は常に新鮮だ。

夕方の美しさに、または飛んでいる鳥の美しさの中に神を知ることは、あなたは絶対に無垢でなければならないという意味を持つ。過去は完全に落とされなければならないし、未来に干渉させるべきではない。その時、そうであって初めて美しさがあり、祝福があり恩恵があり、幸福と至福がある。

一度何かを体験すると、それを求め始め、乞食になる。そのためにそれは決して起こらない。そしてあなたは記憶を傷のように持ち運ぶ。

あなたはそれを見たことがあるだろうか？　それを見てみなさい。あなたが幸せな時はいつでも、その瞬間はそれが幸せであるのがわからない。それを知るのはただ後になって、体験が去り、消え去って、もうそこにない時だけだ。それからマインドが入って来て探し始め、比較し、評価し、判断し始めて、「そうだ、それは美しかった！　とても美しかった！」と言う。体験そのものが存在していた時、マインドは存在しなかった。

幸福はマインドがない時にある。

そしてマインドが入って来る時、幸福はもうそこにはない。今はただ記憶が、死んだ記憶だけがそこにある。恋人は去った。あなたは恋人が書いた手紙をただ持っている。花は萎れた。あなたのマインドにイメージだけがある。このイメージは幸福が再びあなたの存在に入るのを許さない。このイメージは障壁となり、岩となる。

ブッダはこう言う。過去を持ち運んではいけないし、未来を求めてはいけない、ただ、今とここにいなさい。その時、そこには無心《ノーマインド》がある。そして身体はただ単に、その無心《ノーマインド》に従う。

まさに今、身体はマインドに従う。そしてマインドが犯人なのだが、あなたは身体を罰し続ける。

それは、ほとんど小さな子供のようだ。彼は部屋に駆け込んで来て扉に当たり、扉に対して怒り、扉を叩き始める。まるで扉が犯人であるかのように。

子供だけでなく、大人たちでさえそのようなことをする。あなたは文字を書いていて、万年筆のインクがうまく流れてこない。あなたは怒ってそれを床に投げつける。あなたは万年筆を罰する！それでも、あなたは人間は理性的だと思うだろうか？　それでも人間は、理性的な存在だと信じるのだろうか？

あなたが怒って家に帰る時、見守ったことがあるだろうか？　あなたは大変な怒りで扉を開ける。それをバタンと閉める。さて、扉はあなたに何もしていなかった。

一度それは起こった。ある男が禅マスターに会いに来た。彼は扉をバタンと閉めて、靴を投げた。彼はマスターのところに来て平伏し、マスターの足に触れた。マスターは言った。

「わしはお前の挨拶を受け入れられない。まず扉に許しを請いに行きなさい。そして靴にもだ」

男は言った。「何の話をしているのですか？　私が嘲笑の的になることを、望んでおられるのですか？」。そこには、大多数の人々が周りに座っていた。

マスターはこう言った。「もしそうしなければ、お前をここにいさせるつもりはない。ただ出て行きなさい！　もし扉に無礼なことができるなら、靴に無礼なことができるなら、お前はそれらの許しを求めなければならない。それらに無礼なことをした時、お前は自分が馬鹿げたことをしていたとはまるで感じなかったのか？　今お前は、馬鹿げているると感じているのか？　行ってそれをしてくるのだ！」

そして男は行った。彼は許しを求めた――最初、彼は少し馬鹿げているように見え、少し馬鹿げていると感じた。そして人々は見ていた。だが彼は許しを求めて、こう言った。「お願いします。私は意識的ではなく、無意識に間違った何かをしてしまいました。私を許してください」

そして彼は靴と扉に向かって話していて、戻った時、彼は全く違う男だった。

マスターは、彼を近くに連れて来て抱きしめた。男は言った。

「凄いです！　私が許しを求めていた時、最初は愚かに見えましたが、それから突然、気分良く感じました。これまで、そのように感じたことがありません。実際にそれらは許してくれたと感じました。それらの同情と思いやりと愛を感じました」

あなたは、そのような無意識なやり方で振る舞い続ける。あなたの行動の無意識な癖は、ブッダが「マインド」という言葉で意味するもののすべてだ。マインドはあなたの眠りだ。マインドはあなたの不在だ。そして身体がこのマインドに、この眠りに陥った、酔ったマインドに従っていても、身体に怒ってはいけない。

マインドは君主だ。君主自身が静まる時、下僕は自ら従う。

マインドが静まる時、それは無心《ノーマインド》になる。ノーマインドと静かなマインドは、全く同じものを意味している。それら二つは違うものを意味してはいない。静かなマインドや冷静なマインドはノーマインドだ。なぜならマインドは熱だからだ。マインドとは絶え間ない心配、緊張、病気だ。そうだ、病気はマインドだ。病気が消えた時、あなたはマインドのない状態から機能し、身体はそれに従う。身体は追従者だ。あなたにマインドがあるなら、身体はマインドに従う。ノーマインドなら、身体はノーマインドに従う。

しかし身体と戦い始めてはならない。愚かであってはならない。

あなたのマインドの悪い熱情が浄化されていなければ、
あなた自身を不具にすることがどんな役に立つのだろう?

そのうえで、ブッダは偈《ガータ》（仏の教えを讃える韻文）**を唱えた。**

熱情は意志から生まれ、意志は思考と想像から生まれる。
両方が静められる時、官能に耽ることも転生もない。

ブッダは言った。

このガータは、以前にカーシャパブッダから教えられた。

ブッダは「無数のブッダたちが私の前にあり、無数のブッダたちが、私の後にあるだろう」と言う。これは宗教の世界では非常に新しいものだ。

マハーヴィーラは「私の前には二十三人のティルタンカーラたちしかいない。そしてティルタンカーラはもういなくなるだろう」と言う。

モハメッドは「私の前には預言者が四人だけいて、私の後にはもう預言者はいないだろう」と言う。

イエスは「私は神の独り息子だ」と言う。

ブッダは稀だ。彼は「無数のブッダたちが私の前にあり、無数のブッダたちが私の後にあるだろう」と言う。そして、これはより真実であるようだ。なぜなら無限なる全体の中で、たった二十三人のティルタンカーラしかいないのだろうか？　それならラーマはどうなるのだ？　それならクリシュナはどうなるのだ？　彼らはジャイナ教のティルタンカーラには含まれていない。

モハメッドは「私の前には預言者が四人だけいた」と言う。それならマハーヴィーラはどうなるのだ？　クリシュナはどうなるのだ？　ブッダはどうなるのだ？　そこに彼らは含まれていない。

そしてイエスは「私は独り息子だ」と言う。これは馬鹿げているように見える。神に一人の息子しかいなかったとは……。では、彼はその後何をしていたのだろう？　産児制限にでも従っていたのか？　これは馬鹿げているように見えるし、狂信を生み出す。その時キリスト教徒は、自分たちが神の唯一の息子の信奉者であるため、自分たちは優れていると考える。他の者たちは、彼らがその者たちを少しでも認めたとしても、せいぜい預言者だ。しかし、彼らの信ずる人は神の独り息子だ。それはエゴを、優位性を生み出す。

ヒンドゥー教徒は、自分たちにはアヴァターラは二十四人しかいない、と言う。数世紀前は、彼らは十人のアヴァターラという考えを持っていた。それから彼らは、それを少し広げた……ふむ？……なぜならジャイナ教徒が二十四人のティルタンカーラたちを主張していて、大変な競い合いがあったからだ。そこで彼らは「よし、我々も二十四人を持とう」と言った。二十四という数は、まさに標準的なものになった。仏教徒でさえ、二十四人ばかりのブッダたちがいると言い始めた。そしてティルタンカーラたちが二十四人であり、ブッダたちが二十四人である時、十人のアヴァターラしかいないことは少し貧しく見える。そこでヒンドゥー教徒は考えを広げた。彼らは十人のアヴァターラという考えを捨て、自分たちにも二十四人のアヴァターラがいると主張した。しかしマハーヴィーラはどうなるのだ？　アディナータはどうなるのだ？　そこに彼らは含まれていない。

ブッダはすべてを含んでいる。彼はとてつもなく包括的だ。そして彼は優位性を生み出さない。彼は、何百万人ものブッダたちが以前にいて、無数のブッダたちが後にいる、と言う。世界は決して、ブッダたちを欠いたことがない。それはそうあるべきものだ！　ブッダであることは、ただあなたの本性に気づいていることだからだ。何も特別なことではない。それが特別に見えるのは、あなたがそれを試さなかったからだ。でなければ、それはあなた自身の宝であり、それは主張するだけのことだ。

それの美しさを見てごらん。ブッダは、自分自身のために何も特別なことを主張してはいない。彼は、無数のブッダたちがいて、無数のブッダたちがその後にいる、と言う。彼の宣言の美しさを見てごらん。彼自身については「私は数多くいる中の、単なる一人に過ぎない。私は何も特別ではない！」と言っている。これが本当に宗教的な人のあるべき姿だ。何も特別ではない。全く普通だ。無数のブッダたちがいる時、どうしたら特別でいられるだろう？　数に限りがあるなら特別でいられる。

多くの対立があった。マハーヴィーラが自分は二十四番目だと主張した時、他にも自分は二十四番目だと主張した人たちが八人いたからだ。そこには面倒な事があった！　誰も他人を信じる用意ができていなくて、本当にそれを証明する方法がなかった。誰が本物のティルタンカーラなのかをどうしたら証明できるだろう？

数人はゴーシャラクを選び、彼に従った。数人はマハーヴィーラを選び、彼に従った。数人は他の人を、アジット・ケシュカンバル、サンジャイ・ヴィレティプッタを選び、そして他にも主張者たちがいた。どうやって決めたらいいだろう？　キリスト教徒は、イエスは神の独り息子だと言い、ユダヤ人は彼を磔にした。どうやって決めるのか？　彼らは彼を詐欺師だと思った。

ユダヤ人も救世主を待ち望んでいた。彼らは何世紀も待ってきたが、誰かがその救世主になるのを決して許さない。その時、彼らは誰を待つのだろう？　彼らは望んで、望んで、望んでいる。そして彼らはとても長い間待ったので、今やそれはユダヤ人の習慣になった。彼らは誰も許さない。イエスは主張した。他の多くの人たちがイエスの後に主張した。だが誰であれ「私は救世主だ」と主張する者は破滅しなければならず、拒絶しなければならず、詐欺師であると証明しなければならない。

救世主は確かに来ることになっているが、彼らは誰にもそれを主張することを許さない。何世紀も待つことで、彼らはそれに耽るようになった。今、彼らは待つだろう。たとえ神が来ても、彼らは神を磔にするだろう。なぜなら彼らは「誰があなたを望んでいるのだ？　我々は待つことが大好きで、希望の中に存在しているのだ」と言うからだ。ユダヤ人は望み続ける。

だが誰もがやっている。ユダヤ人は自分たちが選ばれた人種であり、神は彼らを特別に選んだと考えている。ヒンドゥー教徒は、自分たちが選ばれた人種だと考えている。ジャイナ教徒は自分たちが選ばれた者たちだと考えている。ブッダは稀だ。ブッダは以前に無数の、数えきれないブッダたちがいたと言う。実際、彼はこう言った。もしガンジス河にある砂の粒を数えるなら、それよりも多くのブッダたちが前にいて、それより多くのブッダたちがその後にいるだろう、と。これは彼自身の偉業を全く平凡なものにさせるが、これが彼の美しさだ。

どんな非凡さも主張しないことが非凡であることだ。そしてあなたが主張する時、自分は優れているると主張する時、それは単にあなたが劣等感に苦しんでいることを示している。

さて、モハメッドは預言者はもういないと言う。なぜ扉を閉めるのだろう？　今誰かが「私は預言者だ」と主張するなら、イスラム教徒は彼を殺すだろう。モハメッドが扉を閉めたからだ。しかし扉を閉める彼とは何様なのかね？　扉は誰のものでもない。または、それはすべての人のものだ。どうしたら、彼はそれを閉じることができるのだろう？

そして、なぜそもそもこのような考えがあるのだろう？　マハーヴィーラは自分が最後だと考える。モハメッドは自分が最後だと考える。イエスは自分が最後だと考える。ではこれによって何を意味しているのだろう？　ただ単に進化を許さず、どんな新しい考えの進化も許さない。扉を閉め、閉じた教義を作り、誰もその教義を妨害できないようにする。

ブッダはすべての扉を開いたままにする。彼は無数と言う……。彼は過去のブッダの時からこの偈《ガータ》を覚えている。カーシャパブッダが彼の名前だった。彼は「このガータはカーシャパブッダによって伝えられた」と言う。


熱情は意志から生まれ、意志は思考と想像から生まれる。

両方が静められる時、官能に耽ることも転生もない。

意志はエゴを意味する。意志とは、存在に逆らって戦うことを意味する。流れに逆らって戦っている誰かを見る時はいつでも、「彼は意志力のある人だ」と言う。意志力とはどういう意味だろう？　すべての意志は神に逆らっている。あなたはそれと戦う。物事の性質にはない何かをしようとする。何かを強制しようとする。あなたが自然に対して暴力的なら、あなたには意志がある。

多くの人々は私のところに来て「ＯＳＨＯ、私たちが意志力をもっと持てるように、何とか助けてください」と言う。どうしてだろう？　私はあなたの敵なのか？　私はあなたがより熱狂するように助けるべきなのだろうか？　意志力？　しかし西洋では、意志力は非常に重要だ。西洋全体が、強いエゴを持つことは不可欠で、あなたは意志力を持つべきで、意志力を発達させるべきだと考えているからだ。意志力を発達させる方法について、何千冊もの本が市場に存在している。そしてそれらは売れている。人々は自分のエゴをますます洗練させたいからだ。

ブッダは「熱情は意志から生まれる……欲望は意志から生まれる」と言う。その「私」が、そのエゴがあなたのマインドの根だ。あなたのすべてのマインドは、その「私」を中心にしている。

意志は思考と想像から生まれる。

思考は過去から生まれる。想像は未来での動きを意味している。何であれあなたが体験したこと、考えたこと、学んだこと、それはあなたのエゴになる。そして何であれ、あなたが未来で体験したいと思うこと、将来手に入れたいと思うこと、それはあなたの意志になる。これらは同じ現象の二つの側面だ。

両方が静められる時……

思考がもうそこにない時とは、過去がもうそこにない時を、想像や投影、夢見や未来がもうそこにない時を意味している。

両方が静められる時、官能に耽ることも転生もない。

ブッダは、その時すべての官能に耽ることは消える、と言う。そうなると人は、もう感覚や感覚の体験に対して貪欲にはならない。

覚えておきなさい。官能主義 sensualism の消失によって、あなたの感受性 sensitivity が消えるとは言っていない。あなたはすさまじく感じやすくなる。官能的な人は感じやすい人ではない。官能的な人は非常に粗野で、非常に乱暴で、非常に原始的だ。感じやすい人は非常に発達していて、高度に発達している。彼は非常に受容的だ。官能的な人は喜びを求めていて、感じやすい人は至福がここにあることを知っている人だ。開いていて、神の至福を浴び続けている。彼はスポンジのように吸収する。彼は感じやすい。

官能的な人は、お金、権力、名声など、常に何かを追い求め、達成しようとしている。感じやすい人は単純に今とここに生き、手に入る美を楽しんでいる。明日が来る時は明日の成り行きにまかせる。

イエスが「明日について考えてはいけない」と言ったのはそういう意味だ。それこそがイエスが野原の百合を弟子たちに見せて言うことで、彼は「見なさい、彼女たちは何と美しいことだろう！彼女たちは無理をしない。単にここにいる。彼女たちは明日何が起こるのかなど心配していない。すべての栄光を極めたソロモンでさえ、これらの貧しい百合の花ほど美しくはなかった」と言う。

感じやすい人は花のような人で、存在に対して開いていて、それを楽しんでいる、途方もなくそれを楽しんでいるが、何も探していない。彼の探求は解消した。彼は何も追いかけていない。

私は聞いたことがある。

ある男が、ラスベガスのカジノですべてを失った。彼は町ですべてのものを試したが、いずれもが大損失だった。今、彼の手元に残ったのはケネディ五十セント硬貨だけだった。彼は別の賭け金を得る方法を見つけようと、通りを歩きながらそれを俳優ジョージ・ラフトのように空中に放り投げ続けた。すると、コインが指から滑り落ちて通りの中央の溝に落ちた。

我々の英雄はすぐさまその後を追ったが、それをつかむ前にタクシーに轢かれ、足を骨折して病院に運ばれた。

彼は二、三ヶ月で退院し、保険会社からの保険金持参で、再びカジノに行き始めた。その途中、彼はコインを失くした同じ溝を、片足を引きずりながら通り過ぎた。それを見つけられるかどうか確かめるために下を見始めた時、別のタクシーに轢かれて、彼はもう一方の足を折って病院に戻った。

「いったいどうやって、全く同じ場所で二回もぶつかったのですか?」と看護師は彼に尋ねた。

「つまり、いったい何があなたを、その愚かな溝に戻らせたのですか?」

「あのコインは私の幸運のお守りだった」と彼は説明した。「私はそれを失いたくなかった」

人々は追いかけ続けて、毎回ぶつかり続ける。彼らの一生はまさに傷だらけになるが、何度も彼らは同じものを追いかけ続ける。まるで何が起こっているのかわからないかのように……。感じやすい人は、どこにいようとそこに留まる。そして神が彼を探し求める。官能に耽る人はここからそこへ、そこから他のどこかへ、追いかけては追いかけては突進する。これがプロセス全体の素晴しさだ。神を追い求めている時は、決して神と出会わないだろう。あなたは神がどこにいるのか知らないからだ。幸福を追い求めているなら、決してそれに出会わないだろう。あなたはその所在を知らないし、幸福の顔さえ知らないからだ。たとえ彼女に出会っても、あなたは彼女を認識できない。感じやすい人は、自分がどこにいようとただそこに座るだけで、幸福が訪れ、至福が訪れ、神が訪れる。

これを覚えておかなければならない。あなたが神を探し求めているだけではない。神もあなたを探し求めている。そして真相は、彼はあなたの扉を叩きに来るが、あなたは決してそこにいない、ということだ。あなたは他のどこかにいる。彼はあなたの扉を叩き続けるが、あなたは決してそこでは見つからない。なぜなら扉は現在の中にあるが、あなたは未来か過去にいるからだ。

ブッダは言った。

熱情から心配が生じて、心配から恐れが生じる。
熱情を追い払いなさい。そうすれば恐れも心配もない。

それを観察してごらん。これらは理論ではない。これらは生の事実だ。ブッダは形而上学者でもなく理論家でもない。全く違う。単なる生の基本的な事実の科学者だ。事実だけを話す。それを信じる必要はない。あなたは単に見なければならない。するとその真実に気づくだろう。

彼は「熱情から心配が生じる……」と言う。

欲望が生じる時はいつでも、心配が生じる。どうやってそれを得るのだ？　どうやってそれに達したらいい？　どうやって達成するのだ？　あなたは心配する。心配している時、千と一つの選択肢がある。それからより多くの心配が生じる。それに達するための正しい選択肢はどれだろう？どれが正しい道なのだろう？　それから、到達できるかどうか？　という恐れが生じる。

世界にはとても多くの競争相手がいて、とても多くの人々が試みて失敗した。アレキサンダーやチンギス・ハーン、ナディル・シャーを見なさい。大多数の人々が試みて、非常に力強く、とても強烈に試みたが、それでも彼らは失敗した。あなたが成功するという保証は何だろう？　そこで恐れが生じる。これらは単純な事実だ！

ある男がスーツを買いに店に入った。販売員は次々と、彼にジャケットを試着させた。彼は顧客に言った。「振り返ってください。この灯りで見てみましょう。今度は背後を映す鏡で見てみましょう。今度はこの角度から、今度はこの角度から」

それでもその男は、他のジャケットを着てみたいと頼んだ。

ついに店長が彼らに近づいて来て、あるジャケットを選び出した。顧客はそれを着てみると、すぐにそれを買った。店長は言った。「売り込むことがどれほど簡単であるかを見たかね？」

「わかりました、」と販売員は言った。

「あなたは売り込みました。けれども、彼にめまいを起こさせたのは誰でしょうか？」

いったん熱情がそこにあったら、それはあなたにめまい、心配、懸念を起こさせる――何を選ぶべきか、何を選ぶべきではないか、どこに行くべきか、どうやって行くべきか、何が正しいテクニックで、正しい方法で、正しいアプローチなのだろう？　それから恐れがある。あなたはそれをやり遂げられるかどうか？　絶え間ない恐れがある。人はめまいを起こす。

熱情は販売員だ。それから悪魔が、店長が来る。それからあなたは地獄に投げ込まれる。欲望はあなたにめまいを起こさせる。そして誰も確かでいられない。誰もだ。

私は美しい逸話を読んでいた。

オマリー神父とユダヤ教ラビのコーエンが、ゴルフをしていた。三番ホールで、オマリー神父はラフに打ち込み、「ああ、クソッ！」と叫んだ。彼は天を見上げて言った。「神様、本当に申し訳ありません。手抜かりでした」。五番ホールで、彼は別の酷いショットをラフに打った。再び彼は「ああ、クソッ！」と叫んだ。彼は再び天を見上げて言った。「神様、どうか再び許してください。本当に申し訳ありません」。九番ホールで、同じように再びラフへ。彼は「ああ、クソッ！」と叫んだ。

ちょうどその時、稲妻があり、ユダヤ教ラビのコーエンが雷に打たれて死んだ。天国で大きく鳴り響く音があり、「ああ、クソッ！」と声が聞こえた。

神ですら打ち損なう！　ではあなたが成功するという保証は何だろう？　人は恐れ、震えて、恐怖で動揺し続ける。

熱情は心配を生み出し、心配は恐怖を生み出す。熱情を追い払いなさい。そうすれば恐れはなく、心配はない。

しかし人々は、自分の人生に熱情しか持っていない。だから彼らは、ただ心配したり恐れたりするだけで、他には何もないのだ。彼らは私のところに来る。とても多くの人々が来る。そして彼らは、心の平和を得たいと思っている。心配から抜け出す方法を求めている。だが彼らに「あなたの熱情から出て行くことだ」と言うと、それに従う用意ができていない。彼らは欲望を持ち続け、自分の熱情を追い求め続け、それでも心配しないままでいられるように、何かのマントラや安っぽいものを望んでいる。

ある政治家が私のところによく来ていて、常に「とにかくＯＳＨＯ、私が心の平和を持てるように助けてください」と言っていた。

私は言った。「政治家であるなら、それを求めるべきではない。それは決して政治家の道には起こらない。心の平和だと？　もしそれが政治家に起こり得るなら、聖人は馬鹿なのか？　彼らは何をしているのだろう？　ではなぜ彼らは、野心を捨てなければならないのだ？　それは決して生じない。野心は緊張や心配を生み出す。あなたの政治から抜け出しなさい！」

すると彼は「あなたは正しいかもしれませんが、今すぐ抜け出すことはできません」と言った。それで私はこう言った。「それなら緊張と共にくつろぎなさい。それを受け入れなさい。あなたは不可能なことをしようとしている。あなたはケーキを食べたいと思い、それを持っていたいとも思っている」

それから彼は、マハリシ・マヘッシ・ヨーギのところに行き始めた。何日も彼は現われなかった。ある日、突然私たちは列車の中で会った。私は彼に「あなたは何日も私のところに来なかったね」と尋ねた。

彼は言った。「あなたのところへ行くのに、何の意味があるのですか？　あなたは政治から抜け出しなさいと言います。マヘッシ・ヨーギの方がましです。彼は『あなたがどこにいようとも、私はあなたをより有能にする。あなたは政治家か？　あなたはより良い政治家になるだろう――ただTM（超越瞑想）をしなさい』と言います」

さて、それは彼に合う。それは完全に合う。何も変えることはない。ある愚かなことの単なる繰り返し――ブラ（たわごと）、ブラ、ブラ――それだけだ。二十分間それを繰り返すと、あなたがどこにいようとも、すべての成功が保証され、すべての有能性が保証されている。泥棒でさえTMをしていて、密輸業者はTMをしていて、政治家はTMをしている。密輸業者は、TMをすれば決して捕まらず、より有能になるだろう、と考える。

瞑想はそんなに安っぽくない。瞑想はあなたの存在の完全な変容だ。そして優れた理解と優れた知性が必要だ。

ブッダの経文は、本当に知的な人々と、自分自身の周りに作った惨めさから本当に抜け出したい人々のためだけのものだ。それは本当に惨めさにうんざりしていて、その罠から抜け出す準備ができている人々のためだけにある。

それはあなた次第だ。それはあなたに依存する。あなたがそれを作ってきたのだ！　ひとたびあなたがそれを作った方法を理解したらそれは消える。なぜならあなたはもうそれを作れなくなるからだ。

第十章

私がここにいる間は私を楽しみなさい

While I am Here, Enjoy me

質問一

地球の至る所から、ほとんどが若くて知性的な大多数の男女が、真理と真の宗教への探求のためにあなたのアシュラムに集うのは素晴しい眺めです。しかしあなたは同時に、真理の道と宗教それ自体において、再び妨害物に変わりそうな別の組織化された宗教の基礎を、今回は世界的なものとして整えているのではないでしょうか？　言い替えるなら、組織化された宗教もポジティヴな役割を果たせるのでしょうか？

最初に覚えておくべき最も重要なことは、決して未来について考えないこと、そして決して過去にとらわれたりしないことだ。私がここにいる間は、私を楽しみなさい。私がここにいる間は、この機会を取り逃してはいけない。

これはマインドが遊んでいるゲームだ。あなたは私を楽しんでいない。あなたは喜んでいない。あなたは自分自身に心配を引き起こしている。今、その心配は未来についてのものだ。未来について心配するあなたとは何様だろう？　そして、どうしたらそれをうまくやりくりできるだろう？　方法はない。未来は独自の道を辿る。私たちは、それはそうあるべきだとか、そうあるべきではない、という特定の方法では未来を管理できない。すべての努力は常に失敗してきた。

ブッダは、自分の名前でどんな組織化された宗教も存在しないように試みた。いかなる自分の像も作られないように試みたが、世界には他の誰よりも多くのブッダの像がある。「千体仏寺」と呼ばれる寺院がいくつかある。千体の像だ。中国にある一つの寺院、洞窟寺院には、一万体の仏像がある。

ブッダでさえ、それをうまくやりくりできなかった。それを管理する方法はない。唯一の方法は現在を使い、未来については未来に任せることだ。人々がそこにいる。私たちはそこにいない。彼らが私の言葉で何かをするつもりなら、それは彼らの自由だ。もし彼らが私の言葉から一連の繋がりを作りたければ、それは彼らの自由だ。彼らがこれらの言葉によって解放されたいなら、それは彼らの自由だ。私たちが作っている寺院から彼らが牢獄を作りたければ、それは彼らの自由だ！それは彼らの選択だ。干渉する私たちは何様だろう？

今、クリシュナムルティは未来に干渉しようとしている。彼は未来に何が起こるのかを、絶えず考えている。未来にどんな手がかりも残さないように、宗教が組織化され得ないように。しかし、未来について常に懸念することは間違っている。私たちは何様だろう？　未来は未来のものであり、未来の世代に属している。彼らは何であれ、したいことをするだろう。

一つ言えることは、彼らがすることは何であれ、それは彼らの自由であり、私は彼らに対して何もできないということだ。彼らが牢獄で生きたいなら、牢獄で生きるだろう。彼らはどんなものからでも牢獄を作る方法を見つける。彼らは常にそうしてきた。

私は未来には全く関心がない。私は完全に、ここと今にいる。これはあなたにもそうしてほしいことだ。つまり、ここと今にいてほしい。私とあなたの間で起こっているものが何であれ、どんな干渉も許してはならない。この考えはまさにマインドの罠だ。これが私が最初に言いたいことだ。

二番目のこと。組織化された宗教でさえ、ポジティヴな役割を果たす。ポジティヴな役割は挑発に、挑戦にある。牢獄でさえポジティヴな役割を果たす。それは勇敢な者の魂を挑発する。それは自由への挑戦になる。それにはその役割が、その機能がある。

私は牢獄で生きるべきだと言っているのではない。実際のところ、牢獄そのものが、あなたがそれから出るように強制する。牢獄自体をポジティヴに使うことができる。あなたが投獄されたら、あなたの魂はそれから出る方法を、脱出するための方法と手段を、どうやって見つけるか絶えず瞑想して考えるだろう。牢獄では、勇敢な魂は自由についてあれこれ考え込み、夢を見始める。牢獄が大きければ大きいほど、その構造が強化されればされるほど、挑戦はより大きくなる。臆病者だけがそれを受け入れる。

しかし、臆病者はたとえ牢獄から出たとしても、どこにも行かないため牢獄に留まるだろう。彼らは自分の臆病さの中に閉じ込められている。そして勇敢な者は、牢獄の中でさえ突破しようとする。彼らは外に出ようとする。まさにその外に出ようとする努力において、強さが生れる。まさにその外に出ようとする苦闘において、新しい存在が誕生する。彼らは新しい切迫感を、新しい勢いと力を持つ。

何も間違っていない。だが覚えておきなさい。私が何も間違っていないと言う時、私は牢獄でくつろいで眠りなさいと言うのではない。私は、牢獄はポジティヴな方法で使うことができる、と語っているのだ。ネガティヴな方法で使うなら、あなたの家さえも牢獄になり得る。それが数多くの人々に起こったことだ。彼らは自分の家に住んでいるが、牢獄に住んでいる。彼らはそれを自分の家と呼ぶが、それが彼らの臆病さだ。彼らは魂の冒険を失った。もはや冒険的ではなく、もう放浪者ではない。もう未知のものに、見慣れないものには興味がない。どこへ行こうとも常に地図を持ち運ぶ。どこへ行こうとも常に案内人を持つ。彼らは借りものの人生を生きる。新鮮に生き、若々しく生きようという情熱がない。未踏の領域に入り、海へ行き、危険な目に遭い、そして生に直面しようという情熱がない。

危険な状態にある時、生に直面する時、あなたは初めて自分の魂と接している。魂は安っぽくない。あなたはすべてを賭けなければならない。だから私は、組織化された宗教でさえポジティヴなものになり得ると言うのだ。

ブッダはヒンドゥー教徒として生まれた。ヒンドゥー教は牢獄になった。彼は懸命にそれから出ようとして、成功した。クリシュナムルティは特定の規律の中で訓練された。彼は神智学と呼ばれた牢獄の囚人だった。だが彼は熱心に試みて、それから抜け出し、自由になった。

あなたが私に尋ねたら、私は一つの事だけを言う。それは、彼の幼年期に神智学的な束縛がなかったとしたら、彼が自由な人間になることは困難だったということだ。アニー・ベサントやリードビーター、そして他の神智学者たちはすべての状況を、そうなるとは知らずに作り出した――もちろん、彼らはそうするつもりはなく、他の何かをしようとしていた。彼らはクリシュナムルティの周りに教義を、教団《カルト》を作っていた。彼らは彼にとても厳しかったので、その中で生きることは本当に不可能になった。彼はそこから出なければならなかった。それはその人々の、リードビーターとアニー・ベサントの功績だ。

牢獄がもう少し快適だったら、牢獄がそんなに厳しくなく、課された規律がそれほど耐え難いものでなかったら、理想がそれほど超人的でなかったら、彼が非常に不自然な役割を演じるように求められなかったなら、彼はくつろいだかもしれず、それを受け入れたかもしれない。それがあなたに起こったことだ。


キリスト教徒がキリスト教徒のままでいるのは、キリスト教がもはや大きな重圧ではなくなっているからだ。日曜日にあなたは教会に行くことができる。それは形式的だ。それは非キリスト教徒的な生のままだ。あなたは、キリスト教徒でいるための信仰形式を満たし続ける。あなたのキリスト教は上っ面のものですらなく、教会は多くを要求しない。教会はこう言う。

「ただ特定の日に教会に来ればいい。あなたの子供が生れる時、洗礼のために教会に来なさい。誰かが死ぬ時、教会に来なさい。結婚する時、教会に来なさい。これらの三つのことをすれば、キリスト教徒のままでいる。時々、日曜日に来て、儀式に参加しなさい」

大したことは求められない。その牢獄は大した牢獄ではない。ほとんど自由でいるかのようだ。日曜日にだけ刑務所に行き、一時間そこで座って帰宅すると、再び自由でいる。誰が気にするだろう？ 誰がそれと闘うだろう？ それはとても便利で快適だ。

だから大多数の人々はヒンドゥー教徒であり、イスラム教徒であり、ジャイナ教徒なのだ。誰も求めていない。これらの宗教は単なる形式的な儀式だ。それらはあなたに挑戦を求めない。何も危うくならない。それらから抜け出ることは、非常に難しい。その牢獄は非常に生ぬるいからだ。あなたは順応するようになった。それはとても便利で快適なので、あなたは順応するようになった。それはほとんど得策に、良い妥協のように見える。

クリシュナムルティは、非常に狂信的なグループである神智学者たちの手に委ねられた。それは新しい宗教だった。宗教が新しい時は、常に非常に狂信的だ。やがてそれは緩み、妥協して、単なる社会的な現象になる。その時はもはや宗教ではない。神智学はまさにその始まりの時期にあり、クリシュナムルティがその狂信者たちの手に委ねられた時、彼はわずか九歳だった。彼らは厳しく試みて、クリシュナムルティが普通の子供と出会って交流することを許さなかった。彼らには、彼は世界教師――ジャガッドグル――にならなければならない、という目的があったからだ。彼は来たるべきブッダにならねばならなかった。マイトレーヤの化身になる必要があった。

彼は女の子と行動することを許されなかった。なぜなら彼は恋に落ちるかもしれず、そうなると神智学者たちのすべての夢が打ち砕かれただろうからだ。彼は絶えず監視されていて、一人で行動することを許されなかった。誰かが常に彼と一緒にいて、彼を見守っていた。そして彼は非常に厳しい規則に従うように強いられた。朝の三時に起きて、冷水浴をしなければならなかった。それからサンスクリット語を学ばなければならず、フランス語を学び、英語を学び、ラテン語とギリシャ語を学ばなければならなかった。世界教師は、教養豊かで洗練されていなければならないからだ。ほんの九歳の子供だ！

彼が十二歳だった頃、本の執筆が強要され始めた。さて、十二歳の子供に何が書けるだろう？実際は、教師のリードビーターがクリシュナムルティの名前で書いていた。クリシュナムルティが書いて、リードビーターがそれを修正し、完璧なものにした。その本はまだ存在している。美しい本だ。しかし、ほんの十二歳の少年に期待することはできない。それは彼が書いたものではない。クリシュナムルティでさえ、思い出すことができない。彼は尋ねられた時にこう言った。

「いつそれを書いたのか覚えていない――どのようにしてそれが生まれたのか全く覚えていない」

そして彼らは「夢の中で彼は第七天界に行き、そこで神自身が彼に教えている」というつまらない事を、秘教的な戯言を語っていた。わずか十二歳の子供で、非常に無防備で柔らかく、受容的だ。彼は信頼するだろう。そしてこれらの人々は世界的に有名だったたし、名声もあった。その運動は、本当に大きくて世界的だった。数多くの支部が世界中に開設された。

わずか十二歳の少年が、世界的に有名な人物になった。彼が行くところはどこでも、数多くの人々が、ただ彼を見るためだけに集まった。それらの写真を見ると、彼に哀れみや同情を感じるだろう。彼は常に籠の中にいた。それは当然そうなることで、誰にでも起こっただろうと思う。それはクリシュナムルティとは何の関係もなかった。誰かが彼の立場にいて、その人に何らかの魂が残っていたなら、このすべての馬鹿げたことを放棄したし、そこから抜け出ただろう。それはあまりにも酷い牢獄だった。

手紙を通して何らかの関係を作るかもしれないので、彼は誰にも手紙を書けなかった。世界教師は完全に独立している必要がある。彼は自分の母親ほどに年老いた女性に愛情を少し感じ始めたが、それさえ止められた。それは性欲などとは関係がなかった。彼は女性から愛を感じ始めたばかりだった。その女性は既に三人の子供の母親だった。だが神智学者はそれを許さなかった。彼らはそれを止めた。

彼は完全に隔離されていて、外側の世界に行くことは決して許されなかった。どんな学校にも、どんな大学にも入ることを許されなかった。普通の人々と出会うことで、彼が普通になってしまうからだ。

特別な教師が任命された。彼は特別に教えられた。そして彼の周りで、ほんの九歳の少年の周りで、マスターたちの、クートフーミ大師の大言壮語が、送られてくるメッセージが、屋根から落ちてくる手紙があった。それらはすべて、うまくやりこなされた！　神智学者たちは後ほど捕えられた。彼らはすべてをうまくやりこなしていた！　屋根が特別に作られて、手紙が突然落ちた。そしてメッセージは未知なるものから来る――それはクリシュナムルティのためだった。

ちょっと小さな男の子について考えてごらん……。自由を許されないことは、自由でありたいという大きな衝動になった。ある日――彼がそれを放棄するだろうとは、誰も予期していなかった。彼の最初の宣言のために、神智学者たちが世界中から集まった。そこではクリシュナムルティが、自分は世界教師であり神が自分の中に入った、と宣言することを期待されていた。

突然、誰にも何も言わずに……。彼は一晩中眠れなかった。彼はそれについて考え込んだ。彼は奴隷になっていた。そして彼らはみな善行者たちだ。彼らが彼を奴隷にしたのは、彼に対して善い事をしたいと思っているからだ。そして彼らは愛しているが、彼らの愛は吐き気を催させた。彼らの好意は有毒になっていた。一晩中、彼は考え込んだ。どうしたらいいのだろう？　彼はこの馬鹿げたことを続けて、その一部にならねばならないのか、それとも抜け出なければならないのか？

その朝、彼らが集まった。神が彼の中に降りて、今や彼はもうクリシュナムルティではなく、主マイトレーヤである、ブッダが彼の中に入った、と宣言するのを待っていた時、幸いにも彼は突然辞退した。

「それはすべて馬鹿げている。誰も私の中に降りていない。私は単にクリシュナムルティであって、誰のマスターでもない。そして私はジャガッドグルではなく、世界教師ではない。そして私はこの馬鹿げたことと、この組織と、私の周りに作られたすべての物事を解体する」と言った。

彼らはショックを受けた！ それが信じられなかった。

「彼は気がおかしくなって狂ったのか？」

彼らは彼に多くの期待をかけ、多くのお金をつぎ込んできた。それは大変な投資であり、何年にもわたる訓練だった。だが、それはそうなろうとしていた。彼が完全に死んだ人であったなら、その時だけ彼はそれを受け入れただろう。彼は生きていた。彼らは彼の生を殺すことができなかった。その生きている状態が爆発した。

もし彼が鈍くて平凡なマインドであったなら、たぶん彼は受け入れただろう。しかし彼には知性が、途方もない気づきがあった。彼はそれから抜け出した。そのすべての運動とすべての組織化された物事は、彼にとってポジティヴな挑戦として機能した。

私が見る限り、何もあなたを捕まえることはできない。あなたが用心深いなら、組織化された宗教を挑戦として使うだろう。用心深くなければ、組織化された宗教であれ組織化されていない宗教であれ、あなたがどこにいようと、あなたは周りに牢獄を作り出す。あなたはそれを自分の周りに持ち運ぶ。あなたの臆病さによって、恐れによって、安全かつ快適でありたいという衝動によって――。

質問二

この二十五年間、私はセブンスデー・アドベンティスト教会（土曜日の安息日）という組織に所属していました。私はあなたの話を聞くことに集中していますが、葛藤の段階を通過していません。葛藤の一つは、教会の創立者であるエレン・G・ホワイトが、神のメッセンジャーであったのかどうかでした。どうか、それを私に説明してください。

誰もが神のメッセンジャーであるか、または誰もそうではないかのどちらかだ。ある人は預言者で、ある人はティルタンカーラで、ある人はメッセンジャー、またはキリストのような人であるというすべての考えは馬鹿げている。あなた方はみんな同じ源から来ている。私たちはみんな同じ根から来ている。誰も特別ではない。そしてこれが、宗教的な人がそう生きようとしていることだ。

宗教的な人とは、自分が普通であるのをわかっている人だ。宗教的な人は、自分が他の人と全く同じであるのをわかっている人だ。彼は特別なふりをしない。「私は特別だ」というまさにその考えが愚かだからだ。「私は選ばれた人だ」というまさにその考えが利己的だ。そして宗教的な人はそれを主張できない。宗教的な人には主張がない。

彼は、あなたがこの宇宙の一部であるのと同じくらい自分がこの宇宙の一部であることを、単に受け入れて理解する。彼は決して自分自身をあなたより上に置かない。決して自分自身をあなたより上に置かないこと、これが彼の優位性だ。彼は決して、自分がある意味で並外れていたり特別であるとは考えない、これが彼の「上位にいること」だ。彼は決して「いかにも聖人ぶっている」という態度を取らない。彼はあなたもまた神であり、女神であることを知っている。たぶんあなたはそれを認めないかもしれない。それが唯一の違いだ。

私とあなたの違いは一つだけだ。私は自分が誰であるかを認識していて、あなたは認識していない。だが他に違いはない。あなたは私と全く同じだ。あなたは眠っているブッダだが、どんな違いも問題にならない。眠っていようと目覚めていようと、ブッダはブッダだ。あなたは自分の神聖さに出会わなかったかもしれない。あなたは試みなかったかもしれないし、内側にある宝物の扉を開けなかったかもしれないが、宝物は存在する。あなたは自分は特別ではなく私が特別だ、と思うかもしれないが、私がどうやって同じように考えられるだろう？　あなたは、それは当然だ、と思うかもしれない。

人々は、キリストは特別だったと思うかもしれない。それは当然だ。キリストは特別に見えるからだ。彼はある意味で特別だ。彼は自分の神性さを認識したからだ。そしてまさにその認識において、彼は輝くものに、どんな煙もない明るい光に、純粋な炎になった。人々は彼が特別だということを認識する。しかし、イエスがどうやって自分が特別だと言えるだろう？　彼自身の内なる炎を認識することで、彼自身の内なる神性を認識することで、彼はあらゆる人の神性を認識していた。人間についてだけではなく、木や鳥や動物、さらに岩についてもそうだ。彼が今知っている岩でさえ、ぐっすり眠っていびきをかいているが、神だ。いつか岩は目覚めて神になるだろう！

あなたは自分が誰なのかがわからないかもしれないが、私はあなたが誰なのかがわかっている。私が自分は誰なのかを認識した日、私はすべての人の最も奥深い核を認識した。宗教的な人は、自分が特別だとは考えられない。そして宗教的な人は、あなたは非難される、あなたは罪人だ、と考えることができない。宗教的な人は笑い出す。彼があなたを笑うのは、あなたは聖人でありながら自分自身を罪人と思っているからだ。彼があなたを笑うのは、あなたは神でありながら自分自身を他の誰かと思っているからだ。物事全体が馬鹿げているように見える。なんというドラマだろう！　誰もが仮面を持っていて、彼自身の本来の顔を完全に忘れてしまった。あなたの本来の顔は、神の顔だ。

だから、自分が特別であると証明しようとする人は誰でも、エレン・G・ホワイトであれ、レヴァレンド・ムーンであれ、サティヤ・サイ・ババであれ、自分は特別だと言う人は誰でも、彼は自分がまだ知らないということを、まさに明言している。

サティヤ・サイ・ババは「蟻はどうやって海の深さを知ることができるだろう?」と言った。

さて、これは馬鹿げている。これは愚かだ。なぜなら、蟻はサティヤ・サイ・ババと同じくらい神だからだ。あなたが私にサティヤ・サイ・ババは神かどうかと尋ねるなら、私はそうだと言う。彼は神だ。彼は詐欺師の神だが、それでも神だ。彼は手品師の神で、手品に夢中になっている。ある人は愚か者かもしれない。それなら彼は愚かな神だ。だが私は、彼が神であることを否定できない。それを言うことはできない。誰もが異なる役割を果たしている神だ。

他の誰かはまるで蟻のようだ、と言うことはできない。蟻でさえ蟻ではない。それが宗教的な人が認識することだ。ある人は「犬は吠え続けられるが、星は落ちてこないだろう」と言った。今、それは非常に非難を込めた方法で犬を見ている。そして「犬 dog」とは、逆から読んだ「神 god」に他ならない。犬とは誰だろう? 誰について話しているのだろう? 犬は存在しない。なぜなら犬もまた、犬であるふりをして、犬でいるゲームをしている神だからだ。

宗教的な人は、我が家に帰った人は、存在全体が神性であることを、無条件に神性であることを認識している。「神」も「神ではない」もない。存在全体は一つの繊維でできており、その繊維は神性だ。

しかし、エゴにとって夢中になる新しいものを探し求め続ける人々がいる。時にはそれはお金であり、政治であり、宗教だが、その探求は同じもの、エゴだ。そして宗教は、そこにエゴがなく、エゴが失われ、エゴが打ち砕かれ、どんな「私」という考えもなく、突然そこにいる時にだけ起こる。あなたはいるが、その中に「私」はない。

私は謙虚になりなさいと言っているのではない。エゴはそれを試すことさえできるからだ。それは試みる！　それは謙虚になることができるし、謙虚なふりをできるが、謙虚な人の目の中を見てごらん。彼は「私は大した者ではない」と言うが、彼はあなたが「あなたは最も偉大な人だ」と言うのを待っている。彼は「私は謙虚で、あなたの足元にある塵にすぎない」と言うが、彼を受け入れてはいけない。「そうだ、私たちは知っている。私たちは常に知っていた。あなたは私たちに何も新しいことは話していない」と言ってはいけない。さもなければ、彼は決してあなたを許さないだろう。彼は復讐をする。彼は、あなたはそれを受け入れなければならない、と言っているのではない。実のところ、彼はこう言っている。「見なさい。私は何と謙虚なことだろう！　見なさい。ここに世界で最も謙虚な人がいる！」。しかしゲームは同じだ。「私は世界で最も謙虚な人だ。『私』はそうだ」

ある人は「私は世界で最も金持ちだ」と言う。ある人は「私は世界で最も力強い」と言う。ある人は「私は世界で最も謙虚な者だ」と言う。違いはどこにあるだろう？

私は謙虚になれと言うわけではない。エゴは謙虚になることができる。私はエゴを失うことについて話している。エゴの中を、その複雑で微妙なゲームを見なければならない。そのすべてのゲームに気づくようにならなければならない。ある日、そのすべてのゲームを調べた時、それは簡単に消える。ただそれらを調べることで、ただの明晰さ、ただの気づきでそれは消える。光を暗い部屋に持って来ると、暗闇が消えるようにそれは消える。ただ、気づきをもたらしてごらん。

私は謙虚さを実践しろと話しているのではないし、謙虚な人になりなさいと言うのでもない。あなたが誰であれ、ただあなたの生に光をもたらしなさい、もう少しの気づきをもたらしなさい、すると、エゴとは消えていく暗闇のようだとわかるだろう、と話しているだけだ。ある日エゴがなくなると、謙虚さもなくなる。

本当の宗教的な人は、謙虚でも利己的でもない。彼は単純だ。謙虚な人は非常に複雑だ。彼は謙虚を実践した。実践したものは常に複雑であり、実践したものは常に偽りだ。実践したものは、ただ擬似的なものを意味しているだけだ。

実践の意味とは、そもそもあなたにないものをあなた自身に押し付けることだ。さもなければ、それを実践する必要とは何だろう？　あなたが理解したのなら、理解したのだ。実践の必要はない。実践とは単に、理解を実践で代用しようとしていることを意味する。しかし、理解と気づき以外の何も助けにはならない。

私は聞いたことがある。

イエスは、死海の水上を歩こうとしていた。彼は海の上を歩き始めて、弟子たちの方を振り向いて言った。「私を信頼して、ついて来なさい。海の上を歩きなさい」

彼の十一人の弟子たちは、彼の後をついて行き始めた。トマスだけが岸に残った。

他の者たちが彼に尋ねた時、トマスは、冷たい水が彼のリュウマチに影響を及ぼす恐れがあるので、濡れないほうがよいと説明した。

イエスはトマスに顔を向けて言った。

「トマス、私を信頼しなさい。ついて来て海の上を歩きなさい」

そこでトマスは歩き始めたが、すぐに彼の膝まで水の中に入った。

トマスは「イエス様！　イエス様！」と叫んだ。

そして、イエスはもう一度言った。「私を信頼しなさい。ついて来て海の上を歩きなさい」

トマスは歩き続けながら、イエスの助けを求め続けた。

水がトマスのあごに届いた時、ペテロは彼の方を向いて言った。

「トマス、なぜ君はいつも違ってしまうのだ？　なぜ他のみんなのように、石の上を歩くことができないのだ？」

自分が他のあらゆる人と同じであるのが、許せない人々がいる。彼らは何とかして特別でなければならない。これは病気であり、神経症だ。

あなたは異なることができない。基本的に、私たちはみんな一つの意識に属している。すべての違いは表面的なもので、単なる見かけに過ぎない。もちろん、あなたの肌は異なり、私の肌は異なる。ある人の肌は白くてある人の肌は黒い。ある人の鼻は異なり、ある人の目の色は異なり、ある人の髪の色は異なる。しかし本当は、より深く見れば見るほど、私たちは同じになる。

英語の「自身self」という言葉は非常に美しい。その本来の意味は「同じsame」だ。自身は同じを意味している。あなたは「私自身」、「彼自身」、「彼女自身」、「彼ら自身」という言葉を使う。私自身やあなた自身など、「私」は異なり、「あなた」は異なるが、「自身」は同じだ。「自身」という言葉は「同じもの」を意味している。自身は、私のものでもあなたのものでもない。それが私のものになる時、それは「私自身」になる。その時「自身」にはそれに追加され、それに加えられた何かがある。「私」が落とされる時、「自身」だけが残る。「あなた」が落とされる時、「自身」だけが残る。身体とマインド、そして表面的な区別がもはや存在しない時、最も奥にある核の深いところでは、私たちは一つだ。私たちはまさに自身であり、同じだ。

いずれにせよ、特別であろうとしてはいけないのは、それらのトリップはすべてエゴ・トリップであり、あなたを欲求不満や心配や恐れに導くからだ。

しかし、誰かが来て何かを主張する時、彼は常に数人の弟子を見つけることができる。その理由は彼の主張が真実だからではない。その理由は、人々が非常に深い不確実性の中に、人々が混乱の中にいるからだ。彼らはしがみつくための誰かを望んでいる。彼らは自分たちを確信させてくれる誰かを望んでいる。誰かが来て「私は神からの特別な使者として来ている」と言う時……そしてこれらの人々はほとんど狂った人々であり、彼らは大変な力で、大変な勢いで、大変な熱烈さで話すので、あなたは何かがその中にあるに違いないと感じ始めるだろう。そう感じ始めるのは、あなたが混乱しているからだ。あなたは常に、どのように人生を生きるべきかを言ってくれる誰かを望んでいた。あなたは常に、あなたを導いてくれる誰かを望んでいた。あなたは自分の確信のなさを取り除くことができるように、確信している誰かを常に望んでいた。あなたは自分の無知について心配する必要がないように、知っている誰かを常に望んでいた。

さて、ここにある人が来て彼が力強く宣言し、目に熱烈さがあって言葉に不思議な力がある時、何人かの人々は必ず彼の犠牲者になる。彼らは彼を信頼する。そしてあなたがこれらの人々に「あなた方は愚か者だ」と言うと、彼らはあなたの言うことを聞かないだろう。それは彼らの預言者が、間違っているか正しいかという問題ではないからだ。あなたが彼らの預言者は間違っていると言う瞬間、あなたは再び彼らの確信のなさを呼び戻し、再び彼らを混乱させている。彼らは混乱していた。今、彼らはもう混乱していない。彼らは誰かに従っている。

ムクタナンダでさえ信奉者を持てるし、信奉者を得ることができる。それを見て、私はただただ驚くばかりだ。どうすればそれが可能なのか、私にはわからない。ムクタナンダが信奉者を得ているとは？　それが可能なら、あなたは不必要に待っていることになる。あなたは偉大な指導者になれる。ムクタナンダがなれるのなら、誰にでもなれる。

ムクタナンダの信奉者であったジャバルプールの知人に、私は言った。

「あなたは全く愚かだ。あなた自身が指導者になれるのに」

彼は「どうしたらなれるのだ？　私は宗教について何も知らない」と言った。

私は「私と一緒に来なさい」と言った。私はカルカッタに行こうとしていた。私は「ただ私と一緒に来なさい。あなたは黙ったままでいなさい」と言った。

彼は「どういう意味だ？」と言った。

私は言った。「物事がどのように起こるかをただはっきりさせるために、ゲームをするつもりだ」

彼は私に従った。私は「ただ一つ、あなたは何も言わないでいなさい。ただ黙ったままでいなさい。人々が何らかの質問をする時、あなたは目を閉じて、揺れ始める。そして物事が起こるのを見てみよう！」と言った。

それで彼は私と一緒に来た。私たちが滞在していた場所の主人が、すぐに私に尋ねた。

「この男は誰ですか？」

私は「彼はパラマハンサだ。彼は沈黙を保っている。彼は偉大な魂だ」と言った。

その人は言った。「しかし、彼について聞いたことはありません。あなたはどうやって知ったのですか？」

「彼は決して公にしない。彼はマヘッシ・ヨーギではない。彼は宣伝を信じない。非常に、非常に秘教的だ」

その人は彼の足元に伏した！　彼が私のために持って来た花輪……彼は私を完全に忘れた。そしてその男は、私が列車の中で何をすべきかについて彼を訓練したので、彼は揺れ始めた。その主人もまた揺れ始めた！　私は「見なさい、あなたのクンダリニーが上昇している！」と言った。

彼は言った。「私は何かを感じることができます。脊柱に何らかの感覚があります。これまでそれを感じたことはありません。私はたくさんの聖人たちのところに行きましたが、この人は奇跡だ！

彼は何も話さないのですか？」

私は「彼は決して話さない」と言った。

三日以内に、大勢の人々が集まった。人々はお金や花を持ってやって来た。そしてその夜、その男は私に言った。

「これは信じられない！　あなたは何かをしているに違いない。さもなければ、どうしたら私が彼らのクンダリニーを上げられるというのだろうか？　私はクンダリニーについて何も知らない。私自身のクンダリニーがまだ上っていないというのに！　あなたは何かをしているに違いない。あなたは手品をしているのだ。さもなければ、どうしてそれが起こり得るのだ？　そして一人だけなら馬鹿であり得るが、そんなに多くの人たちがそうだとは！」

金持ちの人々が、キャディラックやリンカーン、インパラなどに乗ってやって来ている……。そしてこの男は、普通の商売人だった。

私たちが戻って来た三日後、私は彼に言った。

「さて、あなたはどうしたいのだ？　自分の古い関心事を続けたいのだろうか？」

人々は、自分を導いてくれる誰かを必要としている。人々は、自分を騙してくれる誰かを必要としている。人々は、自分に確信を与えてくれる誰かを必要としている。人々は実に不安定で、すべてに確信がない。ただ主張するだけ、単なるあなたの主張……だがそれは、非常に絶対的でなければならない。躊躇するとあなたは打ち砕かれる。それだとスピリチュアルな世界では、スピリチュアルな市場では、あなたは大した者ではない。決して躊躇せず、きっぱりと、無条件に主張しなさい！　それが愚か者たちの性質の一つだ。彼らは決して躊躇しない。躊躇するためにはいくらかの知性が必要だ。非常に知性的な人は常に躊躇する。

老子はこう言っている。「私はあらゆる段階で躊躇する。私は混乱せずにはいられない。私の町中で、私の知っている誰もが絶対的に確信している。人々はとても賢い。私は頭がおかしくなっているに違いない。なぜなら私はとても不安定に感じているからだ。選択肢がそこにある。何を選ぶべきで、何を選ぶべきではないのだろう？」

彼は皮肉的で、冗談を言っている。常にそれはそうだった。知的な人は躊躇する。愚か者は決して躊躇しない。水牛が躊躇するのを見たことがあるだろうか？　彼らは単純に進み続ける。路上で交通規則など気にしない。あなたはクラクションを鳴らし続けるが、あなたのことなど気にかけない。彼らは単純にスピリチュアルな聖人のように行く。
人々は不安で、不確かでいる。彼らは主張する誰かを必要としている。そしてあなたが必要としている時、必ず誰かが主張して、あなたを搾取することになる。

質問三
私が講話であなたのジョークを笑う時、それは単なる反射的なものであり、私の笑いは表面上で起こっているだけで、私の存在の中には浸透していないと感じます。私はますます笑わなくなっています。今やあなたのタオルの熱狂でさえ、私を感動させません。
これは問題ですか？

それは問題であり、非常に深刻なものだ。私にとって、笑いは最も偉大なスピリチュアルな性質の一つだからだ。
理解しようとしてごらん。人間だけが、唯一人間だけが笑うことができる。他の動物はできない。笑いが起こるのは人間の段階でのみ可能だ。もし笑っているロバに出くわすなら、あなたは気が狂うだろう。または馬が笑うなら――あなたは二度と眠ることができない。動物は笑わない。彼らにはそれほどの知性はない。笑うためには知性が必要だ。知性が優れていればいるほど、笑いは深くなる。

笑いは、あなたが本当に人間であることの象徴だ。笑うことができないなら、あなたは人間以下だ。笑うことができるなら、あなたは人間になっている。笑いは人間性の確かな兆候だ。


アリストテレスは、人間は理性的な動物だと言う。私はそれを信じていない。私は人を見てきたが、人の中にどんな合理性も見ないからだ。私の定義は、人間は笑う動物だ、ということだ。

笑いの意味は、物事の馬鹿馬鹿しさに気づくことができる、ということだ。

そしてまた、人間は退屈できる唯一の動物でもある。退屈とユーモアは同じコインの二つの面で、同じコインの二つの側だ。人間だけが退屈することができて、人間だけが笑うことができる。これらは人間の中に存在する二つの特質だ。それらが人間性の定義になる。動物は決して退屈しない。彼らは毎日、年がら年中、誕生から死ぬまで同じことをし続けている。彼らは決して退屈しない。彼らの顔に退屈さを見ることはできない。退屈するためにも、知性が必要だからだ。

人が知的であればあるほど、世界に退屈するようになる。ブッダは、生と呼ばれるすべてのナンセンスに退屈するようになった。彼は誕生に退屈し、愛に退屈し、死に退屈するようになった。東洋では、宗教とはこの退屈な存在から抜け出すための、アワガマンと呼ばれるこの絶え間ない往来、この継続的な誕生と死から、どのように抜け出すかの探求に他ならない。それは退屈だ！　その中に新しいものは何もない。そして多くの生という考えは、それをなお一層退屈にする。

キリスト教徒はあまり退屈しない。イスラム教徒はあまり退屈しない。ユダヤ教徒はあまり退屈しない。彼らはたった一つの生しか持っていないからだ。あなたは一つの生ではあまり退屈はできない。一度あなたは生まれ、そして七十年後に死ぬ。七十年の内で、三十年あなたは眠り、十五年かべて、それから働く。ずっとあなたは働いている。三年をあなたは食べることに浪費する。まず食二十年あなたは働く。……それから排便する。だから人間は、ちょうど管のようなものだ。一方の端に物を注ぎ続けて、もう一方の端から捨て続ける。

人間のすべての活動を数えるなら、鏡の前に立って髭を剃ることは……。

私はちょうど、ある記事を読んでいた。ある人が鏡の前に立っている――それは男性に関するものであり、女性に関するものではない――私たちが彼の全人生の中でそれを連続的に、七十日間連続的に考慮するなら――。七十日間、彼はただ鏡の前に立っていた。さてその馬鹿らしさを見てごらん。これは男性に関するものだ。私が思うに、彼らが女性に関してではなく、男性に関するデータを示したのは、女性に関しては数えられないからだ。女性たちは鏡の前に立ち、ただ自分自身を見続ける。一度あなたが見たなら、終わりだ！　今あなたは何を見ているのだろう？　何か見逃したのだろうか？　または、それがあなたであることが信じられないのだろうか？

あなたが人生のすべての活動を見るなら、それは退屈だ。だが生がたった一つだけなら、それはそんなに退屈ではない。だからキリスト教徒、イスラム教徒、ユダヤ教徒はあまり宗教的ではあり得ないのだ。ヒンドゥー教、ジャイナ教、仏教は宗教に別の性質をもたらした。彼らは、それは何百万回もそのようであったと言う。再生は何度もあり、輪廻は何度もある。それは一つの生ではない。一つの生は車輪のほんの一つの動きに過ぎない。車輪は始まりの無い始まりから動いている。そしてあなたは何百万回も同じ事をしてきた。それでもあなたは退屈していないのだろうか？　であれば、あなたは全く愚かであるに違いない。知的な人は必ず退屈するようになる。

退屈は人間的だ。そして人間は退屈できるので、笑うこともできる。笑いは同じエネルギーのもう一つの極端だ。すべての領域は退屈と笑いの間にある。

だから私はジョークをたくさん使うのだ。なぜなら私は、宗教の真理が非常に退屈であることを知っているからだ。そこでまず私は、あなたを退屈にさせる。私は微妙な問題に入る……ん？　私はあなたを退屈にさせる。今やそれがやりすぎで手に負えず、あなたがもはや耐えられないことがわかる時、私はジョークを言う。振り子は揺れ戻る。あなたは再び幸せでいる。再び私はあなたを退屈させることができる。あなたは新鮮で、用意ができている。再び十分か十五分はまだ我慢できる。あなたが限界に達しているのが、私に腹を立てているのがわかる時、私は殺されたくないので、あなたが笑うことができて私を許せるように、再び、すぐに私は何かについて話す。

退屈と笑いは人間の意識の最も重要な性質だが、人々は普段どちらにも気づいていない。あなたが退屈する時は、それに気づく前に、新しいスリルや興奮を与える他の活動に簡単にのめり込む。

あなたは映画に行く。テレビの前に座る。友人のところに行く。誰かと、隣人と話し始める。あなたには何も言うことがない。彼には何も言うことがない。あなたは何百万回も、これらのことについて話してきた！　また気候について、また天気について、またあなたの子供の様子や妻の様子について——そしてあなたは、少しも関心を持っていない。だがあなたは退屈している。それを忘れるために何かをしなければならない。あなたは話さなければならない。

人は通常の日常生活で、五千語の言葉を使う。あなたは私があまりにも多く話していると思っているかもしれないが、それは間違っている。ひとたび話し終えたら、私は黙り続ける。しかし私は決して五千語の限界を越えない。あなたはそれを一日中広げている。私は午前中で終わる。しかし決して限界を超えない。私は時計を見続けている。

彼らは単に自分の存在を避けるために、自分の退屈を避けるために話し続ける。夫は妻に退屈し、妻は夫に退屈し、母親は子供に退屈し、子供は両親に退屈している。誰もがただただ退屈している！　しかし、私たちはそれを意識下に保っている。そうしなければ、あなたは自殺し始めるだろう。どうすればいい？

マルセルは、自殺は唯一の重要な問題であり、唯一の形而上学的な問題だ、と本に書いている。それはそうだ。すべての退屈が明らかになったら、あなたは何をするつもりだろうか？　もし生が単なる決まりきった日常であるなら、そのすべての意味は何だろう？　あなたはそれを避け続ける。

宗教的なコミュニティでは、それにあなたの注意を引き寄せる。あなたがそれを避けることを許さない。禅の僧院では、彼らは非常に退屈な日課を送っている。それは固定されている。何世紀もの間、永遠に固定されている。決してわくわくせず、決して興奮しない。朝、彼らは起床し、坐禅をし、お茶を飲み、歩く瞑想をし、朝食に行く。そしてすべては同じだ。朝食は同じ、茶は同じだ。再び坐禅をし、再び仕事のために庭に入る。あなたは禅庭を見たことがあるだろうか？

彼らの瞑想ホールの周りでは、木は許されない。あなたを完全に退屈させるために、彼らは石庭を作る。なぜなら木は変化するからだ。春には花と青葉が生え、秋には葉が落ちる。木は変化する！木は僧侶ではない。木は一年中変わり続ける。禅の僧院では、彼らは石庭を作るので、何も変わらない。あなたは毎日同じ事をし続ける。外を見ると岩と砂があり、同じ模様がある。なぜだろう？

退屈は技法として使われてきた。それは仕掛けだ。禅では、退屈は仕掛けとして使われる。あなたは死ぬほど退屈するが、逃げ出すことは許されない。外に出てはいけない。自分自身を楽しませてはいけない。何もするべきではなく、話すべきではない。物語や推理小説を読むべきではない。スリルはない。どこかに逃げる可能性は全くない。

そしてすべての僧侶は剃髪していて、よく似ている。あなたはそれに気づいただろうか？　髪、口髭、あご鬚を剃ると、ほとんど存在感がなくなる。あなたの顔は個性を失う。僧侶はみんなよく似ている。どんな違いもわからない。あなたは坊主頭を見て退屈する。毛髪は少しのスタイルを、少しの違いを与える。すべての坊主頭はよく似ている。毛髪でスタイルを持つことができる。ある人は長髪で、ある人は短髪だ。ある人は頭が固く、ある人はヒッピーだ。そして毛髪で何かをする方法は無数にある。頭で何ができるだろう? それは全く同じだ。服は同じ、頭は同じ、食べ物は同じ、石庭は同じ、瞑想は同じだ。年から年中、二十年間同じだ。

ワークは、逃げることが不可能な、突破口を通過しなければならないところにまで退屈をもたらすことにある。それが耐えられない時、それが最高潮に来て耐えられなくなった時、それは爆発する。その極度の状態から、あなたはジャンプする。突然、すべての退屈が消える。なぜならマインドそのものが消えるからだ。

退屈はマインドの兆候だ。だから動物は退屈しないのだ。まさにその極度の状態まで行くなら、圧迫を、ますます多くの圧迫をかけ続けるなら、もうこれ以上耐えられない絶頂期が来て、退屈は消える。そして退屈と共に、マインドも消える。それが、禅で「悟り」と呼ぶものだ。

笑いもまた、同じように使うことができる。ボーディダルマはそれを使った。それを使ったスーフィーのマスターたちがいた。笑いを使う禅の宗派もいくつかある。あなたが物事の馬鹿馬鹿しさを笑い続けられるなら、いつか、突然笑いが起こっていないのがわかる極度の状態に来るだろう。それが要点だ。あなたは笑い続け、更に笑おうとし続けるが、笑いは生じていない。すべては行き詰っているように見えるが、あなたは試み続ける。今、多くの努力が必要になる。それをまさに極度にまで強いると、ある日笑いが消え、笑いと共に人間のマインドも消える。

退屈であれ笑いであれ、両方とも使うことができる。私は両方を一緒に使う。まずあなたを退屈させ、それからあなたが笑うように手助けする。そして私はあなたを、ちょうど綱渡り芸人のように、一方の極端からもう一方の極端へと追い込み続ける。左に倒れている時、彼は右に傾く。右に傾き過ぎていて、今倒れるだろうと感じる時、彼は左に傾く。そしてやがてバランスが生じる。さて、これが超越の第三ポイントだ。

あなたは左に、できるだけ遠く左に行くか、または右に、はるか右に行くか、または中間に、ずっと中間に、極端な中間にただいるか、のどちらかだ。そこには超越がある。これらの三つのポイントが超越のポイントになる。誕生か死か愛か――これらの三つは超越のポイントだ。私のすべての努力は極端主義を使うことではなく、あなたにバランスを与えることにある。

だから私は左から右に動き続けるが、その考え全体は、あなたがロープの上でバランスを保つためにある。ある日、バランスを取ることで突然、マインドが存在できないほどバランスが保たれている地点にあなたを連れて来る。マインドは、右に傾くか左に傾くかでしか存在できない。マインドは極端な状態でしか存在できない。中間では、バランスが保たれた状態ではマインドは決して存在できない。

ブッダは彼の道を、マッジーマ・ニカーヤ、中道と呼んだ。私の道もまた中道だ。とても多くの方法で、私はあなたがすべてが消える絶対的な中間点に来るのを助けようとしている。

さて、あなたはこう言う。

「私が講話であなたのジョークに笑う時、それは単なる反射であり、私の笑いは表面上で起こっているだけで、私の存在の中には浸透していないと感じます」

試し続けてごらん。心配しなくていい。それを反射的にさせなさい。試し続けてごらん。時々あなたは、笑いが単なる身体の、またはマインドのものであり、あなたは目撃者だとさえ感じるだろう――それは美しい瞬間だ。あなたは自分の笑いを、少し超越するようになった。それは良いことだ。

「私はますます笑わなくなっています」

それは起こる。だがあなたは懸命に試さなければならない。笑おうと懸命に試すことは、最も骨が折れる事の一つだ。なぜならどうやって試したらいいだろう？　笑いは生じるか生じないかのように見える。それを試すことができるものだろうか？　あなたが試せば試すほど、笑いをもたらすのが難しいことに気づくだろう。しかしやってごらん。それを難しくしてみなさい。

今、私のジョークをもっと意識的に、もっと慎重に聞きなさい。私がジョークを話す時、ちょっと全世界を忘れなさい。それに深く瞑想してごらん。そのすべてを味わうことができて、それがあなたのハートに浸透するように。そして笑いが生じたら、たとえ些細なものであっても、ちょっとしたものでも、さざ波であっても、それと協力しなさい。それが大きな波になるようにしなさい。それと共に揺れて、それと共に進みなさい。手放しの中にいなさい。それはあなたを笑いに連れて行くだろう。

時には、私の話を何度も聴いて、私と一緒に何度も笑うことで、やがて笑うことさえ退屈に見えるかもしれない、ということがあり得る。毎日何度も笑うと、それも退屈を引き起こす。毎日何度もジョークを聞いていると、あなたにある笑いの質は非常に小さくなり、笑いの量は非常に少なくなり、枯渇したように感じる。しかしあなたは今、もう少し学ばなければならない。

もっと注意深くジョークを聞いてごらん。そしてさざ波があなたの中に生じるなら、それに協力し、誇張さえして、それに任せなさい。質問はボーディからだ。私は彼のために、特別な瞑想を提案する。毎朝、彼は何の理由もなく三分間笑わなければならない。起床する時、何よりもまず、最初に目を開けてはいけない。睡眠が去ったと感じる時、ただベッドで笑い始めなさい。最初の二、三日間、それは難しいだろう。それは生じる。それから爆発のように生じる。

まずそれが難しいのは、あなたは馬鹿げていると感じるからだ。なぜ自分は笑っているのだ？理由は全くない。だが、やがてあなたは馬鹿げていると感じて、自分の馬鹿らしさを笑い始めるだろう。それから笑いは乗り移る。それは抑えられなくなる。あなたは、すべての不合理さを笑う。

それから他の誰かが――あなたの妻、ガールフレンド、隣人が、あなたが馬鹿であるのを見て、笑い始めるかもしれない。それはあなたを助けるだろう。

笑いは伝染的になり得る。ちょっと試してごらん、そして一ヶ月後に私に報告しなさい。毎朝笑い、あなたが楽しんでいるなら、毎晩眠る前にしなさい。それで、あなたの夢の中で私があなたにいくつかのジョークを話すかもしれない、ということがあり得る。

では、全く理由のないジョークをいくつか話そう。

美しい少女は、動物園でライオン調教師として働く候補者の一人だった。他の候補者は熱心な若者だった。支配人は彼ら両方にチャンスを与えると言い、少女に檻の中に入るように言った。

大きな毛皮のコートを着た少女はそうした。巨大なライオンが彼女と一緒に中に入れられると、彼は直ちに彼女に飛びかかり始めた。突然彼女は直立し、毛皮のコートを開いて、完全に裸になって立った。ライオンは急に止まり、ぐるぐる回って、おとなしく片隅に戻った。

支配人は全くあっけに取られた。彼は若者の方を向いた。

「さて、おい、君はあれに勝てると思うか?」。「やってみたいです」とその男は言った。「ちょっとその狂ったライオンを外に出してください」

父親は十代の息子二人を、初めてマイアミに連れて行った。

「わしはお前たちに日光をたくさん浴びてほしい」と老人は言った。「そしてお前たちがそうするのを確かめるために、もし夜半過ぎに外出するなら、一時間当たり一ドルの罰金を科すつもりだ」

最初の息子は午前二時に家に帰宅して、翌朝親父に二ドルを渡して言った。

「それだけの価値があったよ。彼女は美しかった！　彼女はロマンチックだった！　彼女は情熱的だった！」

次の日、二番目の息子は午前五時に帰宅して、父に五ドルを渡して、ため息をついた。

「それだけの価値があったよ。彼女は美しかった！　彼女はロマンチックだった！　彼女は情熱的だった！」

三番目の夜、父親は一晩中、二十四時間外出していた。家に帰った時、彼は自分の財布をテーブルに投げつけて息子たちに言った。

「すべて取りなさい。それだけの価値があった。彼女は美しかった！　彼女はロマンチックだった！　そしていやはや……彼女は忍耐強かった！」

質問四

私は混乱しています。あなたが二本の矢の愛について話した時、私はハートに突き刺さるような感じがして、美しい痛みが私の中に生じました。愛は痛みますか？
私はどこにいて、ここからどこに行くのでしょうか？

愛は痛むが、その痛みは確かに恩恵だ。セックスは痛まない。セックスは非常に便利で快適だ。人々はほとんど鎮静剤、精神安定剤としてそれを使う。

愛は痛む。愛は成長をもたらすからだ。愛が痛むのは愛が要求するからだ。愛が痛むのは愛が変形するからだ。愛が痛むのは、愛があなたに新しい誕生を与えるからだ。

セックスは全くあなたに触れない。それは機械的で、単に生理的なことだ。愛はあなたのハートを関係性に持ち込む。そしてハートが関係性の中にある時は、常に痛みがある。だがその痛みを避けてはいけない。その痛みを避けるなら、あなたは生のすべての喜びを取り逃す。

セックスにはくつろぎがあるかもしれない。セックスには、生理的な健康や衛生があるかもしれない。しかし成長はない。あなたは動物のままだ。愛によってあなたは人間になる。愛であなたは直立するようになる。愛であなたは地上に直立して立つ。セックスであなたは再び動物になる。あなたは地上で水平になり、他の動物のように動き、這っている。愛によってあなたは直立し、垂直でいる。

愛と共に問題がある。セックスに関して問題はない。しかし問題によって成長がある！　問題が大きければ大きいほど、その機会は増える。

だからあなたは「愛は痛みますか？」と私に尋ねている。確かに愛は痛むが、その痛みは恩恵だ。そしてあなたはそれを感じた。質問者はそれを感じた。質問はデヴァ・サグナからだ。

彼女はこう言う。「私は混乱しています。あなたが二本の矢の愛について話した時、私はハートに突き刺さるような感じがして、美しい痛みが私の中に生じました」

彼女はそれが美しかったことに気づいている。今、それからたじろいではいけない。ますます多くの恩恵があなたを待っている。だが、もちろん、ますます多くの痛みもある。

だから、多くの人々は決して愛さないのだ。それはとても痛む。彼らは愛さないことを選ぶが、その時彼らは動物的なままでいる。彼らは決して人間にならない。決して直立姿勢にならない。決して自らの手に自分の生を受け止めない。決して価値ある者ではない。彼らは無価値だ。愛はあなたを貴重なものにする。

そしてあなたが恋をしているなら、そこには祈りという更に深い痛みがあるのがわかるだろう。それはあなたを完全に打ち砕く。愛は決して、あなたを完全に打ち砕くことはない。それはただあなたを少し、ほんの少し傷つけるだけだ。それはあなたのエゴの外皮を打ち砕くが、エゴの中心は損なわれないままだ。それからより深い痛みが、愛より深い痛みがあり、それは祈りの痛みだ。それはあなたを完全に打ち砕く。それは死だ。あなたが愛する方法を学んだ時、そして愛がもたらす痛みが変装していた恩恵であることを学んだ時、それは美しい、途方もなく美しい。その時あなたは能力が備わり、更に一歩進む。その段階が祈りだ。

人間の恋人と一緒に存在することはできるが、あなたの愛としての神と一緒では、あなたは存在できない。その熱情はとても大きく、それはただあなたを完全に焼き尽くす。残留物は残らない。愛ではあなたは単に火傷するだけだが、あなたはそこにいる。恋人たちは残り、お互いに重なり合い、彼らの火の中でお互いに少し火傷するが、完全には燃えない。それが愛の美しさであり、愛の惨めさでもある。あなたが完全に打ち砕かれて、どんな残留物も残らず、エゴがなくならない限り、完全になくならない限り、惨めさが少し残る。

すべての恋人たちは、少し惨めに感じている。彼らは完全に消えたいと思うが、それは人間の関係性では不可能だ。人間の関係性は制限されている。しかし人は、次の可能性があることを学ぶ。もし人間の関係性でそれほどのことが起こり得るなら、神との関係性ではどれほど多くのことが起こり得るだろう?

愛はあなたに最終的なジャンプを、量子的跳躍をする準備をさせる。それが私が祈りと呼ぶものであり、またはそれを瞑想と呼んでもいい。仏教用語を使うなら、それは瞑想だ。ヒンドゥー教、イスラム教、キリスト教の用語を使うなら、それは祈りだ。しかしその意味は同じだ。神が存在するために、あなたは消えなければならない。愛は、美しさについて、消えることの恩恵と祝福について最初の教訓を学ぶための、痛みが祝福であることを学ぶための訓練の場であり、学校だ。それから、究極の痛みを感じたいという欲望が生じる。ヒンドゥー教の帰依者たちはヴェラー——究極の痛みと呼んだ。それは人が神によって使い果たされない限り、神の中で使い果たされない限り残ってしまう痛みだ。

だからあなたが恋をしている時、または愛が生じる時は、それと協力しなさい。抵抗しようとしてはいけない。人々は妥協する。恋人たちを——私は何千人もの恋人たちを見てきた。毎日彼らは私のところにやって来る。彼らは自分たちの問題を持って来る。だが、私が見てきた基本的な問題は、恋人たちがやがては妥協するということだ。その妥協とは、あなたは私を傷つけてはいけない、私はあなたを傷つけるつもりはない、というものだ。それが結婚というものだ。その時人々は落ち着く。彼らは痛みをとても恐れているので、「私を傷つけないでくれ。そうすれば私はあなたを傷つけない」と言う。しかし痛みが消える頃、愛も消える。それらは一緒に存在する。

私は聞いたことがある。

男性の患者は歯科医に激しい痛みを訴えていたが、彼は歯を保存することを強く主張した。歯科医は白衣を着て、彼の額の上の灯りを調節し、ドリルを回し始めて言った。

「大丈夫ですよ、さあ口を開いてください。そして私たちに何ができるかを見てみましょう」

ちょうどその時、患者は医師の急所を掴んだ。

「一体全体、君は何をしているのだ?」と歯科医は叫んだ。

「今、」とその男は離さずに、静かにこう言った。

「私たちはお互いを傷つけるつもりはありませんよね?」

さて、これが起こることだ。あなたが恋をしている時、愛は傷つける。それはひどく傷つける。その時、あなた方はお互いをつかんでこう言う。「何なんだ……！　妥協しよう。もう恋愛関係を止めて結婚しよう。それを合法にしてくれ。そして、もし君が私を傷つけないなら、私は君を傷つけない」

それから夫婦は、一緒にいることなく一緒に生きる。彼らは孤立して一緒に生きる。彼らはせいぜい許容するくらいで、互いに忍耐強いが、愛は消えてしまった。

愛は痛む。痛みに対して、決して抵抗したり障壁を作ってはいけない。それを許しなさい。すると、やがてそれが間違った解釈であったのがわかるだろう。それは本当は痛みではない。それはただ、何かがあなたの中にとても深く入っているので、それを痛みのように解釈しているだけだ。あなたは他に何も知らない。あなたは過去の経験の、過去の人生の痛みに気づいているだけだ。何かが深く浸透する時はいつでも、あなたはそれを痛みと解釈する。

「痛み」という言葉を使ってはいけない。愛と愛の矢があなたのハートの中に深く入る時、目を閉じて言葉を使わないようにしなさい。それが何であるかをただ見なさい。すると、それが痛みだとは決してわからないだろう。あなたはそれが祝福であることがわかり、途方もなく心を動かされる。あなたは喜びを感じるだろう。

言葉を使ってはいけない。新しい何かがあなたに起こる時は、常にどんな言語もなしにその中を深く見てみなさい。

質問五
あなたはお金持ちのグルではないのですか？

私はそうだ。なぜなら金持ちだけが私のところに来れるからだ。

しかし私が「金持ち a rich man」と言う時は、内側が非常に貧しい人を意味している。私が「豊かな人 a rich man」と言う時は、知性において豊かである人を意味する。私が意味しているのは、世界が彼に与えられるすべてのものを手に入れ、それが無益であることに気づいた人だ。そうだ、金持ちだけが宗教的になれる。貧しい人は宗教的になれないとは言わないが、非常に稀で、例外的だ。貧しい人は望み続ける。貧しい人は富とは何かを知らない。彼はまだそれに失望していない。富に失望していないなら、どうやって富を超えられるだろう？　貧しい人も、時々私のところに来るが、私が供給できないものを求めて来る。彼は成功を求めている。彼の息子は就職していなくて、「OSHO、息子を祝福してください」と頼んでくる。彼の妻は病気だ。または彼は仕事でお金を失くしている。これらが貧しい人の、この世のものを求めている人のしるしだ。

金持ちの人が私のところに来る時、彼にはお金があり、職や家があり、健康でいる。彼は人が持てるものすべてを持っている。そして突然彼は、何も満たされていないことに気づいた。その時、神への探求が始まる。

そう、時には貧しい人も宗教的であれるが、非常に優れた知性が必要だ。金持ちの人が宗教的でなければ、彼は愚かだ。貧しい人が宗教的なら、彼はとてつもなく知的だ。貧しい人が宗教的でなくても、彼は許されるべきだ。金持ちが宗教的でないなら、彼の罪は容認できない。

私は金持ちのグルだ。絶対的にそうだ。一つの逸話をあなたに話そう。

彼らは二十五年間結婚していて、銀婚式の日に最大の口論をした。彼女は決して言い負かされなかった。

「もし私のお金がなければ、そのテレビはここになかったわよ。私のお金がなければ、あなたが座っているその椅子はここにはなかったわよ！」

「ふざけるな！」と彼はさえぎった。

「もし君のお金がなければ、俺はここにいなかっただろう！」

これをあなたに言わせてほしい。あなたにお金がなかったら、あなたはここにいなかっただろう。あなたがここにいるのは、あなたがお金に失望しているから、成功に失望しているから、生に失望しているからだ。乞食が来ることができないのは、彼はまだ失望していないからだ。

宗教は贅沢だ。私はそれを最後の、究極の贅沢と呼ぶ。なぜならそれが最高の価値だからだ。空腹の時、彼は音楽について悩まない。無理だ。そしてあなたが彼の前でシタールを演奏し始めると、彼はあなたを殺すだろう。彼はこう言う。

「あなたは私を侮辱している！ 私は空腹なのに、あなたはシタールを演奏している。シタールを演奏してる場合なのか？ まず食べさせてくれ！ とても空腹だから、音楽なんか理解できない。私は死にそうだ！」

人が飢えで死にそうな時に、ファン・ゴッホの絵がどんな役に立つだろう？ またはブッダの説教が、美しいウパニシャッドが、音楽がどんな役に立つだろう？ 無意味だ。彼にはパンが必要だ。

人が身体に満足していて、食べものが充分にあり、住むための良い家がある時、彼は音楽、詩、文学、絵画、芸術に興味を持ち始める。今や新たな飢えが生じる。身体的な必要性は満たされている。今、心理的な必要性が生じる。必要性には階層がある。一番目は身体だ。それは基本だ。それはあなたの存在の一階だ。一階がなければ、次の階は存在できない。

身体的な必要性が満たされる時、心理的な必要性が生じる。心理的な必要性も満たされる時、スピリチュアルな必要性が生じる。人が世界で手に入るすべての音楽を聞いて、すべての美しさを見て、それがすべて夢であると気づいた時……すべての偉大な詩人たちの言葉に耳を傾け、それが自分自身を忘れさせる方法に過ぎず、自分自身を夢中にさせる方法に過ぎなくて、あなたをどこにも導かないことに気づいた時……あなたはすべての絵画や偉大な芸術を見てきた——それは楽しめて面白いが、それでどうなる……？　その時、手は空っぽのままで、以前よりも空っぽになる。

音楽や詩は充分ではない。それから瞑想したい、祈りたいという欲求が、神への渇望、真理への渇望が生じる。大きな熱情があなたを支配し、あなたは真理を探求する。あなたは今、この存在の最も秘密の真実が何なのかを知らない限り、何も満足できない、と知っているからだ。他のすべてをあなたは試してきて、それは失敗した。

宗教は究極の贅沢だ。この贅沢に達するためには、たいへんな金持ちでなければならないか、または途方もなく知的でなければならない。しかし、いずれにせよあなたは豊かだ。金銭に関して豊かか、知性に関して豊かだ。私はこれまで本当に貧しい人が、知性的に貧しい人や金銭的に貧しい人が、宗教的になるのを決して見たことがない。

カビールは宗教的になった。彼は億万長者ではなかったが、とてつもなく知的だった。ブッダが宗教的になったのは、彼が途方もなく裕福だったからだ。クリシュナやラーマやマハーヴィーラが宗教的になったのは、彼らが途方もなく裕福だったからだ。ダドゥ、レダス、ファリッドらが宗教的になったのは、彼らがとてつもなく知的だったからだ。だが、ある種の豊かさは必要だ。

そうだ、あなたは正しい。私は金持ちのグルだ。

ブッダの真実　超越の道シリーズ❸

二〇二二年十二月二十八日　初版第一刷発行

講　話■ＯＳＨＯ
翻　訳■スワミ・ボーディ・デヴァヤナ（宮川義弘）
照　校■マ・ギャン・プーナム
装　幀■スワミ・アドヴァイト・タブダール
発行者■マ・ギャン・パトラ
発行所■市民出版社

〒一六七―〇〇四二
東京都杉並区西荻北一―十二―一　エスティーアイビル
電　話〇三―六九一三―五五七九
ＦＡＸ〇三―六九一三―五五八九
郵便振替口座：〇〇一七〇―四―七六三一〇五
e-mail：info@shimin.com
http://www.shimin.com

印刷所■シナノ印刷株式会社

Printed in Japan
ISBN978-4-88178-285-9 C0010 ¥2500E

付録

●著者（OSHO）について

OSHOの説くことは、個人レベルの探求から、今日の社会が直面している社会的あるいは政治的な最も緊急な問題の全般に及び、分類の域を越えています。彼の本は著述されたものではなく、さまざまな国から訪れた聴き手に向けて、即興でなされた講話のオーディオやビデオの記録から書き起こされたものです。

OSHOは、「私はあなたがただけに向けて話しているのではない、将来の世代に向けても話しているのだ」と語ります。OSHOはロンドンの「サンデー・タイムス」によって『二十世紀をつくった千人』の一人として、また米国の作家トム・ロビンスによって『イエス・キリスト以来、最も危険な人物』として評されています。

また、インドのサンデーミッドデイ誌はガンジー、ネルー、ブッダと共に、インドの運命を変えた十人の人物に選んでいます。

OSHOは自らのワークについて、自分の役割は新しい人類が誕生するための状況をつくることだと語っています。彼はしばしば、この新しい人類を「ゾルバ・ザ・ブッダ」――ギリシャ人ゾルバの世俗的な享楽と、ゴータマ・ブッダの沈黙の静穏さの両方を享受できる存在として描き出します。

OSHOの講話と瞑想の様々な面で一貫しているのは、過去のあらゆる時代を超えた知恵と、現代と未来の科学技術の最大の潜在力、その両者を網羅する展望です。

OSHOはまた、内なる変容の科学への革命的な寄与――加速する現代生活を踏まえた瞑想へのアプローチによっても知られています。OSHO独特の「活動的瞑想法《アクティブメディテーション》」は、静けさと思考のないリラックスした状態を日々の生活へもたらすことができるように、心と体に蓄積されたストレスを最初に発散させるという目的で作られたものです。

●より詳しい情報については　http:// **www.osho.com**　をご覧下さい。

多国語による総合的なウェブ・サイトで、ＯＳＨＯの書籍、雑誌、オーディオやビデオによるＯＳＨＯの講話、英語とヒンディー語のＯＳＨＯライブラリーのテキストアーカイブやＯＳＨＯ瞑想の広範囲な情報を含んでいます。

ＯＳＨＯマルチバーシティのプログラムスケジュールと、ＯＳＨＯインターナショナル・メディテーションリゾートについての情報が見つかります。

●ウェブサイト

http://.osho.com/Resort

http://.osho.com/AllAboutOSHO

http://www.youtube.com/OSHOinternational

http://www.Twitter.com/OSHOtimes

http://www.facebook.com/pages/OSHO.International

◆問い合わせ　Osho International Foundation ; www.osho.com/oshointernational,
oshointernational@oshointernational.com

●OSHOインターナショナル・メディテーション・リゾート

場所：インドのムンバイから百マイル（約百六十キロ）東南に位置する、発展する近代都市プネーにあるOSHOインターナショナル・メディテーション・リゾートは、通常とはちょっと異なる保養地です。すばらしい並木のある住宅区域の中にあり、二十八エーカーを超える壮大な庭園が広がっています。

OSHO瞑想：あらゆるタイプの人々を対象としたスケジュールが一日中組まれています。それには、活動的であったり、そうでなかったり、伝統的であったり、画期的であったりする技法、そして特にOSHOの活動的《アクティブ》な瞑想が含まれています。瞑想は、世界最大の瞑想ホールであるOSHOオーディトリアムで行なわれます。

マルチバーシティー：個人セッション、各種のコース、ワークショップがあり、それらは創造的芸術からホリスティック健康管理、個人的な変容、人間関係や人生の移り変わり、瞑想としての仕事、秘教的科学、そしてスポーツやレクリエーションに対する禅的アプローチなど、あらゆるものが網羅されています。マルチバーシティーの成功の秘訣は、すべてのプログラムが瞑想と結びついている事にあり、私達が、部分部分の集まりよりもはるかに大きな存在であるという理解を促します。

バショウ（芭蕉）・スパ：快適なバショウ・スパは、木々と熱帯植物に囲まれた、ゆったりできる屋外水泳プールを提供しています。独特のスタイルを持った、ゆったりしたジャグジー、サウナ、ジム、テニスコート……そのとても魅力的で美しい環境が、すべてをより快適なものにしています。

料理：多様で異なった食事の場所では、おいしい西洋やアジアの、そしてインドの菜食料理を提供しています。それらのほとんどは、特別に瞑想リゾートのために有機栽培されたものです。パンとケーキは、リゾート内のベーカリーで焼かれています。

ナイトライフ：夜のイベントはたくさんあり、その一番人気はダンスです。その他には、夜の星々の下での満月の日の瞑想、バラエティーショー、音楽演奏、そして毎日の瞑想が含まれています。

あるいは、プラザ・カフェでただ人々と会って楽しむこともできるし、このおとぎ話のような環境にある庭園の、夜の静けさの中で散歩もできます。

設備：基本的な必需品のすべてと洗面用具類は、「ガレリア」で買うことができます。「マルチメディア・ギャラリー」では、ＯＳＨＯのあらゆるメディア関係の品物が売られています。また銀行、旅行代理店、そしてインターネットカフェもあります。ショッピング好きな方には、プネーはあらゆる選択肢を与えてくれます。伝統的で民族的なインド製品から、すべての世界的ブランドのお店まであります。

宿泊：ＯＳＨＯゲストハウスの上品な部屋に宿泊する選択もできますし、より長期の滞在には、住み込みで働くプログラム・パッケージの一つを選べます。さらに、多種多様な近隣のホテルや便利なアパートもあります。

www.osho.com/meditationresort

www.osho.com/guesthouse

www.osho.com/livingin

日本各地の主なOSHO瞑想センター

OSHOに関する情報をさらに知りたい方、実際に瞑想を体験してみたい方は、お近くのOSHO瞑想センターにお問い合わせ下さい。

参考までに、各地の主なOSHO瞑想センターを記載しました。尚、活動内容は各センターによって異なりますので、詳しいことは直接お確かめ下さい。

◆東京◆

・**OSHOサクシン瞑想センター**　Tel & Fax 03-5382-4734
マ・ギャン・パトラ　〒167-0042　東京都杉並区西荻北1-7-19
e-mail osho@sakshin.com　http://www.sakshin.com

・**OSHOジャパン瞑想センター**
マ・デヴァ・アヌパ　Tel 03-3701-3139
〒158-0081　東京都世田谷区深沢5-15-17

◆大阪、兵庫◆

・**OSHOナンディゴーシャインフォメーションセンター**
スワミ・アナンド・ビルー　Tel & Fax 0669-74-6663
〒537-0013　大阪府大阪市東成区大今里南1-2-15 J&Kマンション302

・**OSHOインスティテュート・フォー・トランスフォーメーション**
マ・ジーヴァン・シャンティ、スワミ・サティヤム・アートマラーマ
〒655-0014　兵庫県神戸市垂水区大町2-6-B-143
e-mail j-shanti@titan.ocn.ne.jp　Tel & Fax 078-705-2807

・**OSHOマイトリー瞑想センター**
スワミ・デヴァ・ヴィジェイ　Tel & Fax 0798-72-2508
〒662-0026　兵庫県西宮市獅子が口町1番16号　夙川ライムヴィラ104
e-mail mysticunion@mbn.nifty.com　http://mystic.main.jp

・**OSHOターラ瞑想センター**　Tel 090-1226-2461
マ・アトモ・アティモダ
〒662-0018　兵庫県西宮市甲陽園山王町2-46　パインウッド

・**OSHOインスティテュート・フォー・セイクリッド・ムーヴメンツ・ジャパン**
スワミ・アナンド・プラヴァン
〒662-0018　兵庫県西宮市甲陽園山王町2-46　パインウッド
Tel & Fax 0798-73-1143　http://homepage3.nifty.com/MRG/

・**OSHOオーシャニック・インスティテュート**　Tel 0797-71-7630
スワミ・アナンド・ラーマ　〒665-0051　兵庫県宝塚市高司1-8-37-301
e-mail oceanic@pop01.odn.ne.jp

◆愛知◆

・**OSHO 庵瞑想センター** Tel & Fax 0565-63-2758
スワミ・サット・プレム 〒444-2326 愛知県豊田市国谷町柳ヶ入２番
e-mail satprem@docomo.ne.jp

・**OSHO EVENTS センター** Tel & Fax 052-702-4128
マ・サンボーディ・ハリマ
〒465-0058 愛知県名古屋市名東区貴船2-501 メルローズ1号館301
e-mail: dancingbuddha@magic.odn.ne.jp

◆その他◆

・**OSHO チャンパインフォメーションセンター** Tel & Fax 011-614-7398
マ・プレム・ウシャ 〒064-0951 北海道札幌市中央区宮の森一条7-1-10-703
e-mail ushausha@lapis.plala.or.jp
http:www11.plala.or.jp/premusha/champa/index.html

・**OSHO インフォメーションセンター** Tel & Fax 0263-46-1403
マ・プレム・ソナ 〒390-0317 長野県松本市洞665-1
e-mail sona@mub.biglobe.ne.jp

・**OSHO インフォメーションセンター** Tel & Fax 0761-43-1523
スワミ・デヴァ・スッコ 〒923-0000 石川県小松市佐美町申227

・**OSHO インフォメーションセンター広島** Tel 082-842-5829
スワミ・ナロパ、マ・ブーティ 〒739-1733 広島県広島市安佐北区口田南9-7-31
e-mail prembhuti@blue.ocn.ne.jp http://now.ohah.net/goldenflower

・**OSHO フレグランス瞑想センター** Tel 090-8499-5558
スワミ・ディークシャント 〒857-2326 長崎県西海市大瀬戸町雪浦下郷1262
雪浦ブルーロータス内
e-mail: studio.emptysky@gmail.com http://osho-fragrance.com

・**OSHO ウッサヴァ・インフォメーションセンター** Tel 0974-62-3814
マ・ニルグーノ 〒878-0005 大分県竹田市大字挟田2025
e-mail: light@jp.bigplanet.com http://homepage1.nifty.com/UTSAVA

◆インド・プネー◆

OSHO インターナショナル・メディテーション・リゾート

Osho International Meditation Resort
17 Koregaon Park Pune 411001 (MS) INDIA
Tel 91-20-4019999 Fax 91-20-4019990

http://www.osho.com
e-mail：oshointernational@oshointernational.com

＜OSHO 講話 DVD 日本語字幕スーパー付＞

■価格は全て税別です。※送料／DVD 1 本 ¥260　2～3 本 ¥320　4～5 本 ¥360　6～10 本 ¥460

■ **道元 7** —1 日をブッダとして生きなさい—

偉大なる禅師・道元の『正法眼蔵』を題材に、すべての人の内にある仏性に向けて語られる目醒めの一打。

『一瞬といえども二度と再びあなたの手には戻ってこない、過ぎ去ったものは永久に過ぎ去ってしまったのだ』。一茶の俳句など、様々な逸話を取り上げながら説かれる、好評道元シリーズ第 7 弾！（瞑想リード付）

●本編 117 分　●￥3,800（税別）● 1988 年プネーでの講話

■ **道元 6** —あなたはすでにブッダだ—（瞑想リード付）

●本編 2 枚組 131 分　●￥4,380（税別）● 1988 年プネーでの講話

■ **道元 5** —水に月のやどるがごとし—（瞑想リード付）

●本編 98 分　●￥3,800（税別）● 1988 年プネーでの講話

■ **道元 4** —導師との出会い・覚醒の炎—（瞑想リード付）

●本編 2 枚組 139 分　●￥4,380（税別）● 1988 年プネーでの講話

■ **道元 3**—山なき海・存在の巡礼—（瞑想リード付）

●本編 2 枚組 123 分　●￥3,980（税別）● 1988 年プネーでの講話

■ **道元 2** —輪廻転生・薪と灰—（瞑想リード付）

●本編 113 分　●￥3,800（税別）● 1988 年プネーでの講話

■ **道元 1**—自己をならふといふは自己をわするるなり—（瞑想リード付）

●本編 105 分　●￥3,800（税別）● 1988 年プネーでの講話

■ **禅宣言 3**　—待つ、何もなくただ待つ—（瞑想リード付）

禅を全く新しい視点で捉えた OSHO 最後の講話シリーズ。「それこそが禅の真髄だ—待つ、何もなくただ待つ。この途方もない調和、この和合こそが禅宣言の本質だ（本編より）」

●本編 2 枚組 133 分●￥4,380（税別）● 1989 年プネーでの講話（瞑想リード付）

■ **禅宣言 2**　—沈みゆく幻想の船—（瞑想リード付）

深い知性と大いなる成熟へ向けての禅の真髄を語る、OSHO 最後の講話シリーズ。あらゆる宗教の見せかけの豊かさと虚構をあばき、全ての隷属を捨て去った真の自立を説く。

●本編 2 枚組 194 分●￥4,380（税別）● 1989 年プネーでの講話

■ **禅宣言 1**—自分自身からの自由—（瞑想リード付）

禅の真髄をあますところなく説き明かす、OSHO 最後の講話シリーズ。古い宗教が崩れ去る中、禅を全く新しい視点で捉え、人類の未来への新しい地平を拓く。

●本編 2 枚組 220 分　●￥4,380（税別）● 1989 年プネーでの講話

■ **内なる存在への旅** —ボーディダルマ 2—

ボーディダルマはその恐れを知らぬ無法さゆえに、妥協を許さぬ姿勢ゆえに、ゴータマ・ブッダ以降のもっとも重要な＜光明＞の人になった。

●本編 88 分　●￥3,800（税別）● 1987 年プネーでの講話

■ **孤高の禅師 ボーディダルマ**—求めないことが至福—

菩提達磨語録を実存的に捉え直す。中国武帝との邂逅、禅問答のような弟子達とのやりとり、奇妙で興味深い逸話を生きた禅話として展開。「“求めないこと” がボーディダルマの教えの本質のひとつだ」　●本編 2 枚組 134 分　●￥4,380（税別）● 1987 年プネーでの講話

＜OSHO 既刊書籍＞ ■価格は全て税込です。

伝記

OSHO・反逆の軌跡—異端の神秘家・魂の伝記

■著／ヴァサント・ジョシ

OSHO の生涯と活動を、余すところなく弟子が綴る魂の伝記。悩み惑う日常からの脱却と、自己本来の道への探求を促す自由と覚醒の足跡。誕生から始まる劇的な生涯そのものが、まさに OSHO の教えであることを示す貴重な書。

＜内容＞ ●青少年期：冒険の年 ●光明 ●ワールドツアー ●あなたに私の夢を託す 他

■ A5 変判並製 400 頁 ¥2,860（税込） 送料 ¥390

新装版 朝の目覚めに贈る言葉
新装版 夜眠る前に贈る言葉
—魂に語りかける 365 日のメッセージ集

眠る前の最後の思考は、朝目覚める時の最初の思考になる……。生まれ変わったように、新たな一日一日を生きる……。特別に朝と夜のために編まれたインドの神秘家・OSHO の言葉。生きることの根源的な意味と、自分を見つめ活力が与えられる覚者からの 365 日のメッセージ。コンパクトサイズでギフトにも最適です。

＜朝＞ B6 変判並製 584 頁 2,530 円（税込） 送料 390 円 ＜夜＞ B6 変判並製 568 頁 2,420 円（税込） 送料 390 円

探求

奇跡の探求 Ⅰ，Ⅱ
—内的探求とチャクラの神秘

内的探求と変容のプロセスを秘教的領域にまで奥深く踏み込み、説き明かしていく。Ⅱは七つのチャクラと七身体の神秘を語る驚くべき書。男女のエネルギーの性質、クンダリーニ、タントラ等について、洞察に次ぐ洞察が全編を貫く。

■Ⅰ：四六判上製 488 頁 3,080 円（税込）／送料 390 円
■Ⅱ：四六判並製 488 頁 2,695 円（税込）／送料 390 円

瞑想の道—自己探求の段階的ガイド
＜ディヤン・スートラ新装版＞

■四六判並製 328 頁 2,200 円（税込）／送料 390 円

死ぬこと 生きること
— 死の怖れを超える真実

■四六判並製 448 頁 2,420 円（税込）／送料 390 円

魂のヨーガ
— パタンジャリのヨーガスートラ

■四六判並製 408 頁 2,640 円（税込）／送料 390 円

グレート・チャレンジ
— 超越への対話

■四六判上製 382 頁 2,860 円（税込）／送料 390 円

新瞑想法入門— OSHO の瞑想法集大成

禅、密教、ヨーガ、タントラ、スーフィなどの古来の瞑想法から、現代人のために編み出された OSHO 独自の方法まで、わかりやすく解説。技法の説明の他にも、瞑想の本質や原理、探求者からの質問にも的確な道を指し示す。真理を求める人々必携の書。

■A 5 判並製 520 頁 3,608 円（税込）／送料 390 円

真理の泉
—魂の根底をゆさぶる真理への渇望

■四六判並製 448 頁 2,585 円（税込）／送料 390 円

アティーシャの知恵の書
（上）（下）—みじめさから至福へ

■上：四六判並製 608 頁 2,728 円（税込）／送料 390 円
■下：四六判並製 450 頁 2,618 円（税込）／送料 390 円

インナージャーニー
— 内なる旅・自己探求のガイド

■四六判並製 304 頁 2,420 円（税込）／送料 320 円

隠された神秘
— 秘宝の在処

■四六判上製 304 頁 2,860 円（税込）／送料 390 円

＜OSHO 既刊書籍＞ ■価格は全て税込です。

112の瞑想秘法の書 上・下巻

●ロングセラータントラ秘法の書シリーズ１巻～10巻を収録

ロングセラー「タントラ秘法の書シリーズ」全10巻を、待望の上下２巻で刊行！
シリーズ１巻～10巻までの80講話、10冊分を２冊分に完全収録のボリュームは、
あらゆる瞑想法を網羅した必見の書。

＜内容＞■上巻　第一部　内なる宇宙の発見～第五部　愛の円環
■下巻　第六部　覚醒の深みへ～第十部　空の哲学

■A5判上製／各5830円（税込）送料各￥500

ブッダ―最大の奇跡　●超越の道シリーズ１
ブッダの悟り　●超越の道シリーズ２

仏教経典は何千も存在するが、真の理解は困難を極める。
OSHOが初めてブッダを紹介したこの講話では、最初の手引きとして短い『42章経』が選ばれた。仏教の本質をすべて含むこの『42章経』の講話は、OSHOからの慈悲のメッセージでもある。

１■四六判並製　480頁　￥2,695（税込）送料￥390
２■四六判並製　528頁　￥2,750（税込）送料￥390

心理学を超えてⅠ，Ⅱ―珠玉の質疑応答録シリーズ

ウルグアイの講話１

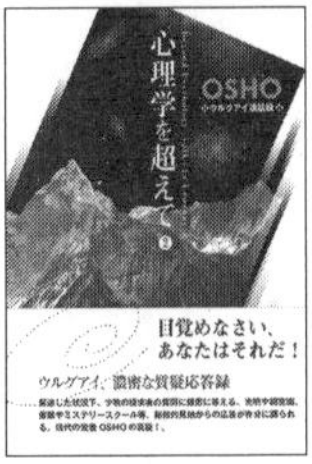

内容の濃さで定評のあるウルグアイでの講話。
探求者の質問に親密に答え、光明や涅槃、古今東西の神秘家、テロリズムや社会問題をも取り上げる。人類の未来への可能性と道を示す広大で多岐に渡る内容を、博覧強記の現代の覚者OSHOが縦横無尽に語り尽くす。

＜内容＞　●真理ほど人を不快にさせるものはない　●世間こそワークの場だ　他

■Ⅰ：四六判並製　472頁　￥2,695（税込）送料￥390
■Ⅱ：四六判並製　512頁　￥2,750（税込）送料￥390

炎の伝承Ⅰ，Ⅱ　ウルグアイの講話３

―ウルグアイでの質疑応答録シリーズ

内容の濃さで定評のあるウルグアイでの講話。緊迫した状況での質問に答え、秘教的真理などの広大で多岐に渡る内容を、縦横無尽に語り尽くす。

■Ⅰ：四六判並製496頁2,695円（税込）／送料390円
■Ⅱ：四六判並製496頁2,695円（税込）／送料390円

究極の錬金術Ⅰ，Ⅱ

―自己礼拝 ウパニシャッドを語る

■Ⅰ：四六判並製592頁3,168円（税込）／送料390円
■Ⅱ：四六判並製544頁3,080円（税込）／送料390円

探求の詩（うた）

―インドの四大マスターの一人、ゴラクの瞑想の礎

■四六判並製608頁2,750円（税込）／送料390円

愛の道―機織り詩人カビールの講話

■A5判並製360頁2,618円（税込）／送料390円

神秘家の道　ウルグアイの講話２

―ウルグアイでの質疑応答録シリーズ

内容の濃さで定評のあるウルグアイでの講話。少人数の探求者のもとで親密に語られた珠玉の質疑応答録。次々に明かされる秘教的真理、光明の具体的な体験、催眠の意義と過去生への洞察等広大で多岐に渡る内容。

■四六判並製896頁3,938円（税込）／送料390円

こころでからだの声を聴く

―ボディマインドバランシング　ガイド瞑想CD付

OSHOが語る実際的身体論。最も身近で未知なる宇宙「身体」について、多彩な角度からその神秘と英知を語り尽くす。ストレス・不眠・加齢・断食など多様な質問にも具体的対処法を提示。

■A5判変型並製256頁2,640円（税込）／送料390円

・代金引換郵便（要手数料￥300）の場合、商品到着時に支払。
・郵便振替、現金書留の場合、代金を前もって送金して下さい。

■価格は全て税別です。

神秘家 **エンライトメント** ●アシュタバクラの講話	インド古代の12才の覚者・アシュタバクラと比類なき弟子・帝王ジャナクとの対話を題材に、技法なき気づきの道についてOSHOが語る。 ■ A5判並製／504頁／2,800円 〒390円
ラスト・モーニング・スター ●女性覚者ダヤに関する講話	過去と未来の幻想を断ち切り、今この瞬間から生きること――。スピリチュアルな旅への愛と勇気、究極なるものとの最終的な融合を語りながら時を超え死をも超える「永遠」への扉を開く。 ■ 四六判並製／568頁／2,800円 〒390円
シャワリング・ウィズアウト・クラウズ ●女性覚者サハジョの詩	光明を得た女性神秘家サハジョの、「愛の詩」について語られた講話。女性が光明を得る道、女性と男性のエゴの違いや、落とし穴に光を当てる。 ■ 四六判並製／496頁／2,600円 〒390円
禅 **禅宣言** ●OSHO最後の講話	「自分がブッダであることを覚えておくように――サマサティ」この言葉を最後に、OSHOはすべての講話の幕を降ろした。禅を全く新しい視点で捉え、人類の未来に向けた新しい地平を拓く。 ■ 四六判上製／496頁／2,880円 〒390円
無水無月 ●ノーウォーター・ノームーン	禅に関する10の講話集。光明を得た尼僧千代能、白隠、一休などをテーマにした、OSHOならではの卓越した禅への理解とユニークな解釈。OSHOの禅スティック、目覚めへの一撃。 ■ 四六判上製／448頁／2,650円 〒390円
そして花々は降りそそぐ ●パラドックスの妙味・11の禅講話	初期OSHOが語る11の禅講話シリーズ。「たとえ死が迫っていても、師を興奮させるのは不可能だ。彼を驚かせることはできない。完全に開かれた瞬間に彼は生きる」――OSHO ■ 四六判並製／456頁／2,500円 〒390円
インド **私の愛するインド** ●輝ける黄金の断章	光明を得た神秘家や音楽のマスターたちや類まれな詩などの宝庫インド。真の人間性を探求する人々に、永遠への扉であるインドの魅惑に満ちたヴィジョンを、多面的に語る。 ■ A4判変型上製／264頁／2,800円 〒390円
タントラ **サラハの歌** ●タントラ・ヴィジョン新装版	タントラの祖師・サラハを語る。聡明な若者サラハは仏教修行僧となった後、世俗の女性覚者に導かれ光明を得た。サラハが国王のために唄った40の詩を題材に語るタントラの神髄！ ■四六判並製／480頁／2,500円〒390円
タントラの変容 ●タントラ・ヴィジョン 2	光明を得た女性と暮らしたタントリカ、サラハの経文を題材に語る瞑想と愛の道。恋人や夫婦の問題等、探求者からの質問の核を掘り下げ、内的成長の鍵を明確に語る。 ■ 四六判並製／480頁／2,500円 〒390円
スーフィ **ユニオ・ミスティカ** ●スーフィ、悟りの道	イスラム神秘主義、スーフィズムの真髄を示すハキーム・サナイの「真理の花園」を題材に、OSHOが語る愛の道。「この本は書かれたものではない。彼方からの、神からの贈り物だ」OSHO ■ 四六判並製／488頁／2,480円 〒390円
ユダヤ **死のアート** ●ユダヤ神秘主義の講話	生を理解した者は、死を受け入れ歓迎する。その人は一瞬一瞬に死に、一瞬一瞬に蘇る。死と生の神秘を解き明かしながら生をいかに強烈に、トータルに生ききるかを余すところなく語る。 ■四六判並製／416頁／2,400円 〒390円
書 簡 **知恵の種子** ●ヒンディ語初期書簡集	OSHOが親密な筆調で綴る120通の手紙。列車での旅行中の様子や四季折々の風景、日々の小さな出来事から自己覚醒、愛、至福へと導いていく。講話とはひと味違った感覚で編まれた書簡集。 ■ A5判変型上製／288頁／2,300円 〒320円

数秘＆タロット＆その他

■ **わたしを自由にする数秘**―本当の自分に還るパーソナルガイド／著／マ・プレム・マンガラ
＜内なる子どもとつながる新しい数秘＞ 誕生日で知る幼年期のトラウマからの解放と自由。同じ行動パターンを繰り返す理由に気づき、あなた自身を解放する数の真実。無意識のパターンから自由になるガイドブック。 A5判並製 384頁 2,600円（税別）送料 390円

■ **直感のタロット**―人間関係に光をもたらす実践ガイド／著／マ・プレム・マンガラ
＜クロウリー トートタロット使用 ※タロットカードは別売 ＞ 意識と気づきを高め、自分の直感を通してカードを学べる完全ガイド本。初心者にも、正確で洞察に満ちたタロット・リーディングができます。 A5判並製 368頁 2,600円（税別）送料 390円

■ **和尚との至高の瞬間**―著／マ・プレム・マニーシャ
OSHOの講話の質問者としても著名なマニーシャの書き下ろし邦訳版。常に OSHO と共に過ごした興味深い日々を真摯に綴る。 四六判並製 256頁 1,900円（税別）送料 320円

＜OSHO 瞑想 CD＞

■価格は全て¥2,622（税別）です。

ナタラジ瞑想
全3ステージ
65分

◆デューター

¥2,913（税別）

自我としての「あなた」が踊りのなかに溶け去るトータルなダンスの瞑想。第1ステージは目を閉じ、40分間とりつかれたように踊る。第2ステージは目を閉じたまま横たわり動かずにいる。最後の5分間、踊り楽しむ。

ナーダブラーマ瞑想
全3ステージ
60分

◆デューター

¥2,913（税別）

宇宙と調和して脈打つ、ヒーリング効果の高いハミングメディテーション。脳を活性化し、あらゆる神経繊維をきれいにし、癒しの効果をもたらすチベットの古い瞑想法の一つ。

ノーディメンション瞑想
全3ステージ
60分

◆シルス&シャストロ

¥2,913（税別）

グルジェフとスーフィのムーヴメントを発展させたセンタリングのメソッド。この瞑想は旋回《ワーリング》瞑想の準備となるだけでなく、センタリング《中心を定める》のための踊りでもある。3つのステージからなり、一連の動作と旋回、沈黙へと続く。

グリシャンカール瞑想
全4ステージ
60分

◆デューター

¥2,913（税別）

呼吸を使って第三の目に働きかける、各15分4ステージの瞑想法。第一ステージで正しい呼吸が行われることで、血液の中に増加形成される二酸化炭素がまるでエベレスト山の山頂にいるかのごとく感じられる。

ワーリング瞑想
全2ステージ
60分

◆デューター

¥2,913（税別）

内なる存在が中心で全身が動く車輪になったかのように旋回し、徐々に速度を上げていく。体が自ずと倒れたらうつ伏せになり、大地に溶け込むのを感じる。旋回を通して内なる中心を見出し変容をもたらす瞑想法。

ナーダ　ヒマラヤ
全3曲
50分28秒

デューター

¥2,622（税別）

ヒマラヤに流れる白い雲のように優しく深い響きが聴く人を内側からヒーリングする。チベッタンベル、ボウル、チャイム、山の小川の自然音。音が自分の中に響くのを感じながら、音と一緒にソフトにハミングする瞑想。

◆瞑想実践 CD◆ バルド瞑想（CD4枚組）

再誕生への道案内　チベット死者の書に基づくガイド瞑想

定価：本体4,660円+税
送料320円
180分（CD4枚組構成）

死に臨む人は、肉体の死後、再誕生に向けて旅立ちます。その道案内ともいうべきチベットの経典「チベット死者の書」を、現代人向けにアレンジしたのが、この「バルド瞑想」です。

バルドとは、死後、人が辿る道のりのことで、「死者の書」は、その道筋を詳細に著しています。人類の遺産ともいうべきこの書を、生きているうちから体験するために、このガイド瞑想は制作されました。意識的な生と死のための瞑想実践ＣＤです。◆制作・ヴィートマン　◆音楽・チンマヤ

【内容】

■ Part 1 原初の澄み渡る光の出現　第二の澄み渡る光の出現
■ Part 2 心の本来の姿の出現　バルドの1日目から49日目
■ Part 3 再生へ向かうバルド　再生のプロセス、子宮の選び方